Bau und Einrichtung

der

Deutschen Burgen

im Mittelalter.

Von

Johann Nepomuk Cori

weiland k. k. Militär-Bezirkspfarrer für Oberösterreich und Salzburg, Besitzer der Kriegsmedaille; Proto-Ehrendomherr des Kathedral-Capitels, Consistorialrath und bischöflicher Notar zu Budweis; geistlicher Rath zu Mainz; Correspondent der k. k. Central-Commission zur Erforschung und Erhaltung der Baudenkmale; Ehren-Mitglied des Museum Francisco-Carolinum des Landes Oesterreich ob der Ens.

Zweite Auflage.

Auf Veranlassung des Verwaltungsrathes des Museum Francisco-Carolinum in Linz durchgesehen und mit einem Anhang aus Cori's Nachlass vermehrt von

Albin Czerny.

Mit 89 Abbildungen.

Linz a/Donau.

Städtebilder-Verlag (E. Mareis).

1895.

Unveränderter Nachdruck der
Ausgabe von Städtebilder-Verlag
(E. Mareis), 1895
durch Bechtermünz Verlag im
Weltbild Verlag GmbH, Augsburg 1997
Umschlaggestaltung: Hofbauer Design-Prozesse, Mosbach
Gesamtherstellung: Wiener Verlag, Himberg bei Wien
Printed in Austria
ISBN 3-86047-654-8

Vorbemerkung des Herausgebers.

Vielfache und wiederholte Nachfragen nach Cori's ausgezeichnetem Werke — im 32. Jahresbericht des Museum Francisco-Carolinum im Jahre 1874 erschienen — konnten, da der Vorrath erschöpft war, lange Zeit nicht berücksichtigt werden. Der Verwaltungsrath des Museums sah sich deshalb veranlasst, mit dem Städtebilder-Verlag (E. Mareis) in Linz wegen Herstellung einer neuen Auflage in Verhandlung zu treten. Das Werk tritt jetzt im vorgenannten Verlage, aufs neue durchgesehen und mit einem Anhange aus Cori's literarischem Nachlass vermehrt, ans Tageslicht.

Die Arbeit des trefflichen Autors, welche in ihrer ursprünglichen Gestalt so viele Freunde gefunden, sollte unangetastet bleiben; nur Druckfehler oder kleine stilistische Versehen sollten verbessert werden.

Der Anhang, eine detaillierte, historische und architektonische Beschreibung der sechs Donauburgen Krämpelstein, Vichtenstein, Wesen, Falkenstein, Rannariedl, Marsbach und der Burg Wildberg bei Linz wurde aus dem literarischen Nachlass des Verfassers von einem Mitgliede des Verwaltungsrathes zusammengestellt, fast ohne Zusätze[1]) und mit wenigen stilistischen Aenderungen, demnach auch hier die Arbeit Cori's vergegenwärtigend. Sein Plan war eine Reihe von oberösterreichischen Schlössern in ausführlicherer Darstellung zu besprechen, als es im gedruckten Werke geschehen ist und zugleich dieselben durch genaue Aufnahmen und Pläne bezüglich ihrer architektonischen Bestandtheile

---

[1]) Sie sind unter dem Texte bemerkbar gemacht.

zu versinnbildlichen. Das Letzere geschah in den Jahren 1873 und 1874 durch den geschickten Zeichner Johann Spanitz, von dem auch die Detailbesprechungen herrühren.

Noch erübrigt uns die angenehme Pflicht, hier Sr. Excellenz dem Grafen Jaromir Czernin für die gütige Ueberlassung des literarischen Nachlasses des Verfassers aus dem gräflichen Schlossarchiv Neuhaus in Böhmen zum Behufe der Veröffentlichung unseren wärmsten und ergebensten Dank auszusprechen.

Aus dem Vorwort Cori's zur ersten Auflage.

„Die Vorliebe für den mittelalterlichen Burgenbau erwachte schon frühzeitig in mir. Ich wurde in einer Burg geboren und auferzogen. Schon als Kind schaute ich die altersgrauen Mauern mit ganz regem Interesse an, denn sie waren der Sage nach die Stätte der weissen Frau von Neuhaus. Dem Knaben wurde die Burg Neuhaus besonders lieb, weil ihre grossentheils unbewohnten und ruinösen, damals noch leicht zugänglichen Hallen, Kemenaten, Treppen und sonstigen Räume ihm und seinen Gespielen den schönsten Tummelplatz boten. Als Jüngling betrachtete ich mit vielem Wohlgefallen den gewaltigen Sitz der mächtigen böhmischen Dynasten von Neuhaus, deren reiche Geschichte zu erforschen ich mich bemühte. Als mich darauf mein Beruf an den seiner Burgen und Ruinen wegen so berühmten Rhein brachte und dort viele Jahre weilen liess, fand meine Vorliebe für den Burgenbau eine neue und reiche Befriedigung.

Was ich bei Besichtigung vieler Burgen untersucht und durchforscht hatte, wurde notiert, mit dem, was ich über solche Bauten zu lesen bekam, vermehrt, und endlich zu einem Ganzen verarbeitet. Ich that es damals nur zu meiner Instruction, ohne an eine Veröffentlichung zu denken.

Als jedoch die Leiter des römisch-germanischen Museums in Mainz von meiner Abhandlung Kenntnis erhalten und Einblick in sie genommen hatten, spendeten sie ihr die freundlichste Anerkennung, und drangen in mich, an den öffentlichen Vorlesungen, welche während der Winterszeit im Musealsaale zu Mainz abgehalten wurden, theilzunehmen und über mittelalterlichen Burgenbau vorzutragen, Ich that es, und fand auch beim Publicum ein solches Interesse, dass man die Drucklegung meiner Abhandlung zu ventilieren begann. Allein die damaligen politischen Verhältnisse führten mich nach Oesterreich zurück und zwar bis nach Galizien und machten es mir unmöglich, noch einmal die rheinischen Burgen zu besuchen, um neues und umfassenderes Material zu holen. Die Abhandlung in ihrer damaligen Beschaffenheit war für den Druck noch nicht reif.

Nachdem später Linz mein Wohnort geworden, und ich daselbst mit dem *Museum Francisco-Carolinum* in Verbindung getreten war, kam auch hier meine Abhandlung zur Sprache. Der provisorische Referent der archäologischen Section, Herr k. k. Rittmeister Adolf Winkler, war so gütig, ihr seine Aufmerksamkeit zu schenken, sein Urtheil lautete ebenfalls sehr günstig, auch drang er in mich, die Abhandlung zu veröffentlichen, und zwar auf Kosten des Museums. Seiner so liebenswürdigen Aufforderung konnte ich nicht widerstehen. Ich unternahm es nun, die Abhandlung für den Druck neu zu bearbeiten, und einstweilen im Allgemeinen auf Oberösterreich in Beziehung zu bringen. Die ausführlicheren Beschreibungen und Illustrationen einzelner oberösterreichischer Burgen sollen in späteren Jahres-Berichten des Museums nachfolgen.

Ein anderer Grund für diese Veröffentlichung liegt auch darin, dass eine umständliche Darstellung des gesammten mittelalterlichen Burgenbaues gewiss von vielen lebhaft begehrt wird, die Männer vom Fache aber, welche darüber ein Werk zu schreiben im Stande wären, bisher schwiegen. Wie die meisten Burgen nur noch in Bruchstücken existieren, so besteht auch die Literatur über sie bis jetzt nur aus nicht zahlreichen Fragmenten, nämlich einzelnen Aufzätzen in verschiedenen Zeitschriften und aus wenigen kleineren Brochuren. Es wurde zwar vom Herrn Obersten Krieg von Hochfelden eine Geschichte der Militär-Architektur des früheren Mittelalters, Stuttgart 1859, veröffentlicht, allein sie reicht nur bis in das 12. Jahrhundert, und das nicht minder ausgezeichnete Werk des Franzosen *Viollet Le Duc* über mittelalterliche Militär-Architektur ist für Deutschland nicht durchweg anwendbar, weil der deutsche Burgenbau namentlich in seiner Anlage von jenem in Frankreich verschieden ist.[1])

Wenn aber auch die vorliegende Abhandlung in fachwissenschaftlicher Beziehung ihre Mängel hat, so dürfte es doch keine Anmassung sein, wenn ich glaube, dass sie als populäre, bis jetzt ausführlichste und mit so vielen Illustrationen ausgestattete Beschreibung des Baues und der Einrichtung mittelalterlicher Burgen billigen und unbefangenen Anforderungen genügen werde, und somit keine unnütze Veröffentlichung sei. Ich möchte sie mit einem Bouquet oder einem Mosaikbild vergleichen, zu welchem die verschiedenen Blumen oder die bunten Steinchen aus vielen, mitunter schwer zugänglichen Ruinen und Schriften nicht ohne Mühe gesammelt worden sind. Die Citierung der Quellen schon im Verlaufe des Textes hätte die Setzerkosten vertheuert, und die ohnehin schon grossen Auslagen noch mehr erhöht. Darum wird die benützte Literatur erst am Ende der Abhandlung angeführt.

Zur Veröffentlichung dieser Abhandlung bewog mich auch die Hoffnung, dass dadurch mancher angeeifert werden könnte, seine Aufmerksamkeit und Forschung den mittelalterlichen Burgen zuzuwenden. Die Geschichte der burglichen Architektur ist ein kaum angebautes Arbeitsfeld; es gibt noch sehr viele Ruinen, die entweder ganz unbeachtet, oder noch nicht gehörig untersucht worden sind, und ohne Zweifel sichere Ausbeute versprächen. Da müssen viele mitwirken und sammeln. Der Einzelne ist nicht im Stande, dies zu thun und Vollständiges zu liefern."

---

[1]) Die obigen Worte Cori's bedürfen einer Einschränkung im Hinblick auf das erst kürzlich (1895) in München erschienene Werk von Karl Piper: Burgenkunde; Forschungen über gesammtes Bauwesen und Geschichte der Burgen innerhalb des deutschen Sprachgebietes, welches in umfassendster Weise und gelehrter Behandlung die bisher erschienene Literatur über den Burgenbau in Deutschland verwertet, ohne übrigens auf das Leben und Treiben in den Burgen einzugehen.
Der Herausgeber.

Soweit der Verfasser. Was die Illustrationen betrifft, so wurden die auf Oberösterreich bezüglichen — sie sind, um sie von den anderen Ländern angehörenden zu unterscheiden, mit Unterschriften versehen — von dem damals am k. k. Staats-Gymnasium und an der k. k. Ober-Realschule in Linz wirkenden Zeichenlehrer Herrn Otto Paar theils nach bereits vorhandenen Abbildungen, theils nach der Natur ausgeführt. Die übrigen Abbildungen wurden mit Bewilligung der Redaction den „Mittheilungen der k. k. Central-Commission für Kunst und historische Denkmale" entnommen. Auch für diese neue Ausgabe hat die k. k. Central-Commission in entgegenkommendster Weise die Verwendung und den Abdruck der noch vorhandenen Holzschnitte und Clichés gestattet, für welche besondere Vergünstigung ihr auch an dieser Stelle der gebürende Dank ausgesprochen sei.

Zu einigen wenig wesentlichen Abbildungen der ersten Auflage waren die Holzschnitte leider nicht mehr zu beschaffen und sind diese in der vorliegenden Ausgabe fortgeblieben.

Die Abbildungen zu den hier zum erstenmal veröffentlichten Aufsätzen aus dem Cori'schen Nachlass wurden theils nach photographischen Aufnahmen, theils nach vorgefundenen Spanitz'schen Skizzen angefertigt.

Bau und Einrichtung

der

Deutschen Burgen

im Mittelalter.

Einleitung.

Burg hieß vor Alters im Allgemeinen jeder zur Sicherheit und Verwahrung von Menschen und Sachen dienender Ort und wurde in der ersten Zeit auf einen befestigten, größeren, stadtartigen Waffenplatz bezogen. Daher auch der Name „Bürger“. Definition.

Eine solche Bedeutung hatte die Anesburg, später Ens, in Oberösterreich gleich bei ihrer Entstehung. Denn nach den ältesten Nachrichten über ihre Gründung wurde sie gegen die Ungarn auf dem Gebiete zweier Herren, des Grenzgrafen Aribo und des Stiftes St. Florian, errichtet, lag also wahrscheinlich schon damals, wie jetzt, auf zwei Bergen, dem Schmidberg und Ensberg, und bekam demnach gleich ursprünglich eine ausgedehntere fortificatorische Umfassung, als dies bei gewöhnlichen Burgen später der Fall war. Daher wird auch in den ersten Berichten über ihre Entstehung von ihr nicht als einer Burg, sondern als einer Stadt gesprochen. Die Anesburg wurde *urbs, civitas, oppidum,* nie aber *castrum* genannt.

Der späteren und gewöhnlichsten Bedeutung nach war eine Burg ein einzeln stehender, gegen feindliche Angriffe durch Ringmauern, Thürme und auch Gräben befestigter, ständiger Landsitz einer vollfreien Person oder eines edlen Geschlechtes, mehrerer Familien von hohem oder niederem Adel. Landburgen.

Es kam indessen nicht selten vor, dass die Landesherren und manche Adelsfamilien nicht nur auf dem Lande, sondern auch in den Städten burgartige Wohnsitze besaßen. Dieselben waren entweder innerhalb der Stadt oder etwas abseits gelegen. Die Burg in der Stadt befand sich unmittelbar an der Ringmauer, um in Zeiten der Feindesnoth die herbeigeeilten Hilfstruppen aufzunehmen, und hatte nicht nur gegen aussen, sondern auch gegen die Stadt zu ihre geschlossene starke Umfassung und Gräben. Die Burg ausserhalb der Stadt lag Stadtburgen.

gewöhnlich höher und war mit dieser durch sich hinabziehende Schutzmauern verbunden.

Die meisten Stadtburgen sind älter als die Städte; letztere entstanden nach und nach unter dem Schutze der Burg und führten in der Regel deren Namen. Die Stadtburgen bildeten zur Zeit der Bedrängnis durch äussere Feinde das Castell, den festesten Vertheidigungspunkt und letzten Zufluchtsort der Stadt. Es ereignete sich aber auch, dass die Bürger, wenn ihre Stadt zur Bedeutung und Macht herangewachsen war, mit den Burgherren nicht immer in Frieden, sondern manchmal in Fehde lebten.

In Oberösterreich standen Burgen in den Städten: Braunau, Efferding, Ens, Freistadt, Linz, Schärding (Fig. 1), Steyr und Wels.

Schärding (Fig. 1).

In Ens lag die älteste Burg, welche aber jünger als der Ort war, auf der im heutigen Schlossparke gegen das Wasser zu befindlichen Höhe, die von der damals dort gestandenen Kapelle den Namen St. Georgsberg erhielt, welche Benennung auch auf die Burg überging. Hier wohnten zuweilen die Markgrafen von Steiermark. Nach ihrem Aussterben verfiel die Burg und es wurde innerhalb der Stadt die landesfürstliche Ensburg erbaut, welche sich in der Nähe der jetzigen Pfarrkirche befand, aber bereits im 15. Jahrhundert ihre fortificatorische Bedeutung verlor. Denn im Jahre 1453 wurde der Burggraben zwischen der Frauenkirche und der Stadt, „welcher vormals zur Veste in Ens gehört hatte“, mit seinem Zubehör zur Nutzniessung in Lehen gegeben, und im Jahre 1459 „die herzogliche Behausung" — also nicht mehr die Burg — zu Ens dem Eberhart von Capellen verpfändet.

In Wels gehört die landesherrliche Burg mit ihrem Ursprunge der ältesten Burgenzeit an. Die zweite ebenfalls innerhalb der Stadt Wels erbaute Burg Pollheim nahm ihren Anfang im 13. Jahrhundert.

Herleitung des Wortes „Burg".

Der Name „Burg" wird in deutscher Sprache auf verschiedene Wurzelwörter zurückgeführt. Er wird hergeleitet von „Berg", auf welchem die Burg gewöhnlich lag; oder von dem Worte „bergen" d. h. in Sicherheit bringen; oder auch von dem veralteten „byrgen", was soviel als verschließen bedeutet. Letztere Muthmaßung findet darin einige Begründung, dass auch das Wort „Schloss" von schließen abstammt. Schon im 14. Jahrhundert kommt in Oberösterreich die Benennung „Geslos" statt Burg vor.

Der Ausdruck Schloss bezeichnet aber im Mittelalter gewöhnlich nur ein festes und verschlossenes Wohnhaus, während im Worte Burg mehr der Begriff eines festen Platzes liegt, der auch eine kriegerische Bestimmung und Anordnung hatte, und nicht nur als Wohnsitz eines oder mehrerer Geschlechter, sondern auch noch zur Aufnahme und Verwendung einer bewaffneten Besatzung eingerichtet war.

Das Wort Burg ist indessen viel älter als die deutschen Burgen. Bei den byzantinischen Griechen bedeutet „Pyrgos" einen Thurm und überhaupt jedes hervorragende Gebäude; seit dem 6. Jahrhundert wurde es auch für Burg angewendet. Bei den Römern hieß *burgus* ein kleines Castell.

Recht zum Burgenbau.

Das Recht Burgen zu bauen, welches die ersten karolingischen Kaiser ausschließlich in Anspruch nahmen, ging gegen Ende des 9. Jahrhunderts auf die weltlichen und geistlichen Fürsten über und wurde im Laufe des 10. Jahrhunderts den Grafen- und bald auch den Herren- oder Baronen-Geschlechtern anheimgegeben, besonders wenn sie in ihrem Großgrundbesitze die Landeshoheit ausübten, wie z. B. die Schaunberger in Oberösterreich. Nur auf fremdem Gebiete war ihnen der Bau der Burgen gesetzlich verboten. Später wurde man in der Zulassung des Burgenbaues auch gegen die mindermächtigen und kleineren Lehenträger nachsichtiger.

Nach dem österreichischen Landrechte, welches im Anfange des 13. Jahrhunderts die seither bestandenen Gesetze zusammenfasste, stand es jedem Grundherrn frei, innerhalb seines

Gebietes, jedoch in der Ebene, ein Haus von zwei Stockwerken aufzuführen und es mit einem neun Schuh breiten und sieben Schuh tiefen Graben zu umgeben; aber das Haus durfte keine vortretende Rundgallerie zur vertikalen Vertheidigung, keinen Wehrgang und keine Zinnen haben. Wollte Jemand eine Burg oder ein befestigtes Haus bauen, so musste er sich ausweisen, dass er von der nächsten Umgebung 30 Pfund Geldes an Einkünften beziehe und die umliegenden Gutsbesitzer mussten versichert werden, dass sie von der neuen Burg keinen Nachtheil zu befürchten haben. Auch durfte im Umkreise einer schon bestehenden Burg, und zwar in der Distanz einer Rast (Meile?) keine neue, einem anderen Eigenthümer gehörige Burg erbaut werden. Endlich konnte ohne Einwilligung des begüterten Adels eines Gaues selbst der Landesfürst keine Erlaubnis zum Baue einer Burg ertheilen. Später jedoch, im 14. Jahrhundert, genügte seine alleinige Genehmigung.

Als gegen das Ende des 13. Jahrhunderts nach der kaiserlosen Zeit wieder geregeltere Zustände zur Geltung kamen, wurden die Vorschriften über den Burgenbau verschärft, und um die zahlreiche Errichtung der kleinen Burgen des niederen Adels zu beschränken, angeordnet, dass Niemand in eines Grafen oder Barons Gebiete, wenn er auch darin ein Gut besaß, ohne Bewilligung des Grafen oder Barons eine Burg bauen dürfe.

Alle diese Gesetze über den Burgenbau wurden unter schwachen Regenten und in den Zeiten der so häufigen Parteiung und Anarchie nur zu oft umgangen und verletzt.

Beweggründe zum Burgenbau.

Die Burgen des 8. und 9. Jahrhunderts waren bloß für rein militärische Zwecke des Staates erbaut worden, und zwar zur Unterwerfung der Sachsen und zur Bewachung der Grenzen. Später errichtete man sie zum Widerstande gegen die Ungarn, zur Behauptung der eroberten slavischen Gebiete und Beschützung der östlichen Landesgrenze gegen die Einbrüche der benachbarten slavischen Stämme. In ihnen hatten oft die im kaiserlichen Dienste stehenden Mark- und Grenzgrafen ihre Amtswohnung.

Die Familiensitze der großen Adelsgeschlechter befanden sich im 8. und 9. Jahrhundert in ausgedehnten Herrenhöfen, die aus mehreren niedrigen und hölzernen Gebäuden bestanden und durch eine Einpfählung umschlossen waren, welche bloß die Zusammengehörigkeit andeuten, nicht aber zur Befestigung dienen sollte. Im Herrenhause war der Saal für die Versammlungen und Gastmähler; ein anderes Haus hatten die Frauen für sich, die übrigen Gebäude dienten zur Unterkunft der Gäste und Dienstleute, zu Werkstätten und als Küche, Stallung und Speicher.

Der Bau der eigentlichen erblichen Burgen oder wehrhaften Wohnsitze adeliger Familien begann im 10. Jahrhundert und da vorerst nur bei den großen Geschlechtern.

Als mit dem allmählichen Verfalle der kaiserlichen Macht gegenüber den Großen die angestellten Grafen selbständige Dynasten und Eigenthümer von Staatsgütern wurden, und es nun galt, die auf verschiedene Art erworbenen und in erblichen Familienbesitz genommenen Ländereien mit dem Schwerte festzuhalten, zu vertheidigen und dauernd zu behaupten, musste man darauf bedacht sein, sich mit starken Schutzmitteln zu versehen. Zu diesem Zwecke wurden nun die Herrenhöfe mit Schanzen und Gräben umzogen und zur Verstärkung ein Thurm hinzugefügt. Bald jedoch suchte man sich solche Plätze aus, die durch ihre Lage und Beschaffenheit des Bodens besonders widerstandsfähig und fest waren, und führte da von Grund aus neue wehrhafte Sitze auf.

Im 11. und 12. Jahrhundert erwuchsen zahlreiche Adelsgeschlechter des Herren- und Baronenstandes; mit ihnen mehrte sich das Streben nach neuem Ländererwerb und wurde bei dem sich immer mehr ausbildenden Lehnwesen und in anarchischen Zeiten leicht befriedigt. Dies und das jetzt herrschend gewordene Ritterwesen war eine weitere Ursache, dass eine Menge von Burgen entstanden.

Als nach dem Untergange der Hohenstaufen im 13. Jahrhundert, während der kaiserlosen Zeit, die Parteiung und Anarchie das deutsche Reich zerklüfteten, stets neue Fehden erzeugten und bei der zunehmenden allgemeinen Verwilderung die Kampflust in Raubsucht ausartete, erhoben sich abermals viele Burgen. Diesmal nicht nur des hohen Adels und der reichen geistlichen Stifte, sondern auch des niederen Adels, der sich aus der Dienstmannschaft, d. h. aus den oberen Classen der Hörigen mittlerweile herangebildet hatte.

Die Burgen wurden nicht bloß als Schutzwehr, sondern auch aus Erwerbsucht, ja nicht selten für den Raub gebaut. Sie waren nicht nur ein Bollwerk gegen Feinde, sondern gaben auch die Mittel, um Freiheit, Unabhängigkeit und Eigenthum zu erringen und zu vermehren.

Burgenbau in Oberösterreich.

In Oberösterreich kommt die erste historische Nachricht über den Befestigungsbau im Jahre 900 vor, wo Enns entstand. Ebenso geschichtlich nachweisbar ist der Ursprung der Styraburg, später Stadt Steyr um das Jahr 980. Beide wurden zum Schutze gegen die Einfälle der Ungarn erbaut. Zu gleichem Zwecke lässt die Sage auch Ebelsberg, Wildenau, Reichersberg und Hohenchuchen bei Waldzell entstehen. Früher schon mochten die Gaugrafen ihre befestigten Amtssitze in Wels oder Lambach gehabt, und auch die Burg Attersee bestanden haben.

Das 10. Jahrhundert liefert wenig Auskünfte über die oberösterreichischen Burgen. Damals waren viele Gegenden im Süden der Donau infolge der durch die Ungarn vorgenommenen Raubzüge verödet, und im Mühlviertel breitete sich fast überall noch der Urwald aus.

Als aber im 11. und besonders im 12. Jahrhundert viele Colonisten und mit ihnen Adelsfamilien aus Baiern, Franken, Sachsen und auch aus Niederösterreich in das Land ob der Ens einwanderten, entstanden rasch eine Menge Burgen, die im 13. Jahrhundert ihre Feuerprobe bestehen mussten.

Unter der Regierung Friedrichs des Streitbaren, 1230—1246, wurde nämlich das Land von feindlichen Einfällen und inneren Unruhen arg heimgesucht, und als dieser Herzog, der letzte Babenberger, starb, ohne einen bestimmten Erben zu hinterlassen, blieb Oberösterreich einige Zeit hindurch herrenlos. Es traten nun mehrere Bewerber um den erledigten Herzogsstuhl auf und suchten im Lande Anhang zu gewinnen. Dadurch wurden die ohnehin schon unter dem Adel herrschenden Parteiungen und gegenseitigen Befehdungen noch vermehrt, und arteten in allseitige Unterdrückung und Raubgier, in gänzliche Verwirrung und Anarchie aus, als mit dem Tode Friedrichs II. die berüchtigte kaiserlose Zeit begann und Oberösterreich jetzt nicht einmal einen kaiserlichen Statthalter hatte, also nicht nur herrenlos, sondern auch gänzlich regierungslos war. Da musste Jeder die Hand an das Schwert legen, um seine fortwährend bedrohte persönliche Freiheit und Existenz zu wahren. Jede Burg musste alle Augenblicke bereit sein, sich zu vertheidigen; viele wurden erstürmt und entweder aus Parteiwuth zerstört, oder von raubgierigen Rittern besetzt, um die im Lande zusammengeraffte Beute in Sicherheit zu bringen und weitere Raubausfälle zu machen. Manche Veste ist für diesen Zweck neu erbaut worden.

Als aber König Otakar von Böhmen zum Herzog von Oesterreich gewählt worden war und Rudolf von Habsburg den Kaiserthron bestieg, 1276 die Verwaltung von Oesterreich übernahm und dann dieses Land seinen Söhnen verlieh, kehrte der innere Friede allmählich zurück und die öffentliche Ordnung und Sicherheit wurde mit fester Hand aufrecht erhalten. Rudolf verbot schon im Jahre 1276 die Erbauung neuer Burgen und Befestigungen in Oesterreich, gestattete jedoch den Wiederaufbau und die Herstellung aller widerrechtlich und ohne gehörige Ursache zerstörten und verwüsteten Burgen und Vesten, und sein Sohn Albrecht befahl, die seit Herzog Friedrichs Tode neu erbauten zu brechen.

Bis gegen Ende des 14. Jahrhunderts blieb das Land ob der Ens vor inneren Kriegen und feindlichen Einfällen so ziemlich verschont und es trat demnach ein Stillstand im Burgenbaue ein. Erwähnt wird bloß der Bau von Piberbach 1341, Werfenstein bei Grein 1354, von Oberwallsee am Pösenbach 1364 und einer Burg auf dem Falkenberge 1368.

Als jedoch die Spannung zwischen Herzog Albrecht III. von Oesterreich und den Grafen von Schaunberg immer mehr zur offenen Feindschaft und endlich 1380 zum Kriege führte. sind die vielen Burgen dieser mächtigen Dynasten und ihrer Bundesgenossen. sowie jene der Adelsgeschlechter, welche dem Herzoge folgten, mit neuen Befestigungswerken verstärkt worden. Die Fehde wurde auch fast nur mit Belagerung und Eroberung mehrerer Schaunberger Burgen zu Gunsten des Herzogs beendet. Eine andere Veranlassung, die Burgen Oberösterreichs in besseren Vertheidigungszustand zu setzen, ergab sich, als Herzog Albrecht III. 1390 die Raubburg Leonstein zerstörte, welche den mächtigen Rorern gehört hatte. Diese verbanden sich nun mit anderen Rittern und griffen die Besitzungen der Herren von Wallsee und von Capellen und anderer Getreuen des Herzogs an, bis man im December 1392 Frieden schloss.

Im 15. Jahrhundert kam in Oberösterreich das wildeste Faustrecht und die größte Willkür zur vollen Herrschaft. Der öftere Zwist und Krieg zwischen den Herzogen von Oesterreich, die häufigen Aufstände theils einzelner, theils verbündeter Adelsgeschlechter gegen den Herzog und Kaiser Friedrich IV. riefen die erbittertsten Parteiungen und Fehden in's Leben. Dazu kamen die feindlichen Einfälle der Böhmen, später auch der Ungarn, die vielen Räuberbanden, welche sich aus den vom Kaiser und vom Adel entlassenen oder nicht befriedigten Söldnern gebildet hatten. Diese zogen nun raubend und sengend herum und stürzten das Land in unsägliche Verwirrung und Drangsal. Alle Ordnung und Sicherheit, alle gesetzlichen Bande waren völlig aufgelöst, eine allgemeine Verwilderung ergriff alle Schichten der Bevölkerung, Gewaltthaten jeder Art wurden ohne Erbarmen verübt, nur die Macht des Schwertes herrschte. Da war es abermals für jeden Gutsbesitzer, auch des niederen Adels dringend nothwendig, sich in guten Vertheidigungsstand zu setzen, die Wohngebäude mit fortificatorischen Bauten zu versehen, die bestehenden Burgen durch bessere Befestigungswerke zu verstärken, die verwüsteten wieder herzustellen oder neue zu erbauen.

Zu diesem Zwecke wurden von den Unterthanen sowohl auf den landesfürstlichen Herrschaften, als auf den Gütern des Adels Geld, Lebensmittel und Frohndienste ohne Zahl und Maß gefordert und auf sehr harte Weise erzwungen. Es geschah auch, dass beutesüchtige Glücksritter eine Schar niederen Volkes zusammenfingen und fortschleppten, um sie bei Erbauung einer Raubveste zu verwenden und dann zu verkaufen. Die herumziehenden Söldnertruppen errichteten befestigte Feldlager, nach welchen sie sich immer zurückzogen.

Während des Mittelalters kommen in den vier Kreisen des heutigen Oberösterreich beiläufig 500 Burgen und mehr oder weniger befestigte Edelsitze vor. Ganz genau lässt sich diese Zahl nicht angeben, weil manche Burgen und kleine Vesten, ohne eine Spur zu hinterlassen, wieder verschwunden sind und bei manchen Schlössern nicht ersichtlich gemacht werden kann, ob ihr Ursprung bis in das Mittelalter reicht.

Gemeinschaftlicher Aufbau und Besitz einer Burg.

Der Bau, die wohnliche Einrichtung, Kriegsausrüstung und Erhaltung einer Burg, besonders wenn sie umfangreich und in ihrer äusseren Erscheinung schön sein sollte, war immer mit großen Auslagen verbunden. Nur das rohe Baumaterial und die niederen Arbeitskräfte kosteten nichts, weil sie von den zum Frohndienste verpflichteten Leibeigenen verrichtet wurden; allein diese, oft in größerer Anzahl, mussten doch während einer langen Bauzeit verpflegt und die in solchen Bauten erfahrenen Bau- und Werkmeister in Lohn genommen werden. Um die vielen Kosten zu bestreiten, reichte das Vermögen eines Einzelnen und die Beiträge seiner Unterthanen an Geld und Lebensmitteln nicht hin, und so geschah es nicht selten, dass mehrere Adelsfamilien von derselben Abstammung oder befreundeten Gesinnung in Gemeinschaft eine einzige Burg erbauten oder erkauften und sich über deren Miteigenthum, Erhaltung und Vertheidigung in sogenannten Burgfriedens-Urkunden, Familientheilungen, Eintritts-Servituten einigten. Diese Verbindung hieß in Deutschland Gauerbenschaft.

Auch in Oberösterreich kam es vor, dass eine Burg mehrere Eigenthümer hatte, von denen jeder einzeln den ihm zugehörigen Burgtheil vererben, verkaufen oder verpfänden konnte.

Der erste in der Geschichte bekannte deutsche Burgbaumeister war Bischof Benno II. von Osnabrück, † 1088, wie überhaupt die Geistlichen damals bis zu den Kreuzzügen, als Träger aller geistigen Thätigkeit, die Baumeister der gesammten abendländischen Welt waren. Seit dem 13. Jahrhundert aber, als die Macht und Bildung in den Städten wuchs, wurden die bildenden Künste als bürgerliches Handwerk von zünftigen Meistern aus dem Laienstande betrieben und seitdem lieferte Deutschland Festungsbaumeister in großer Zahl. Sie waren eigentlich wandernde Ingenieure, welche gegen Entgelt für die Fürsten, Adeligen und Städte die Anlage, den fortificatorischen Plan besorgten und die weitere Ausführung der Baulichkeiten gewöhnlich den einheimischen Meistern überließen. **Burgbaumeister.**

Als Leitfaden dienten die Werke *Vitruvius'*: *„De architectura“* und *„Epitome institutorum rei militaris“*, welche der römische Militär-Schriftsteller *Vegetius* um das Jahr 375 n. Chr. in fünf Büchern verfasst hatte. Die zahlreich vorhandenen Abschriften dieser Werke sind ein Zeugnis für ihre große Verbreitung im Mittelalter.

Bei Erbauung einer Burg wählte man womöglich felsigen oder mit Steinblöcken gemischten Grund und einen dominierenden Platz, oder ein Terrain, welches an und für sich den Angriff erschwerte, die Befestigung erleichterte, der Kunst nicht zu viel zu thun übrig ließ und den passiven Widerstand, auf den es hauptsächlich abgesehen war, förderte. **Burgstelle.**

Sehr gerne baute man auf den Grundmauern römischer Burgen, deren Ueberreste aus dem Untersatze der Ringmauern und Thürme, ja sogar aus einem ganzen Thurme bestehend, am Rhein und an der Donau hin und wieder zu finden waren. So entstand wahrscheinlich die Burg Linz.

Im flachen Lande wurden Plätze auserlesen, die von fließenden oder stehenden Gewässern, Seen, Teichen oder **Wasser- und Uferburgen.**

Sümpfen ganz oder zum Theile umgeben waren, oder wo die breiten Gräben von einem benachbarten Flusse oder Teiche mit Wasser gespeist werden konnten. Die auf solchen Plätzen erbauten Burgen führten den Namen Wasser- oder Uferburgen.

Zu den bemerkenswerten mittelalterlichen Wasserburgen in Oberösterreich gehörten im Hausruckviertel: Aistersheim vom Jahre 1150, Erlach 1094, Freiling 1158, Galsbach 1120, Irrnharting 1235, Köppach 1144, Parz 1150, Roit 1088, Traun 1120, Weidenholz 1228; im Innviertel: Schwend, Wernstein 1200; im Mühlviertel: Grub, Gneussenau 1161, Schwertberg 1287, St. Veit 1230; im Traunviertel: Bernau 1170, Gschwendt 1347, Hub 1200, Leonbach 1177, Neidharting 1200, Ottstorf 1170, Stadl-

Spielberg (Fig. 2).

kirchen 1074, Weier 1385, Weitersdorf 1200. In Seen standen die Burgen: Kammer 1178, Litzelberg 1313, Ort 1092. In der Donau: Spielberg 1149 (Fig. 2), Wörth am Strudel und Haustein am Wirbel. Die hier angeführten Jahreszahlen bezeichnen nicht die Zeit des Entstehens der Burgen, sondern nur das Jahr, in oder um welches ihr Name zum ersten Male genannt wird.

Höhenburgen. Günstiger für den Burgenbau war eine gebirgige Gegend. Man wählte hier entweder isolierte, mäßig hohe, selten sehr hohe Bergkegel und völlig freie Bergkuppen, die durch einen Einschnitt vom Gebirgsstocke getrennt waren, oder nach allen Seiten hin jäh abfallende Felsen und half im Nothfalle durch

Abmeißelung des Gesteines oder Ausmauerung minder abschüssiger Stellen der Natur nach, da bei der Befestigung die Steilheit des Platzes die Hauptsache war. Auch suchte man sich, und zwar mit Vorliebe, eine Stelle aus, die wie eine Halbinsel, als Bergzunge, vortrat, oder an Abhängen als steile Felsklippe vorsprang, in Staffeln niederstieg und nur auf einer Seite mit dem Gebirge zusammenhing. Hier bot sich dem Angriffe nur eine kurze Front dar, auf welche dann alle Künste der Befestigung und Vertheidigung: tiefe, breite Gräben, hohe, dicke Mauern, starke Thürme angewendet wurden, während die Seiten und der Rücken durch unersteigliche Felsabhänge und Steinrauschen gesichert waren.

Solche auf hohen Plätzen oder auf Felsen und Klippen an deren äusserstem Rande hingeklebte Burgen nennt man Höhenburgen, Felsburgen oder Bergvesten.

In Oberösterreich sind in dieser Beziehung besonders zu nennen:

Lage oberösterr. Burgen.

Stauf (Fig. 3).

Auf der Höhe frei aufsteigender Berge und Hügel im Hausruckviertel: Frankenburg 1160, Stauf 1145, Wartenburg 1128, Wolfsegg 1176; im Innviertel: Iben 1070, Spitzenberg; im Mühlviertel: Aist 1125, Altenhof 1180, Arbing 1137, Dornach 1200, Freudenstein 1308, Klingenberg 1277, Oberwallsee 1364, Ottensheim 1148, Riedeck 1256, Rutenstein 1160, Alt-Wachsenberg 1146, Weinberg 1274; im Traunviertel: Kremseck 1412, Leonstein 1390, Schlüsselberg 1150, Wunderburg oder Gugelberg 1391. (Fig. 3.)

Auf isolierten Felsen und auf an Bergabhängen vorspringenden Felsklippen im Innviertel: Krämpelstein 1200; im Mühlviertel: Falkenstein 1140, Lichtenhag 1308, Lobenstein 1207, Partenstein 1262, Pührenstein 1170, Reichenstein 1230, Roteneck 1308, Schallenberg 1165, Schönberg 1245, Thumb,

Werfenstein 1354, Windeck 1208; im Traunviertel: Claus 1192, Losenstein 1186, Pernstein 1036, Scharnstein 1204, Wildenstein 1250; im Hausruckviertel: Wesen 1125. (Fig. 4.)

Thumb (Fig. 4).

Auf mehr oder weniger halbinselartig vortretenden Berg- oder Hügelrücken im Hausruckviertel: Kogel 1263, Schaunberg 1160, Starhemberg 1176, Tolet 1170, Trateneck 1316; im Innviertel: Vichtenstein 1116; im Mühlviertel: Clam 1128, Eschelberg 1209, Hagenberg 1139, Haychenbach 1173, Innerstein 1400, Kreutzen 1125, Luftenberg 1220, Marsbach 1075, Neuhaus 1319, Piberstein 1256, Prandeck 1287, Ranarigl-1268, Sprinzenstein 1253, Steyeregg 1136, Tannberg 1140, Waldenfels 1461, Wildberg 1130; im Traunviertel: Achleiten 1189, Ebelsberg 1071, Seisenburg 1126, Weissenberg 1189. (Fig. 5.)

Piberstein (Fig. 5).

Zunächst der Angriffsseite hatten einen tiefen breiten Graben: Neuhaus, Pernstein, Prandeck, Ranarigl, Scharnstein, Schaunberg, Schlüsselberg, Starhemberg, Tolet, Wildberg. (Fig. 6.)

Hohe, dicke Mauern oder Gebäude: Falkenstein, Prandeck, Wildenstein, Wernstein. (Fig. 7.)

Starke Thürme: Luftenberg, Pernstein, Scharnstein, Schaunberg, Steyeregg, Tolet. (Fig. 8.)

Beim Burgenbau war der Bauplan namentlich seit dem 13. Jahrhundert vorerst durch die Bestimmung der Burg bedingt, sei es als Landesveste, Herrenburg oder als Schutzwehr und Festhaltung der Grenze, der anliegenden Besitzung, einer Stadt, eines Engpasses, einer Land- oder Wasserstraße und anderer wichtiger Punkte; wohl auch als Gefängnis oder als Schlupfwinkel von Raubrittern. Die Vesten, bloß für den Raub, baute man gerne in einer versteckten Lage, in tiefen Felsschluchten; sie waren des raschen Baues und der leichteren Vertheidigung wegen gewöhnlich klein, aber stark befestigt. Bauplan.

Pernstein (Fig. 6).

Der Bauplan hing ferner von der Beschaffenheit der Burgstelle ab. Da man diese vorzugsweise auf Bergen und Felsenhöhen wählte, so suchten die Baumeister alle Erhöhungen, Vorsprünge und Windungen des Felsgesteines zu benutzen, um, freilich oft auf Kosten der Bequemlichkeit der Wohnungen und architektonischen Schönheit, dem Hauptzwecke eines solchen Baues, Festigkeit und Unbezwingbarkeit, nach den Ideen jener Zeit zu entsprechen. Daher die Unregelmäßigkeit der Umfassung, die bewunderungswürdige Kühnheit und Mannigfaltigkeit im Detail der inneren Anordnung und der äusserlichen Gestalt solcher Baue, wobei Uebereinstimmung der Grundrisse einer Veste mit einer zweiten oder dritten Burg unmöglich war, und nur bei gleichförmigem Terrain mehr oder weniger vorkommen konnte. Doch wurden dabei gewisse allgemeine Grundsätze beobachtet, welche beiläufig dieselbe Anlage der hauptsächlichen Gebäude und der Befestigung nachweisen und aus der nachfolgenden Schilderung einer Burg der größeren Art ersichtlich werden sollen.

Eine andere Ursache der Regellosigkeit im Baustile der Burgen lag auch darin, dass manche anfänglich kleine Burg infolge des Aufblühens der Adelsfamilie oder der eingeführten Gauerbenschaft erweitert, oder die ursprünglich größere Burg umgebaut und verändert werden musste, namentlich seit Einführung neuer und besserer Befestigungsformen und des immer

Falkenstein (Fig. 7).

größeren Luxus in den Lebens- und Wohnungsbedürfnissen, dann nach harter Belagerung, theilweiser Zerstörung oder nach einem Brande. Da man dabei, wo an die älteren Theile neue Gebäude angefügt wurden, ganz willkürlich und regellos verfuhr, so findet man auch in solchen Burgen kein Ebenmaß ihrer Bestandtheile und fast niemals eine regelmäßige Reihe von Zimmern und Fenstern. Darum ist aus dem früheren Mittelalter keine Burg, die noch im späteren gedient hat, unverändert geblieben. Beinahe jedes Jahrhundert richtete sie mehr oder weniger für seine Bedürfnisse zu. Dies ist auch die Ursache, dass die hier zur Ansicht gebrachten, zumeist aus dem 17. Jahrhundert stammenden Abbildungen oberösterreichischer Burgen manche nachmittelalterlichen Merkmale an sich tragen.

Je älter eine Burg, desto regelloser ihre gesammte Structur, desto roher die Anordnung der Wohnung, niedriger und enger die Stuben, kleiner und weniger zahlreich die Fensteröffnungen und dicker die Mauern, desto unzugänglicher oder fester die Burgstelle. Die ältesten Anlagen der Höhenburgen geschahen zumeist auf der höchsten oder steilsten Stelle, an welche sich dann die späteren Zubauten meist staffelartig schlossen.

Fortificatorische Anordnungen.

Die fortificatorische Anordnung einer Burg war anfänglich sehr einfach. Bis gegen Ende des 12. Jahrhunderts bestand sie aus einer durch das Terrain bedingten Umfassung, einem Thurme, einem Wohnhause und, wenn Terrain und Mittel es zuliessen, aus einem Graben vor der Umfassung mit einer

Schaunberg (Fig. 8).

Zugbrücke. Die Ringmauer hatte oben einen Wehrgang, jedoch keine Spur verticaler oder horizontaler Bestreichung, sie war vielmehr durch zahlreiche, meist nach aussen gerichtete Strebepfeiler gestützt. Der Thurm erhob sich auf der dominierenden Stelle im Innern der Burg; er stand gewöhnlich ganz frei, war häufiger viereckig als rund und hatte eine Plattform mit Zinnen. In seiner Nähe befand sich das Wohnhaus, welches gewöhnlich auf die Ringmauer gestützt war. Das Ganze stellte sich in seiner äusseren Erscheinung als ein fester und kräftiger, aber roher Vertheidigungsbau dar, dem die Bequemlichkeit und aller architektonischer Schmuck fehlten.

Gegen das Ende des 12., besonders aber im 13. Jahrhundert kamen eine Menge neuer Befestigungsformen hinzu:

die Zwinger, Friesbögen, Schutzdächer, Umgänge, Bergfried- oder Schildmauern, Erker, flankierende Thürme, Maschikulis oder Gießlöcher u. a. m. Sie stammen meistens aus dem Orient, wo die Kreuzfahrer in der Zeit des 12. und 13. Jahrhunderts mit ihnen bekannt wurden und sie als fortificatorische Errungenschaft heimbrachten.

Das oströmische Reich nämlich, dessen Cultur durch keine Völkerwanderung vernichtet worden war, und das somit der Bewahrer und Förderer vielfacher Kunstfertigkeit blieb, war besonders auf die Pflege der Befestigungskunst hingewiesen. Seit Justinian (6. Jahrhundert) erhoben sich auf der asiatischen Küste des Mittelmeeres eine Menge fester Städte und Burgen, welche von den Sarazenen nach der Eroberung nicht nur in wehrhaftem Stande erhalten, sondern auch mit neuen eigenthümlichen Werken verstärkt worden sind. So fanden denn die abendländischen Kreuzfahrer im Orient eine Menge neuer und, wie sie durch die Kriegserfahrung belehrt wurden, sehr zweckmäßiger Befestigungsformen, welche sie nach ihrer Rückkehr an ihren Burgen einführten.

Es bedurfte aber eines ganzen Jahrhunderts, bis alle diese fortificatorischen Anlagen auf dem heimischen Boden herrschend wurden. Dabei wurde die ästhetische Seite der mittelalterlichen Befestigungsbauten im Detail durchgebildet, und die Burgen gewannen dadurch in ihrer äusseren Erscheinung an künstlerischer Bedeutung und Schönheit.

Tabor in Ober-österreich.

Im 15. Jahrhundert kam in Oesterreich eine neue Befestigungsart in Anwendung, nämlich der Tabor. Er wurde von den böhmischen Soldtruppen eingeführt und war zur Aufnahme einer größeren Schar bestimmt. Das böhmische Wort Tabor bedeutet im Allgemeinen ein Lager, im besonderen und im vorliegenden Falle ein befestigtes Feldlager, wo die Zwecke der Wehrhaftigkeit vorherrschten und nicht wie bei den Burgen jenen der Wohnlichkeit gleichgestellt waren. Von hier aus machte die Besatzung ihre Ausfälle in die Umgegend und zog sich dahin zurück, wenn sie mit Beute beladen oder von einem stärkeren Feind bedroht war. Der Tabor bestand gewöhnlich aus aufgeworfenen Schanzen, wie bei Steyr, wo ihn 1466 die böhmischen Söldner des Jörg von Stein, Herrn auf Steyr, errichtet hatten. Manchmal verstärkte man den Tabor auch mit Thürmen, wie bei Kronstorf zwischen Steyr und Ens, wo 1485 ein in ungarischen Diensten stehendes Corps unter Anführung des Schlesiers Wilhelm von Tettau einen Doppeltabor an beiden Ufern der Ens erbaut hatte. Dieser wurde im fünften Jahre darauf, sowie jener bei Grein, den 1476 die aus Böhmen eingefallenen Adeligen errichtet hatten, erst nach langem und hartem Kampfe zum Falle gebracht.

Die ersten in Deutschland von den karolingischen Kaisern im 8. und 9. Jahrhundert erbauten Burgen bestanden nur aus Erdwällen, dornichten Zäunen, Flechtwerk, Spitzbalken-Umfassungen und hölzernen Thürmen. Damit die zur Umfassung aufgeschüttete Erde sich stehend erhielt, wurde sie sowohl auswärts als inwärts durch starke Holzbauten eingefasst; auch bestand der Erdwall aus einem Verhau von Baumstämmen mit Steinen und Erde ausgefüllt und auf der Oberfläche mit Rasen bekleidet. Die Thürme wurden aus Eichenholz zusammengefügt und mit Thon verklebt. Karls des Großen endlose Kriege, in denen oft dasselbe Terrain immer wieder erkämpft werden musste, bestätigen den Mangel feuerfester Steinburgen, mit deren Hilfe der Kaiser das angestrebte Ziel in viel kürzerer Zeit erreicht und sein Reich nach allen Seiten gesicherter zurückgelassen hätte. Baumaterial.

Zwar führte er 768 - 814 die Kunst des Steinbaues unter den Deutschen ein; da er aber die künstlichen Materialien, behauene Steine, Quadern, Marmorplatten, Säulen, wie die Baumeister und Werkleute aus Italien kommen lassen musste, so baute er nur einige Paläste und, wie die Sage erzählt, so viele Kirchen aus Stein, als es Buchstaben im Alphabete gibt. Diese Bauten wurden von den Zeitgenossen als etwas Ausserordentliches angestaunt. Die übrigen Kirchen und auch die Klöster, welche damals in Deutschland errichtet wurden, waren Holzbauten, und diese hörten erst mit dem 12. Jahrhundert auf.

Bald nach Karl dem Großen wurden in einigen Klöstern Deutschlands Bauschulen eingeführt; allein sie entwickelten sich sehr langsam und schwerfällig und widmeten sich anfänglich nur der kirchlichen Architektur. Was sie damals aufgebaut, ist spurlos verschwunden. Die ältesten Ueberreste kirchlicher Gebäude in Baiern, zu welchem damals Oberösterreich gehörte, reichen bloß in das 11. Jahrhundert und sind nur in Augsburg, Regensburg und Eichstätt zu finden. Im Erzherzogthume Oesterreich sind solche in irgend namhafter Bedeutung bis jetzt nicht nachgewiesen.

Der Burgenbau aus Stein kam in Deutschland erst im Verlaufe des 10. Jahrhunderts in Anwendung, nachdem die Steinbautechnik einige Verbreitung gewonnen und man den Nutzen steinerner Befestigungsbauten erkannt hatte. In der ersten Zeit wurde nur der Thurm, später die Umfassung und endlich auch das Wohnhaus des Burgherrn auf Mauerwerk aufgeführt.

Die älteste Befestigung von Ens.

Aus dem Gesagten ist ersichtlich, dass die fortificatorische Umfassung, welche Ens bei seiner Entstehung im ersten Jahre des 10. Jahrhunderts erhielt, nicht, wie man bisher meinte, eine Ringmauer, sondern eine Umwallung aus Erde und Holz war. Damals gab es in Deutschland noch keine aus Stein neuerbauten Ringmauern. Die wenigen, welche namentlich im linksseitigen Rheinthale vorkamen, waren alt und stammten noch aus der Römerzeit, oder liessen sich leicht herstellen, weil zu diesem Zwecke die Nachkommen römischer Werkleute aus dem nahen Frankreich herbeigerufen werden konnten.

Die Mönche von Hersfeld brachten erst in der ersten Hälfte des 10. Jahrhunderts eine einfache Ringmauer nur mit Mühe und ziemlich schlecht zu Stande — ein Theil davon war ihnen während des Baues eingestürzt — und St. Gallen hatte noch im Jahre 924 keine Ringmauer. Wenn nun die Mönche großer Klöster, die sie auf königlichen Befehl gegen die Ungarn befestigen sollten, trotz der Zeit, die ihnen genügend zu Gebote stand, und trotz der Bauschulen, welche bei ihnen errichtet waren, die Ringmauer nur mit Mühe oder noch nicht fertig bringen konnten, so ist gewiss unmöglich anzunehmen, dass die in aller Eile zu den Waffen aufgerufenen Volksschaaren Oberösterreichs, wo damals die Cultur noch in der Wiege lag, einen solchen Bau nach ihrem Siege über die Ungarn in aller Schnelligkeit besser und fester als die Bauschulen aufgeführt hätten.

Der Chronist, welcher uns über die Entstehung von Ens die erste Nachricht gibt, sagt: *et citissime validissimam urbem muro obposuerunt, quo peracto unusquisque redierunt in sua.* Dass sie sehr eilig *(citissime)* an der Befestigung von Ens arbeiteten, ist natürlich, denn nach den damaligen Verhältnissen konnte ein Heer im eigenen Lande nicht lange beisammen bleiben, und am wenigsten in einer Gegend, welche eben von den Ungarn verwüstet worden war; aber dass sie eine Ringmauer, durch welche sie Anesburg zu einer sehr starken Festung machten *(validissimam urbem),* in aller Schnelligkeit erbaut hätten, ist unmöglich anzunehmen. Es fehlten ihnen nicht nur die gehörige

Zeit, die Baukunde und die im Mauerbau bewanderten Arbeiter, sondern auch die anderen Mittel zu einem so schnellen und festen Baue. Eine starke Ringmauer muss hoch und dauerhaft sein. Dazu sind auch große Werksteine nothwendig. Diese waren zwar in den nahen Ruinen der römischen Stadt *Lauriacum* vorhanden, allein wie sollte man sie auf die Mauer in aller Schnelligkeit hinaufbringen? Erst im 11. Jahrhundert wurde in einem belgischen Kloster der Mauerhaspel zur Hebung und Einsetzung größerer Werkstücke erfunden und als ein neues Wunder gepriesen. Links am Portale des Domes zu Pisa sagt uns eine Inschrift, dass Buschetto, der Erbauer des Domes (i. J. 1063 ff.), zur Hebung großer Lasten unter allgemeiner Bewunderung Maschinen angewandt habe. Seither hatte man die größeren Steine auf der schiefen Ebene und mittelst der Walzen mühsam und langsam hinaufbewegt.

Dass die erste Umfassung von Ens keine Ringmauer, sondern eine Umwallung war, darauf deutet auch das Wort hin, welches der Chronist für diese Befestigung wählt. Er sagt: *muro obposuerunt.* Dieses Wort bedeutet aber nicht bloß eine Mauer, sondern auch eine Erhöhung von Erde, einen Damm, Wall. In jener Zeit, wo ein Steinbau als eine große Seltenheit angesehen wurde, war man, wenn auf ihn die Rede kam, sehr bedacht, den richtigen unzweifelhaften Ausdruck zu gebrauchen, man wählte dann gewöhnlich nicht *murus*, sondern *moenia*, weil dies nur die Mauer bedeutet.

Eine Umwallung aus Holz und Erde, vielleicht auch mit untermischten Steinen, konnten die baierischen Feldtruppen leichter aufführen, weil sie mit Erd- und Holzarbeiten ganz gut vertraut waren, und ein solcher Erdwall reichte vollkommen hin, um Ens gegen die Ungarn zu einem sehr festen Platze zu machen. Wie die Geschichte lehrt, genügte die einfachste Umfassung oder auch nur ein breiter Wasserspiegel, die Ungarn abzuhalten, welche nichts bei sich hatten als ihre Pferde, und nirgendwo sich lange aufhalten mochten. Sie ließen sich nie in eine Belagerung ein, von der sie übrigens nichts verstanden, sondern eilten nur immer vorwärts, damit nicht andere ungarische Schwärme ihnen im Rauben zuvorkämen.

Nachdem die Ungarn auf dem Lechfelde 955 gänzlich geschlagen und 984 aus Niederösterreich für immer vertrieben worden waren, verlor Anesburg allmählich seine militärische Bedeutung als Grenzwaffenplatz und Zufluchtsstätte für die

Umgegend, seine Befestigungswerke zerfielen nach und nach, es verlor nun auch seine burgliche Benennung und wurde der offene, wehrlose Ort Anes oder Ens mit verschiedener Ortsbezeichnung. Um das Jahr 1150 hieß es *locus Anesis,* 1186 *forum Anesis, vicus forensis Ense,* 1191 *villa Anasensis,* 1210 *villa Anesum.* Das sind urkundliche Benennungen; sie weisen die Angabe des Chronisten, welcher Ens im Jahre 1175 eine *civitas* nennt, sowie auch die Behauptung eines neuen Geschichtsschreibers, welcher erzählt, Ens sei im benannten Jahre eine Grenzveste gewesen und erstürmt worden, entschieden zurück. Die älteste Quelle, auf welche dabei hingewiesen wird, sagt zwar, dass Ens sammt Umgebung durch Feuer verheert worden sei, aber von irgend einem Kampfe geschieht nicht die geringste Erwähnung. Verheeren ohne Kampf kann man aber nur offene und schutzlose Orte und Gegenden.

Wenn aber auch Ens seine fortificatorische Wichtigkeit seit dem 11. Jahrhundert immer mehr verloren hat, so gewann es doch in dieser Zeit an nicht geringer Bedeutung als belebter Markt und Handelsplatz und Versammlungsort für öffentliche Verhandlungen und Festlichkeiten.

Im Jahre 1212 trat es in die Reihe der freien Städte, wurde nun auch in den Urkunden *civitas* genannt und bekam darauf die erste Umfassung aus Mauerwerk. Die mittelalterlichen Städte, d. h. die Wohnorte für bürgerliche Familien mit besonderen Stadt- und Bürgerrechten und Freiheiten und einer wehrhaften Umfassung aus Mauerwerk, also mit einem burglichen Bau im Großen, beginnen eigentlich erst mit dem 11. Jahrhundert und hießen fortan nur *civitas*, während man früher diesen Namen jedem größeren Orte beilegte und mit *urbs* und *oppidum* gleichbedeutend hielt.

Steinbautechnik.

Das Mauerwerk der Burgen bestand im 10. Jahrhundert und im Anfang des 11. aus rohen, nur hin und wieder mit dem Hammer an den Spitzen abgeschlagenen, nicht horizontal gelagerten Bruch- und Feldsteinen, die durch reichlichen, aber schlechten, mit unreinem Sande und kleinem Gerölle gemischten, unregelmäßig aufgetragenen Mörtel verbunden waren. Derselbe wurde dick aufgetragen, die Steine in denselben gelegt, mit leichten Schlägen des Hammers angetrieben, wobei der aus den nicht ganz genauen Fugen heraustretende Mörtel mit dem Polierbrette an die zunächst gelegenen Flächen angedrückt und niedergeebnet und sodann mittelst der Kelle die Lager und

Stoßfugen mit freier Hand, daher unregelmäßig, eingeritzt wurden. In dieser Zeit kam auch der aus der Römerzeit stammende und von den nach Deutschland berufenen italienischen Baumeistern angewendete Mauerguß in Gebrauch. Es war dies jene Bauweise, wo nur die beiden Aussenflächen einer Mauer aus verbundenen Steinen bestanden, während das Innere mit kleinen Steinen unregelmäßig ausgefüllt und sodann mit reichlichem Mörtel übergossen wurde. Dies geschah meistentheils bei Erbauung der ersten großen und dicken Hauptthürme. Ferner verbreitete sich auch der ebenfalls aus der Römerzeit stammende sogenannte Häringsgrätenbau, oder jener Mauer-

(Fig. 9.)

verband, wo Bruchsteinplatten ährenförmig geschichtet waren und horizontale Bänder durchliefen. (Fig. 9.) Diese Technik kam zu Ende des 10. Jahrhunderts an den nördlichen Abhängen der Alpen zuerst vor. Mit ihr vereinigt erscheinen gut eingepasste Steinblöcke und Findlinge, die zur Umrahmung von Fenstern und Thüren dienen, und in ihren sehr genau gearbeiteten Thür- und Fensterfalzen eine tüchtige Führung des übrigens noch sehr spärlich angewendeten Meißels erkennen lassen.

Im Laufe des 11. Jahrhunderts war die Mauer gemischt aus regelmäßiger behauenen Steinen und aus einfachen Bruch- und Feldsteinen und zeigte immer mehr das Streben nach horizontaler Lagerung.

Seit dem Ende des 11. Jahrhunderts kommen horizontal gelagerte, mit dem Hammer hergerichtete Bruchsteine von größerer, jedoch verschiedener Höhe und Breite durch guten, nicht allzu reichlichen Mörtel verbunden, allgemein vor. Sie wurden aus Rücksicht auf größere Haltbarkeit besonders bei den unteren Mauertheilen, den Ecken, Strebepfeilern und bei dem als letzte Zufluchtsstätte dienenden inneren Thurme, bisweilen auch bei Kapellen und Cisternen angewendet. Wo man sie nur zu der äusseren und inneren Fläche der Mauer nahm, wurde der Zwischenraum stets mit rohen Steinen und Mörtel ausgefüllt.

Im 12. und 13. Jahrhundert wendete man beim Burgenbau häufig die Buckelsteine an. Das aus ihnen aufgeführte Mauerwerk erscheint als ein Quaderbau mit tiefliegenden Fugen.

Es wurden nämlich die zur Aussenseite des Baues bestimmten Quadern an der Fläche, welche nach aussen zu kommen sollte, nur wenig vom Meißel bearbeitet und bloß am Rande, auf den Lager- und Stoßfugen, etwa 1 Zoll breit sorgsamer behauen, um scharfe und genau anschließende Kanten zu erzielen. Infolge dessen hatte die Vorderseite dieser Steine verschiedene Ausbiegungen. Dadurch entstand eine große Ungleichheit der Aussenseite eines solchen Baues, indem die weiter vorragenden Buckel vom Wetter geschwärzt gegen die minder vorstehenden und darum heller gefärbten in verschiedenen Abstufungen abstechen. Die Römer ließen den hervorragenden Theil dieser Quadern ganz unbehauen. Wo man also an alten Thürmen einen Buckelquadernbau findet, bei welchem die Vorderseite sämmtlicher Steine eine rohe Naturfläche ohne alle Spur des Meißels darbietet, kann man annehmen, dass dies ein Römerbau sei. Der Zweck der Kopfquadern war offenbar äussere Gewalt, Stöße und Würfe abzufangen und die Fugen des Baues vor diesen und den Einflüssen der Witterung zu schirmen. Denn Schnee und Regen trafen nur jene Buckeln, die Thaunässe und das Regenwetter troffen von einem zum anderen herab, die Fugen blieben verschont, was zur Dauerhaftigkeit des Baues viel beitrug.

Um die Mitte des 12. Jahrhunderts kommt der eigentliche Quaderbau vor. Er besteht aus vom Steinmetze mit dem Meißel regelmäßig bearbeitetem, an der rechteckigen Vorderseite völlig glatt geebnetem Haustein. Die Eckverfestigung aus abwechselnd übergreifenden Quadern deutet auf das 13. Jahrhundert hin. Wo man die Quadern auf felsigen Boden als

Grundsteine oder Untersatz einer Bruchsteinmauer legte, wurde früher in dem Felsen eine Stelle von der Größe des Quaders wagrecht ausgemeißelt (eine Bettung) und ebenso ging es der Reihe nach mit jeder folgenden fort. Wo man nun in den Ruinen solche Bettungen antrifft, kann man sicher auf einstige Mauer schließen. In den oberösterreichischen Burgen Dornach und Windeck bestanden die Flächen sämmtlicher Mauern sowohl nach aussen als nach der Hofseite aus Quadern von ungleicher Breite, jedoch mit wagrechten Quer- und mit genau senkrechten Seitenfugen. Das Innere der Mauern war mit kleineren Steinen, in der Umfassungsmauer auch noch mit vielen großen Bruchsteinen und mit reichlichem Mörtel ausgefüllt. Die Quadern sind gegen die Ausfüllung hin roh behauen. (Fig. 10.)

Backsteinbau.

Der Backsteinbau wurde im 13. Jahrhundert im Norden Deutschlands, wo Stein nur spärlich zu finden ist, durch den Deutschen Ritterorden in Preussen eingeführt und blieb dort, sowie auch im Osten vorherrschend, während im westlichen und südlichen Deutschland der Steinbau noch lange vorkam. Erst später wurde die Anwendung von Ziegel allgemeiner.

Dornach (Fig. 10).

Das Thonmaterial übte einen sehr großen Einfluss auf die Verschönerung der mittelalterlichen Befestigungsbauten. Da sich Friese, Consolen und ähnlicher architektonischer Schmuck in Thon mit viel weniger Mühe und Auslage herstellen lässt, so wurden die Backsteinbauten in den meisten Fällen reicher verziert und mit schöneren Formen ausgestattet, als es bei Befestigungsbauten aus Stein thunlich war. Weil nun in Oberösterreich vorherrschend nur Bauten aus Stein, dieses reichlich vorhandenen Materials wegen, aufgeführt wurden, so war auch an vielen oberösterreichischen Burgen der architektonische Schmuck gewöhnlich gering, die zierlichen Formen seltener, die Ornamentik einfach und ziemlich hart gezeichnet.

Festigkeit des alten Mörtels.

Was den später so vorzüglichen Mörtel der Alten anbelangt, zu dessen Besitz wir bei allen schon gemachten Versuchen noch nicht gelangt sind, so hat man verschiedene Ursachen seiner Festigkeit angegeben. Einige suchen sie im langsamen Bauen, andere darin, dass der Kalk ehedem besser gebrannt und verarbeitet worden sei, als jetzt. Eine dritte Meinung ist, dass man den Kalk Jahre lang in tiefen Gruben ruhen ließ, wodurch er eine ungemeine Bindungskraft erhalten habe. Uebrigens muss man berücksichtigen, dass auch schlechter Mörtel mit der Zeit mehr und mehr erhärtet.

Rangunterschied der Burgen.

Die Burgen lassen sich im Allgemeinen in zwei Classen scheiden, und zwar in Herrenburgen und in Burgställe oder kleine Ritterburgen, Vesten des niederen Adels. Zwischen diesen beiden Classen gab es aber viele Abstufungen je nach der socialen Stellung und dem Vermögen der Burgbesitzer und der dadurch bedingten umfassenderen oder enger zusammengedrängten Anlage der Burgen. Darnach gestaltete sich auch die innere Ausstattung und das Leben in den Herrenburgen mehr oder weniger luxuriös. Im späteren Mittelalter wurde der immer mehr gesteigerte Aufwand und die Verschwendung des Adels eine der Hauptursachen seines Sinkens und Verarmens.

Wir wollen nun eine mittelalterliche Herrenburg mit allen Theilen des Baues, soweit deren Merkmale noch vorhanden sind, oder von denen irgend eine Erwähnung geschieht und welche aus der Zeit vor dem allgemeinen Gebrauche des Schießpulvers herstammen, sammt der Einrichtung und dem Leben darin beschreiben und dann auch die kleine Ritterveste mit ihrem sehr einfachen häuslichen Leben schildern.

I. Die Herrenburg.

1. Die Vorburg.

Die Herrenburgen waren die Sitze der Landesfürsten oder Dynasten.

Zu den Dynasten gehörten anfänglich die Grafen, welche bei dem Verfalle der alten Gauverfassung in den Besitz eigener, ihnen unterthäniger Landgebiete mit verschiedenen Hoheitsrechten gelangten, und später die Herren oder Barone, welche sowie nun auch die Grafen mit großen Lehengütern begabt wurden. Die Grafen und Barone bildeten als Herrenstand den hohen Adel und die Mittelstufe zwischen den Fürsten und den bloßen Rittern. Der Titel Baron wird erst gegen das Ende des 12. und im 13. Jahrhundert üblich. Als er jedoch im 16. Jahrhundert überhand nahm und auch solchen verliehen wurde, die keine Güter hatten, erhob man die alten Barone des Herrenstandes nach und nach fast sämmtlich in den Grafenstand. Dynasten.

Jene Grafen und Barone, welche ihre Standesherrschaften von dem Kaiser und deutschem Reiche zu Lehen trugen, hießen Reichsgrafen oder Reichsbarone und waren Stände des Reiches. In Oesterreich gab es mehrere, die in der Reichsmatrikel aufgezeichnet waren, bei den Reichstagen ihren Sitz einnahmen und im Kriege, wie die übrigen Großen des Reiches, ihr Contingent stellten. Die mächtigsten Dynasten mit großen Hoheitsrechten waren in Oberösterreich die Reichsgrafen von Schaunberg. Einer dieses stolzen Stammes prahlte sich im 14. Jahrhundert, er sei in seinem Gebiete Papst, König, Bischof und Dechant.

Die Dynasten waren gewöhnlich auch Bannerherren, so lange sie nämlich eine Anzahl ritterbürtiger Vasallen oder in Dienst genommener Ritter sammt den dazu erforderlichen

Reisigen stellen und auf eigene Kosten in's Feld führen konnten. In Deutschland mussten es wenigstens zehn Ritterbürtige sein. Das Banner bestand aus einem viereckigen Fähnchen, welches an der Spitze der Lanze des Bannerherrn angebracht, ihm nicht nur im Felde, sondern auch bei öffentlichen Aufzügen und selbst bei dem feierlichen Gottesdienste vorgetragen wurde. Dieses Banner war damals soviel als ein Commandostab, während das doppelt gespitzte, längliche Fähnlein an der Lanze eines Ritters nur als ein Vereinigungszeichen für die von ihm mitgebrachten Reisigen diente.

Weil ein Dynast auf der zu seinem ständigen Wohnsitze erwählten Burg einen hofmäßigen Staat führte, so hieß die Herrenburg auch Hofburg.

Burgweg.

Wenn die Burg auf einer Höhe stand, so wurde der an sich möglichst schmale, entweder in Schlangenlinien die Höhe umkreisende, oder im Zickzack angelegte Burgweg, welcher oft nur für einen Reiter Raum gewährte, so geleitet, dass die Ankommenden früh genug bemerkt und, falls sie in feindlicher Absicht sich näherten, durch Geschosse von der Burg am Ersteigen gehindert werden konnten. Manchmal wurde dieser Weg durch stellenweise aufgerichtete Befestigungswerke und oben immer von den Mauern und Thürmen der Burg, an denen er vorüberführte, beherrscht. Wo es die Terrainbildung gestattete, wurde er oben noch so angelegt, dass der Ankommende bei der letzten Beugung, namentlich an den Zugängen zu den Thoren, die Burg zur Rechten hatte und somit der Burgmauer seine rechte, vom Schilde nicht beschirmte Seite zuwenden musste.

Platz vor der Burg.

Zunächst kam man an die äusserste Ringmauer und an das erste Thor, welches bei Höhenburgen am tiefsten und in ziemlicher Entfernung von der Hauptburg gelegen war. Die nächste Umgebung ausserhalb des Thores war gewöhnlich baumlos und kahl, um das Verstecken des Feindes und seine Angriffe zu erschweren und ihm jeden Schutz und Anhalt zu entziehen. Man muss sich überhaupt die Berge, auf deren Spitzen oder Rücken sich die Burgen erhoben, kahl denken. Der Laubschmuck, welcher jetzt die Ruinen umgibt, ist erst später gewachsen, nachdem die Burgen ihre Bedeutung als Waffen- und Wohnplätze verloren hatten.

Zuweilen jedoch stand vor dem ersten Thore nur eine Linde, der Lieblingsbaum der ritterlichen Romantik, unter welchem der Burgherr seine Gerichtstage hielt, wenn er mit dem vollen Gerichte sammt Criminalfällen belehnt war. Dieses Landgericht fand immer im Freien unter einem Baume, aber nicht jedesmal vor einer Burg statt. Das Burggericht jedoch, welches sich auf die niedere Gerichtsbarkeit beschränkte und jedem Eigenthümer einer Burg über seine Dienstleute und Gutsunterthanen zustand, wurde nicht im Freien, sondern innerhalb der Burg abgehalten.

Aeusserste Umfassung.

Die äusserste Umfassung, welche man Zingel *(cingulum)* nannte, war niedriger als die eigentliche Burgmauer. Sie bestand entweder aus scharf zugespitztem Pfahlwerke, das tief eingegraben, mit Dornen und Weidengeflecht oder Querlatten zu einer festen Wand verbunden und oft mit eisernen Spitzen versehen wurde; oder sie war in Stein erbaut, namentlich im späteren Mittelalter und immer bei vornehmeren Burgen. In letzterem Falle kam es vor, dass sie nicht nur Zinnen, sondern auch einen Wehrgang hatte. Oefters jedoch war sie horizontal abgeschlossen, enthielt einfache Brustwehren und wurde nicht selten mit niedrigen Thürmen verstärkt.

Zingel mit Thürmen hatten in Oberösterreich: Almeck, Dornach, Klaus, Oberwallsee, Piberstein, Pührnstein, Prandeck, Ranarigl, Rutenstein, Schaunberg, Sprinzenstein, Steyeregg, Tolet, Weinberg, Weissenberg.

Aeusserstes Thor.

Am ersten oder äussersten Thore waren manchmal ein oder zwei kleinere Thürme zur Vertheidigung des Einganges angebracht. Die Thür war aussen stark mit Eisen beschlagen und immer mit starken Schlössern und Querbalken versehen, hatte ein Gesichtsloch und ein Schlupfthürchen. Ueber dem ersten Thore oder neben demselben im Innern der Burg war die Wachtstube des Thorwärters, und bei großen Burgen auch der Wachmannschaft. In der Einfahrt befanden sich steinerne Sitzbänke für die Thorwache. Auch wurde da ein Vorrath von Spießen, Kolben und anderen Waffen in Bereitschaft gehalten, um bei einem plötzlichen Ueberfalle die herbeigeeilte Burgwache schnell wehrhaft zu machen.

Das Schlupfthürchen an einflügeligen Thorthüren befand sich gewöhnlich in deren Mitte am unteren Theile eingesetzt. Ein solches ist noch an der mit Blech und Eisen beschlagenen Thür des Burgstalles Pragstein bei Mauthausen zu sehen. Dieses zu Ende des 15. Jahrhunderts erbaute feste Burghaus stand ursprünglich auf einer Felseninsel, war mit dem Lande durch eine Zugbrücke verbunden und hatte eine Friesbogenkrönung mit Eckthürmchen, welche leider später weggebrochen wurden. Das Ausfallspförtchen nach der Donauseite hat ebenfalls noch seine eisenbeschlagene Thür.

Die weitere Beschreibung des Thores und der Zugbrücke wird später bei Schilderung des Hauptburgthores nachfolgen.

Vorsichtsmassregeln gegen Ueberrumpelung.

Während der Kreuzzüge und nach einem Kriege, wo sich immer viel Gesindel auf dem Lande herumtrieb, dann in Zeiten der Fehden und Anarchie, in Oberösterreich namentlich im 13. und 14. Jahrhundert, war man sehr misstrauisch und auf die Sicherheit äusserst bedacht. In den Hofräumen der Burg liefen wachsame Hunde herum und für die Nacht waren eigene Wächter bestellt, die vom Castellan oder einem der Knappen beaufsichtigt wurden. Jeden Morgen sah man vom Thorhause und von der Mauer aus nach, ob Jemand sich in der Nähe aufhalte. Wurde Niemand bemerkt, so kam der Wächter des äusseren Thores zum Schlupfthürchen heraus, um noch einmal aussen genau nachzusehen. Hatte die Burg einen Graben mit einer Zugbrücke oder an der Umfassungsmauer flankierende Thürme, so wurde jeden Morgen, ehe man die Zugbrücke niederließ, von der Mauer und ihren Thürmen nachgesehen, ob sich Niemand bei der Brücke oder hinter den Thürmen versteckt habe. War ein Wald in der Nähe, so musste er alle Morgen zu Ross und zu Fuß und mit Hunden durchsucht werden. Die Meldungen darüber gingen an den Wächter des inneren Thores und von da weiter bis zum Burgherrn.

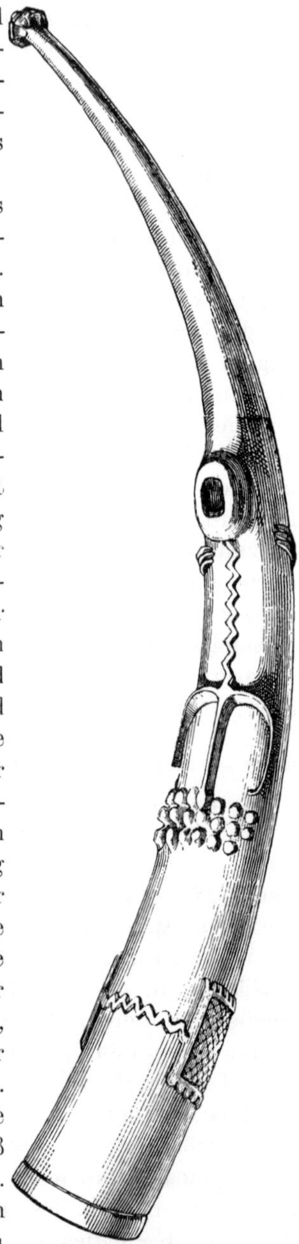

(Fig. 11.)

Der vor der Pforte angekommene Fremde kündigte sich, wenn ein Graben vorhanden und die Zugbrücke aufgezogen war, mittelst Rufen oder durch sein Jagdhorn an. (Fig. 11.)

Konnte er gleich an die Pforte gelangen, was in gesicherten Friedenszeiten auch bei Gräben, da man die Zugbrücke nicht immer aufzog, möglich war, so gebrauchte er den Thürklopfer oder schlug an die Schalltafel. Unsere jetzigen Glockenzüge sowohl an Pforten als in Zimmern waren dem Mittelalter unbekannt. Die Schalltafeln bestanden aus Holz, seltener aus Metall, hingen in Ketten an dem Thore und dabei ein Hammer, um sie damit zu schlagen. Diese Schalltafeln wurden auch in den Klöstern gebraucht, um die Mönche zu den verschiedenen Verrichtungen zusammenzurufen. Davon mögen auch die hölzernen Klappen (Ratschen) herstammen, welche beim katholischen Gottesdienste in den letzten Tagen der Charwoche benützt werden.

Hatte der Thorwärtel des aussen stehenden Fremden Begehr vernommen, wonach er durch ein Lugloch oder von den Zingeln herab frug, so ließ er ihn ein, aber nur in den ersten Burghof. Das äussere Thor wurde hinter dem Ankömmling sogleich geschlossen und die Meldung über ihn nach der Hauptburg erstattet, und zwar zunächst durch den Wächter des inneren oder eigentlichen Burgthores. Wollte man Jemanden durch das äussere Thor hinauslassen, so wurde das innere Thor hinter ihm zugeschlossen und so lange nicht geöffnet, als das äussere offen war.

Der erste Burghof war jener freie Raum, der zwischen der äussersten Burgmauer und der inneren Burg lag und Zwinger, Zwingelhof, Zwinghof hieß. Die Zingeln und den Zwinger nannte man zusammen die Vorburg oder den Vorhof. Zwinger.

Diese Vorburg wurde, wo die Oertlichkeit es zuließ, seit dem 12. Jahrhundert in Deutschland eingeführt und kam im 13. allgemein vor; war je nach dem Terrain kleiner oder größer, breiter oder schmäler, zog sich wie ein Gürtel oder wie ein zusammenhängendes Aussenwerk um die Hauptburg herum, oder nur um einen Theil derselben, und war bei Höhenburgen immer tiefer gelegen, als die Hauptburg, welche auf den obersten, isolierten und oft schwer zugänglichen Felsstaffeln lag, und den Zwinger völlig übersehen konnte. Da also die Oertlichkeit zunächst über die Form und Ausdehnung der Vorburgen entschied, so waren sie auch unendlich mannigfacher gestaltet, als die eigentliche Burg. Zu ihrer Raumgewinnung musste oft vor dem Felsenrande eine Terrassenmauer errichtet, der hiedurch gewonnene Raum aufgeschüttet und in der horizontalen Fläche eingeebnet werden; oder man sprengte durch Feuersetzen, worauf die Meißel nachhalfen, einen größeren Raum in den Fels, wozu freilich viel Zeit und Arbeitskraft nöthig war.

Da dieser Zwinger ein äusserst schmiegsames Aussenwerk war und den Feind hinderte, die Hauptburg unmittelbar anzugreifen, so wurde seine Anwendung nicht nur bei neuen Burgen, sondern auch als Verstärkung älterer Bauten so allgemein, dass man in Deutschland nur höchst selten eine Burg ohne die Spur eines Zwingers findet.

Kleinere Vorburg.

Im Zwinger, der gegen die Burg zu keine Zingel hatte, sondern gegen diese Seite offen und von der Burg bloß durch einen Graben oder eine Terrasse getrennt war, befanden sich die Wirtschaftsgebäude, die Pferde-, Hunde- und Falkenställe, das Brauhaus, Waschhaus, die Wohnungen des Burggesindes und auch der Fremden, welchen man nicht so viel Vertrauen schenkte, um sie in der Hochburg zu beherbergen. Diese Gebäude waren gewöhnlich an die innere Seite der Umfassung angelehnt. Zuweilen befand sich im Zwinger ein Garten oder Grasplatz, wenigstens eine Linde, und ein Theil des Raumes wurde auch noch zu Reit- und Waffenübungen benützt. War der Raum beschränkt, so befand sich der Uebungsplatz ausserhalb der Burg, jedoch in ihrer Nähe.

Grössere Vorburg.

Bei großen Herrenburgen war der Zwinger in besondere Theile geschieden und hatte infolge dessen mehrfache Ringmauern oder Zingel. Die Verbindung zwischen den einzelnen Abtheilungen des Zwingers war durch Thore und Brücken, durch in Fels gehauene Wege oder schmale freie Stiegen, die man von den Ringmauern und den verschiedenen Befestigungswerken direct vertheidigen, in der Flanke und im Rücken nehmen konnte und durch hölzerne Treppen oder Leitern hergestellt, welche im Falle der Feindesnoth leicht zerstört oder entfernt wurden. Hatte die Burg mehrere Thore, so befanden sich dieselben selten in gerader Richtung hintereinander.

Die mehrfache Abtheilung des Zwingers kam indessen nicht häufig vor; gewöhnlich wurde er bei großen Burgen nur in zwei Theile geschieden.

Viehhof.

Den an der äussersten Ringmauer gelegenen Platz richtete man als Vieh- und Wirtschaftshof ein. Es befanden sich daselbst einige Melkkühe und Ziegen, und dann das kleinere Schlachtvieh, Schafe, Schweine, Gänse, Enten, Hühner, Tauben u. s. w., welche besonders in unruhigen Zeiten zum Behufe der Approvisionierung und für einen längeren Widerstand nöthig waren. Auch werden die Esel genannt, welche als Saumthiere und für das Aufziehen des Wassers aus tiefen Burgbrunnen verwendet wurden.

Der andere der Burg zugewendete, oft eine Staffel höher gelegene Theil des Zwinges war vom Viehhof durch diese Erhöhung oder einen Graben, sowie auch durch Ringmauern und Gebäude getrennt und abgeschlossen; gegen die Hauptburg aber war er alle Zeit offen und von ihr nur durch einen Graben oder eine terrassenartige Erhöhung geschieden. In diesem Zwinger-Abschnitte wohnte ein Theil der Dienerschaft und Besatzung, sowie auch die geringeren und ganz unbekannten Reisenden. Auch wurde hier Manches aufbewahrt, was man in der obersten Burg nicht unterbringen konnte. Ferner befanden sich daselbst die Pferdeställe, selbstverständlich wenn die Verbindungswege in den Zwingern gangbar waren. Endlich nahm man hier, insofern es der Raum, wie z. B. in Neuhaus gestattete, die Waffen-, Reit- und Turnierübungen vor. Davon erhielt diese Zwinger-Abtheilung den Namen Reithof. Reithof.

Pferde wurden in genügender Anzahl gehalten, weil sie für den Krieg, das Turnier, die Jagd und Reise sehr oft nöthig waren und für diese Zwecke gut eingeschult sein mussten. Niemand vom Adel, auch vom niedrigsten, wollte zu Fuß fechten, nur der Dienst zu Pferde wurde als standesmäßig gehalten. Ein Ritter musste wenigstens zwei Knappen um sich haben und eine gewisse Anzahl Pferde für sie und für sich selbst unterhalten, damit er sogleich, wenn er zum Feldzuge aufgeboten wurde, seiner Stellung angemessen erscheinen konnte. Seine Streitrosse waren groß und schwer, gewöhnlich Hengste, weil sie nicht nur den in Eisen gehüllten Herrn, sondern auch die eigene Panzerbedeckung und den schweren Sattel tragen mussten. Man reiste damals nur zu Pferde, Damen wie Herren, und bloß mit eigenen Pferden. Nur ganz vornehme Frauen erschienen auf Reisen schon zu Wagen, welche jedoch plump construiert waren und nur langsam sich fortbewegen liessen.

Das Zwingersystem war in Oberösterreich besonders vertreten in Klaus, Klingenberg, Kreutzen, Oberwallsee, Neuhaus,

Pernstein, Piberstein, Pührnstein, Prandeck, Schaunberg, Stauf, Rutenstein, Tannberg, Tolet, Thumb, Steyeregg, Weinberg.

Gräben.

Die Gräben wurden womöglich vor jeder Umfassungsmauer angebracht, waren stellenweise aufgemauert und hatten oft eine beträchtliche Tiefe und Breite. Sie waren, wenn die Burg in der Ebene lag, mit Wasser gefüllt; Höhenburgen hatten trockene, oft in Felsen gehauene Gräben. Dieselben müssen eine ungeheure Arbeit gekostet haben, weil man damals die Felsen bloß durch menschliche Gewalt und ohne Sprengpulver von einander löste. Uebrigens hat man hier die Steine gewonnen, welche man zum Burgbau brauchte und so wurde aus einem Steinbruch ein Burggraben. Bisweilen aber hatte eine Felsenburg gar keine Gräben; denn häufig vertrat der Fels, welcher sich schroff zum Abgrunde oder in einen vorbeirauschenden Fluß hinabstürzte, die Stelle des Grabens.

Im Graben hegte man verschiedenes Wild, Rehe, Hirsche, Wölfe, Bären und andere Raubthiere; letztere auch deshalb, um das aus allerlei Ursachen beabsichtigte nächtliche Einschleichen in die Burg zu erschweren.

Garten in der Burg.

Zuweilen wurde der Graben auch als Grasplatz und vielleicht als Gemüsegarten benutzt. Kleinere Gärten kamen, wie bereits erwähnt worden ist, in den Vorburgen vor; sie gewährten den Nutzen, dass die Damen darin in gefährlichen Zeiten ihre Spaziergänge in Sicherheit machen konnten. Jene Gärten, in welchen Küchen- und Heilkräuter gezogen wurden, hießen Wurzgärten zum Unterschiede von den Baum-, Gemüse- (Muß-) und Blumengärten.

Garten ausserhalb der Burg.

Die Lust an den Freuden des Frühlings, an der warmen Sommerzeit, am frischen, grünen Walde und den Blumen durchdringt das ganze Privatleben des Mittelalters. Darum hatte jede Burg, wenn ihr Raum zu beschränkt war, ausserhalb der Ringmauer ihren „Baumgarten“. Derselbe lag zum Theile auf linden Anhöhen im Schatten hoher Bäume, war mit zahlreichen Blumen geziert und hatte auf freier Fläche sanfte Rasendecken, Lusthäuser, Lauben, durchrieselnde Bäche oder kühle Quellen und Wasserbecken mit Rosenwänden umgeben. Hieher flüchtete man sich aus den dicken, dumpfen Mauern und aus der Umspannung der Gräben zur Lust und Unterhaltung in freier Luft. Man spielte Schach in der Rosenlaube und an der Quelle, lagerte im Grünen, um der Musik oder dem Vortrage der Lieder und den Erzählungen zuzuhören; man plauderte hier zu zweien gesellt oder in Gruppen vereinigt; man tanzte im Schatten der Bäume auf grünem Rasen; hier spielte man blinde Kuh, schlug den Ball und warf den Ring. Die Spiele wurden oft mit Gesang und allerlei Scherz begleitet und die Damen wetteiferten darin mit den Männern. Herren und Damen gingen spazieren, pflückten Blumen, lagerten sich wieder, wanden duftige Kränze und setzten sich dieselben gegenseitig auf das Haupt. Diese Schilderung ist nicht übertrieben. Das Mittelalter war in seiner Häuslichkeit nicht so indolent und des feineren Geschmackes bar, als man es sich so häufig denkt. Während der Kreuzzüge waren Obstarten, Rebsorten, Blumen und die Kunst und Lust, schöne Gärten anzulegen, mit den rückkehrenden Kriegern und Pilgern in's Abendland gekommen. Die Ueberlieferungen des Mittelalters aller Art sind voll poetischer Beschreibungen der Gärten und wir haben Dichterstellen genug, welche uns das fröhliche Treiben im Garten schildern. Ebenso haben wir noch auf Miniaturen oder gewirkten und gestickten Teppichen bildliche Darstellungen, welche uns von den Gärten, ihren Lusthäusern, Blumenbeeten, Springbrunnen und Lauben eine Vorstellung geben.

Wie umfangreich diese ausserhalb der Burg gelegenen Gärten waren, ergibt sich daraus, dass darin zuweilen große Feste gefeiert und reich geschmückte Pavillone errichtet und bunte Zelte aufgeschlagen wurden, wenn man alle Gäste in der Burg nicht unterbringen konnte.

Reit- und Turnierplatz.

In der Nähe des Gartens befand sich der Platz für die Reit- und Turnier-Uebungen, wenn dafür in der Vorburg kein genügender Raum war. Hier unterhielt man sich auch mit ritterlichen Vergnügungen. Man warf die Lanze, schleuderte den Stein, schoss mit Bogen und Armbrust, sprang nach dem Ziele, rang und focht und ließ Falken und andere Stoßvögel steigen. Manchmal hielt man auch ein kurzes Turnier. Bei allen diesem waren die Damen die Zuschauer.

2. Die Hauptburg.

a) **Umfassung.**

Aus dem Zwinger gelangte man zu der eigentlichen Burg, dem Kernwerke des ganzen Baues und dem festesten Punkte der ganzen Anlage. In Oberösterreich hatte die Burg Luftenberg ein besonders hohes und festes Kernwerk. Auf die Vertheidigungs-Anstalten der Hauptburg wurde jegliche Vorsicht und Mühe angewendet. Der vor ihr befindliche Graben war womöglich noch tiefer als die anderen, und hinter ihm erhob sich die Burgmauer.

Burgmauer.

Die Burgmauer war oft beträchtlich hoch und ausserordentlich dick, um den Belagerungswerkzeugen besseren Widerstand entgegensetzen zu können, und richtete sich, sowie auch die Zingel in der Vorburg, nach der Gestalt des Berges oder nach den herumstehenden Felsen. Sie bildete gerade Linien oder krümmte sich zu einem Bogen, wie es dem Terrain angemessen war. Auf Bergkuppen waren sie in der Abdachung des Berges kreisförmig errichtet, sonst folgten sie gewöhnlich dem Rande der senkrecht abfallenden Felswände so genau, dass unmittelbar von ihrem äusseren Fuße der steile Abhang niederstieg, der Feind an ihr keinen festen Fuß fassen konnte und das Aufstellen seines Belagerungszeuges, das Untergraben der Mauer, das Anlegen von Leitern, die Annäherung von Rollthürmen, das Führen des Sturmbockes unausführbar gemacht wurde. An besonders steilen und unzugänglichen Stellen war die Mauer eher eine Schutzwehr gegen das Hinabfallen, als ein Vertheidigungsmittel.

Gebäude auf und zwischen der Ringmauer.

Die Burgmauer und auch die Zingel bildeten jedoch keineswegs immer eine ununterbrochene, für sich stehende Umfassung, sondern oft vermischten sie sich theilweise mit Wohn- und Dienstgebäuden, die man auf die Ringmauer setzte, oder an jenen Stellen errichtete, welche durch die felsigen Abhänge am meisten geschützt waren. In der Vorburg bestanden diese Gebäude, wenn sie auf die Mauer gesetzt wurden, gewöhnlich nur aus Holz oder Fachwerk von rohester Form, um schnell in Brand gesteckt zu werden, wenn der Feind in seiner Belagerung so weit vorgeschritten war, dass das Vorwerk geräumt werden musste.

Dort wo die Burgmauer durch die auf sie gestützten höheren Gebäude in ihrer oberen Länge und in ihrer Communication unterbrochen war, wurde die Verbindung zwischen ihren Theilen dadurch wieder hergestellt und vollkommen gesichert, dass man im Inneren in der Dicke der Burgmauer, und zwar in ihrer ganzen niederen Länge einen schmalen überwölbten Gang anbrachte.

Hauptburgen ohne eigentliche Ringmauern.

Es war ein uralter Gebrauch, dass man für die verschiedenen Wohn- und Dienstzwecke besondere Gebäude errichtete, anstatt deren mehrere unter einem Dache zu vereinigen. Wir begegnen dieser Einrichtung bei größeren burglichen Anlagen bis in das 14. Jahrhundert. Von da an stehen die Gebäude der Hauptburg nicht immer allein, sondern reihen sich unmittelbar aneinander, so in der Hauptburg von Ober-Wallsee, deren Bau im Jahre 1364 begonnen hatte. Uebrigens fand schon früher hie und da, wo der Raum beschränkt gewesen war, die Vereinigung der Gebäude statt. Bei einem solchen Baue, wo lauter Gebäude den Burghof umschlossen und keine besonderen Ringmauern vorkamen, wurde deren Stelle nach aussen durch die nach der Landseite gekehrte Wand der Gebäude vertreten. Diese waren dann unten massiv und nur von Schießscharten durchbrochen; erst in den hohen Etagen bekam sie Fenster und wurde auf der Höhe gleich der Ringmauer mit fortificatorischen Anordnungen versehen.

Zinnen als Vertheidigungsmittel.

Die Hauptburgmauer war in ihrer Höhe der ganzen freien Länge nach mit einem Wehrgange versehen, zu welchem man von einem Gebäude aus oder mittelst Treppen von Holz oder einem Stufengange in der Dicke der Mauer gelangte. Auf der dem Feinde zugekehrten Seite war die Mauer mit einer Reihe von Zinnen gedeckt, d. h. mit einer Brüstungsmauer, die in kurzen Zwischenräumen durchbrochen, die Vertheidiger der Mauer beschirmte und zugleich die nothwendigen Schießscharten darbot. Die deckenden Wände hießen Wintberge; die Oeffnungen oder breiten Scharten zwischen den Wintbergen nannte man Fenster. Diese Fenster waren $2^1/_2$ Fuß (Schulterbreit) bis $3^3/_4$ Fuß (Zweimannbreit) breit, und zwar in der älteren Zeit breiter, später enger. Die Sohle der Zinnenscharten war nur 27 bis 36 Zoll über dem Wehrgang gelegen. Diese Brüstungshöhe scheint gering, sie durfte jedoch nicht höher sein, um dem Vertheidiger zu gestatten, sich recht weit in der Zinnenscharte vorzulegen, den Mauerfuß zu sehen, und mit dem breiten Armbrustbogen schießen und mit Steinen werfen zu können. Die Wintberge waren immer so breit und hoch, dass der Schütze ungesehen seinen Bogen oder die Armbrust spannen und den Pfeil oder Bolzen auflegen konnte, also vollkommen gedeckt war. Wie kindisch sind dagegen die kleinen Zinnen, welche an so vielen in jetziger Zeit restaurierten oder neu gebauten Burgen angebracht wurden. Die Zinnenscharten mussten auch deshalb breiter und niedriger sein, um Wurfmaterial, zum Beispiel einen Korb voll Steine, in dieselben heben und stellen zu können. Manchmal stellten sich die Vertheidiger in die

Zinnenscharten, wenn der Feind die Mauer erstieg und es zum Handgemenge kam.

Die Zinnen, sowohl Wintberge als die Sohle der Scharten, waren anfänglich nicht abgewässert, sondern wagrecht gedeckt; zur gothischen Bauzeit, seit dem Ende des 13. Jahrhunderts, wurden sie mehr oder weniger entweder pultförmig oder sattelförmig nach aussen und innen abgedacht. Im 15. Jahrhundert führte man die schmäleren und längeren Wintberge mit tieferen Zinnenscharten ein. Die in eine Kehle schwalbenschwanzartig abgewässerten Wintberge kommen vorherrschend nur in Italien vor, die abgetreppten gehören dem 15. Jahrhundert und die fantastisch geschnörkelten der Renaissancezeit an. Die Zinnenscharten waren bei Ringmauern in früherer Zeit oben offen; erst später bekamen sie, jedoch selten, einen gemauerten Sturz. Im 15. Jahrhundert begann man sie bis auf eine Schießscharte ganz zuzubauen.

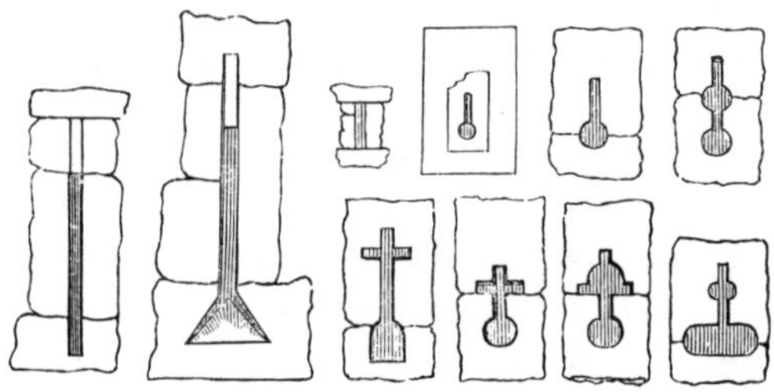

(Fig. 12.)

Schiess-scharten.

Die Wintberge waren in der ersten Zeit ganz massiv. Seit dem 13. Jahrhundert wurden sie gewöhnlich, eine um die andere, mit einer Schießscharte für die Armbrust durchbrochen. Die Schießlöcher, in der ersten Zeit eng, länglich, viereckig, innen weit, mit wagrechter Decke und später sehr stark gesenkter Sohle, wurden im 15. Jahrhundert kürzer und nahmen im 16. und 17. Jahrhundert alle möglichen Schlüsselloch-Formen an. (Fig. 12.)

(Fig. 13.)

Wehrgang.

Der Laufgang hinter den Zinnen hieß Wehrgang, Zinnengang, Wallgang, die Wehr, und war sehr schmal, 3-4 Fuß, da er sich in der Mauerdicke selbst mit Abschlag der Brustwehr befand. Oft fehlte er ganz, d. h. die Mauer war vom Fuße bis zur Zinne gleich

Mordgang.

dick, dann ersetzten ihn, seit dem 12. Jahrh., sog. Mordgänge, hölzerne Gerüste oder Gallerien hinter den Zinnen. Sie waren in der Art construiert, dass sie theils auf senkrecht gestützten, theils auch auf schief gestellten Tragbalken ruhten. (Fig. 13.)

Um die auf der Mauer Kämpfenden gegen die Geschosse der feindlichen Wurfmaschinen und gegen die Pfeile der Bogenschützen zu decken, errichtete man oft, seit dem 12. Jahrhundert, auf der Plattform der Burgmauer hölzerne Schutzdächer, bedeckte Gallerien, die auf Balken über die Zinnen nach aussen und innen hinausgekragt, gegen die feindliche Seite hin mit einem aus Bretterverschalung bestehenden dichten Verschluss und mit Schlitzen und Löchern für die Pfeile versehen waren, und später in der Bretterdielung ausgesparrte Gießlöcher aufzuweisen hatten. Da dieser bedeckte Gang so hoch war, dass man ungehindert aufrecht darin stehen konnte, so war er von bedeutendem Nutzen für die Vertheidigungsmannschaft, welche sich unter seinem Schutze ungesehen und ungefährdet an jedem bedrohten Punkte sammeln konnte. Nach innen, gegen die Burg zu, war diese hölzerne Gallerie offen, um den etwa in den Hof eingedrungenen Feind zu verhindern, dass er, wenn er diese Gallerie in seine Gewalt bekäme, sich darin festsetze und sie als ein gedecktes Werk gegen die Burg selbst gebrauche. (Fig. 14.) Schutzdächer.

(Fig. 14.)

Diese vorgekragten Gallerien wurden indessen nur in Kriegszeiten aufgeschlagen. An vielen Burgmauern und Thürmen findet man noch die unter der Zinnenreihe angebrachten Rüstlöcher, in denen die tragenden Balken befestigt waren; oder die großen, aus der Mauer hervorragenden Tragsteine, auf welche die Holzwerke aufgelegt wurden. An Thürmen fanden sich nicht bloß am oberen Rande, sondern auch manchmal in halber Höhe diese vorgekragten Gallerien, wenn es sich um die Verbindung der an den Thurm anstoßenden zwei Ringmauertheile handelte, ohne dass die Verbindung durch den Thurm selbst ging.

Was die Löcher in der Ringmauer und im Thurme betrifft, so hatten dieselben auch eine andere Ursache. Wo sie in mehreren horizontalen, 4 bis 5 Fuß über einander liegenden Reihen vorkommen, kann man annehmen, dass in ihnen die horizontalen Balken stacken, welche die für den Bau nöthigen Brettergerüste trugen. Sowie man ihrer nicht mehr bedurfte, wurden diese Balken in der äusseren Mauerflucht abgesägt; das in der Mauer stecken gebliebene Holz vermoderte im Laufe der Zeit und so entstanden diese Löcher, welche hin und wieder durch die ganze Dicke der Mauer reichen. Oft jedoch wurden sie durch eingepflasterte Steine geschlossen.

Fallladen. Ein anderes Schutzmittel für die Vertheidiger bestand darin, dass die Zinnenscharten manchmal durch hölzerne Fallladen geblendet wurden, deren Drehaxe wagrecht oben liegend, den Laden auf und ab zu klappen erlaubte, und so den feindlichen Schuss von vorne auffing, gleichzeitig aber den Schuss oder Wurf des Vertheidigers nach unten zuliess. Für diese Fallladen, die oft mit schmalen Schießlöchern versehen waren, findet man neben den oberen Schartenecken Pfannenlager in Kragsteinen oder Eisen angebracht; oder, besonders bei überdeckten Scharten des bequemen Einhängens wegen, eiserne Ringe an einigen Kettengliedern aufgehängt, in welchen die Ladenaxen eingeschleift werden konnten. (Fig. 15.) Oft hatten diese Laden zur Seite dreieckige Wangenstücke, so dass sie immer den Blick nach unten gestatteten, nach vorne und der Seite aber deckten.

(Fig. 15.)

Eine sehr bedeutende Verstärkung fortificatorischer Anlagen gewährten die Friesbogen und Maschikulis.

Friesbogen. Man ließ nämlich die Zinnenkrönung um zwei bis drei Fuß über die vertikale, äussere Flucht ihrer Ringmauer hervortreten, indem man eine Reihe hervorragender Tragsteine durch Rund-, später Spitzbögen mit einander verband, und auf diese die dünnere und gezinnte Brustmauer setzte. (Fig. 16.) Diese Anordnung gewährte den Vortheil eines breiteren Wehrganges und einer leichteren vertikalen Vertheidigung der ganzen Mauerfläche und namentlich ihres Fußes, wenn ihn der Angreifer etwa mit Brechwerkzeugen zu schädigen unternahm. Man konnte da, ohne sich weiter aus der Scharte vorzulegen, desto eher senkrecht über den Feind gelangen und auf ihn brennendes Pech, Kalk, heisses Oel, geschmolzenes Blei, siedendes Wasser oder Steine über die Brustwehr hinabschütten. Man stellte bisweilen sogenannte Steinkörbe aus Brettern gezimmert und einem Schiebkarren ähnlich, hinter die Scharten, welche auf die am Fuße der Mauer beschäftigten oder auf Leitern emporsteigenden Feinde umgeleert, diese mit einem Hagel schwerer Steintrümmer überschütteten. Die Friesbogen wurden im 13. Jahrhundert eingeführt. Die Absicht, senkrecht über den Feind zu kommen, scheint auch der Grund zu sein, warum in mittelalterlichen Burgen nie geböschte und selten mit vorspringenden Sockeln versehene Ringmauern angetroffen werden.

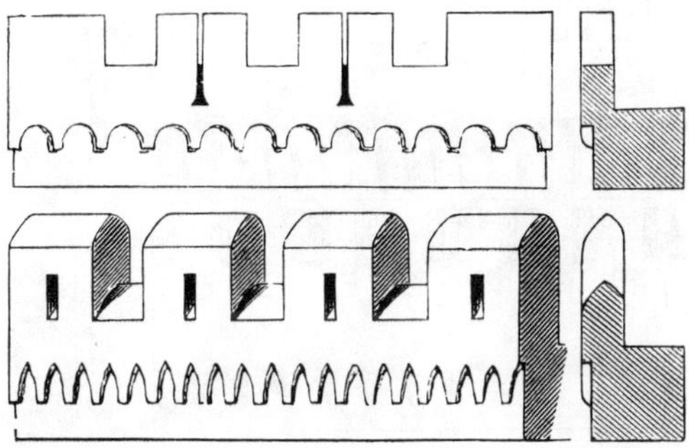

(Fig. 16.)

Die Friesbogen hatten auch noch den Zweck, die Mauerersteigung zu erschweren oder unmöglich zu machen. Wenn nämlich die Leiter herbeigebracht und anfänglich mit ziemlich flacher Neigung gegen die Mauer gelehnt ist, wird sie mit dem vorderen Ende, das sich an die Mauer stützt oder an derselben reibt und deshalb hier oft mit Walzen und Rädchen versehen ist, immer mehr und mehr gehoben. Findet sich dann irgend ein vorstehender Gegenstand, wie z. B. jene Friesbögen an der Mauer, so hat man kaum mehr Mittel, die Leiter, wenn sie auch im übrigen die rechte Länge hätte, bis zur verlangten Höhe aufzurichten, und man kann selbst von der obersten Sprosse aus die Zinnenscharte nicht erreichen. In gleicher Weise wurden auch wohl andere Glieder, Gesimsstreifen und Wulste, damit sich die Leiter daran stoßen sollte, angebracht; derselbe Zweck lag auch den Buckelsteinen und Bossenquadern zu Grunde, welche dem Anlegen und Aufschieben der Leiter ebensoviel Schwierigkeiten entgegensetzten. An den Höckern der Buckelsteine konnten auch die feindlichen Steinkugeln zerschellen und unschädlich gemacht werden.

Maschikulis.

Weil das zum Herabschütten bestimmte Material vom Wehrgange auf die Höhe der Brustwehr, welche die Sohle der Zinnenscharten bildete, heraufgehoben werden musste, lag der Gedanke nahe, sich dieses Heraufheben dadurch zu ersparen, dass man in den Friesbögen zwischen den Tragsteinen Löcher offen liess; damit die Löcher größer werden, kragte man die Zinnenkrönung noch weiter aus, zuweilen um mehr als die Dicke der Zinnenmauer. (Fig. 17, 18.) Man braucht dann nur die auf dem Wehrgange befindlichen Kessel und Körbe umzustürzen, um durch diese Oeffnungen ihren Inhalt auf den Feind auszugießen. Ferner konnte man durch diese Gießlöcher alles, was am Mauerfuße geschah, beobachten und wehren, ohne sich dabei zu exponieren. Für die gewöhnliche Communication waren die Oeffnungen durch Bohlen leicht zu bedecken. Die Einrichtung wurde Maschikulis genannt, und kommt in Frankreich und England früher, in Deutschland aber weit später als die blinden Friesbögen vor, nämlich erst um die Mitte des 14. Jahrhunderts, und wurde hier vorherrschend bei Thürmen angebracht. Die Herleitung des Wortes Maschikulis ist gegenwärtig schwer zu finden und noch nicht gelöst.

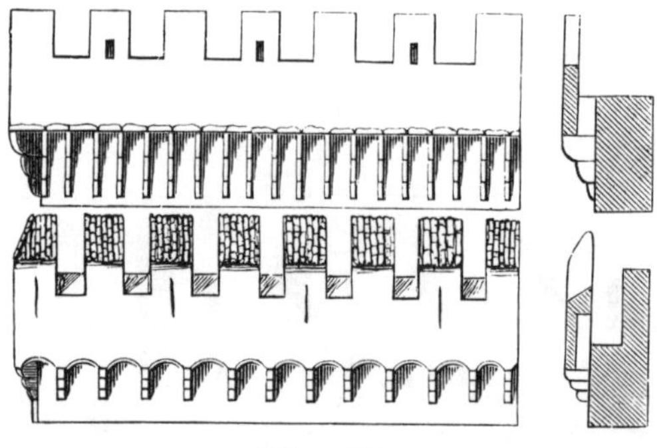

(Fig. 17.)

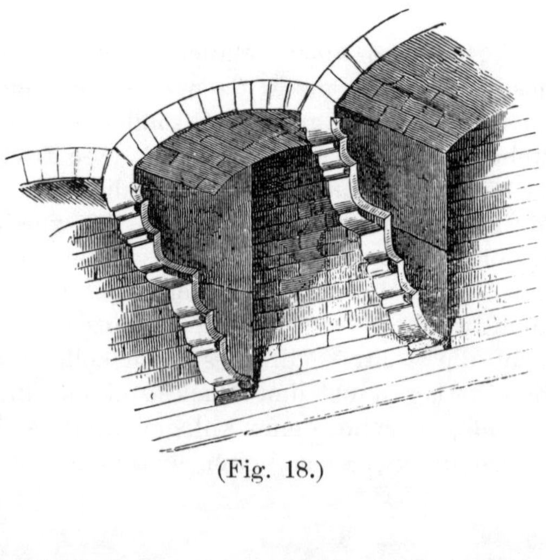

(Fig. 18.)

Aeussere Flankierung der Burgmauer durch Erker.

So unregelmäßig die Umfassung der meisten Burgen war,

so finden wir doch seit dem 13. Jahrhundert fast immer mehr und minder zweckmäßig für eine äussere horizontale Seitenbestreichung vorgesorgt. Oft flankierten sich die Ringmauern durch ihre Biegung; wo sie aber auf längere Strecken gerade fortliefen, brachte man eine äussere Bestreichung durch aus der vertikalen Mauer hervorragende, gleichsam angeklebte Ausbauten, Erker, zu Stande, die auf einem, zwei, bisweilen drei Tragsteinen ruhten, und einen kleinen viereckigen Kasten bildeten; erst später erhielten sie auch runde Formen. In ihre Seitenwände wurde eine für die Armbrust geeignete Schießscharte oder zwei schmälere Schlitze für Pfeilbogen angebracht, wodurch dann die ganze zwischen den Erkern liegende Mauer eingesehen, bestrichen und durch wohlgezielte Schüsse die Annäherung der Feinde an die Mauer und die Untergrabung der Fundamente verhindert werden konnte. Um letzteres, die vertikale Bestreichung, noch besser bewerkstelligen zu können, bekamen die Erker oft auch Wurf- oder Gießlöcher. (Fig. 19.) Diese Lugerker, mit denen man nicht sparsam war, und welche man nicht nur in verschiedener Höhe der Mauer, sondern auch auf dem Wallgange, an den Mauerecken und ihres vorzüglichen Standpunktes für die Vertheidigung wegen auch über den Thoren und an den Thürmen herausrückte, bestanden anfänglich nur aus Holz; in Stein erscheinen sie erst bei den Neubauten zu Ende des 13. und mehr noch während des 14. Jahrhunderts. (Fig. 20.) Sie waren namentlich bei den kleineren Burgen, wo wegen Mangel an Raum die flankierenden Mauerthürme nicht angebracht werden konnten, sehr anwendbar. Viele Erker an den verschiedenen Theilen der Burg angebracht, trugen wesentlich zu ihrer malerischen Erscheinung bei; darum sind sie auch in die bürgerliche Baukunst übergegangen.

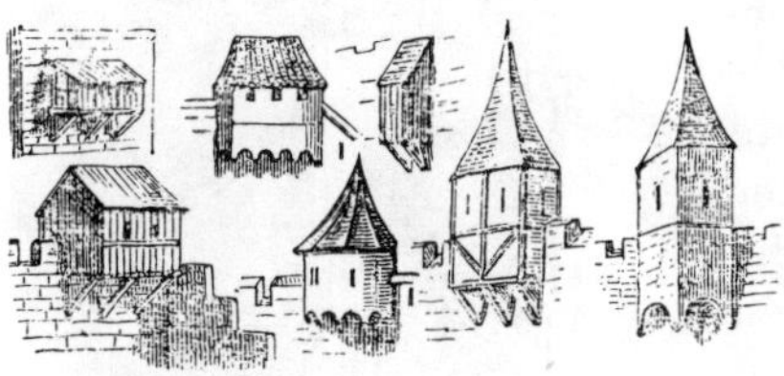

(Fig. 19.)

Flankierung durch Thürme.

Wo aber der Boden und die Mittel nicht spärlich zugemessen waren, da verlängerte man im 14. Jahrhundert die hochschwebenden flankierenden Erkerthürmchen in vertikaler Richtung bis herab auf den natürlichen Boden, so dass sie als flankierende, eckige, meist aber runde, nicht immer gleich große Thürme, mehr oder weniger aus und über die Ringmauer wenigstens um ein ganzes Stockwerk hervortraten und sie unterbrachen. Man errichtete aber diese Mauerthürme nicht bloß wegen der von ihrer Plattform ausgehenden Seitenbestreichung der zwischen ihnen befindlichen Mauer, sondern auch an den leichter zugänglichen Stellen, um die Widerstandsfähigkeit der Ringmauer zu erhöhen und an den schwachen Punkten der Burg eine ausgiebige Vertheidigung möglich zu machen. In das Innere dieser kleineren oder größeren Mauerthürme gelangte man entweder durch eine in ihnen angebrachte Treppe, oder was gewöhnlicher war, durch ihre Pforten, welche sich rechts und links auf den Wehrgang öffneten, und hin und wieder von demselben durch einen mit beweglicher Brücke versehenen Graben getrennt waren. Die nach der Burg zugewendete Seite dieser Thürme war nicht selten ohne Hinterwand oder nur leicht geblendet. (Fig. 21.) Man liess sie in der Kehle offen, theils aus Ersparnis, theils um den etwa eingedrungenen Feind am Festsetzen in dem eroberten Theile durch Pfeilschüsse u. s. w. verhindern zu können. Um das Dach des Thurmes führte ein mit Zinnen versehener Gang, der in Kriegszeiten gedeckt, oder mit Fallladen versehen war. Das Dach war bei runden Thürmen kegelförmig, sonst in eine Spitze oder einen Grat auslaufend; eingedeckt war es mit Schindeln, Ziegeln, Schiefer. Diese Thürme wurden Wichiuser genannt und kamen, wie bereits gesagt, erst im 14. und namentlich im 15. Jahrhundert vor, wo auch die Thoreingänge gut flankiert wurden. In Oberösterreich finden wir diese Thürme besonders an den Burgen Kreutzen,

(Fig. 20.)

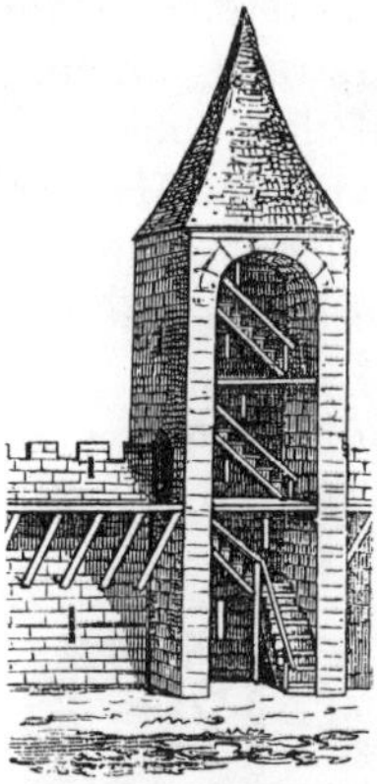

(Fig. 21.)

Neuhaus, Pührnstein, Ranarigl, Rutenstein, Schwertberg, Weinberg. (Fig. 22.)

In Betreff der Zinnen muss noch erwähnt werden, dass sie nicht nur zur Vertheidigung der Burgmauer dienten, sondern auch noch andere Bestimmungen hatten. Hier versammelten sich die Damen, wenn der Raum im Reithofe die Abhaltung eines Turniers gestattete. Hier war überhaupt der Ort, wo man zusammenkam, wenn irgend etwas merkwürdiges zu sehen war, wenn ein vornehmer Fremder kam, ein Ritter abreiste u. s. w. Deshalb wurde auch an den Zinnen allerlei architektonischer Schmuck angebracht, meistens jedoch bei den Backsteinbauten, weniger bei Steinbauten. Weitere Bestimmungen der Zinnen.

An den Zinnen wurden als Trophäen die Köpfe der erschlagenen, die Wappenschilde der überwundenen oder gefallenen Ritter ausgestellt. Ebenso wurden auch die Schilde an die Wand der Wintberge ausgehängt, um anzuzeigen, dass die Burg zum Widerstande entschlossen sei. Endlich hing man auch Verbrecher an den Zinnen auf. Die Zinne war ein so integrierender Theil der Burgmauer, dass man zuweilen für Mauer geradezu Zinne sagte.

Rutenstein. (Fig. 22.)

Zum Thore der Hauptburg gelangte man in der Regel auf einer Zugbrücke, namentlich bei Wasserburgen und sonst großartig angelegten Bauen. Manche Felsburgen hatten aber über ihre trockenen Gräben keine Zugbrücke; in diesem Falle musste man das Pferd auf dem Reithofe abgeben und zu Fuß auf schmaler Stiege einerseits in den Graben, andererseits aus ihm heraus zur Einlassthüre steigen. Hie und da war die Pforte in die Hauptburg so niedrig, dass man nicht einreiten konnte. Bei anderen Burgen war das Thor nicht auf dem schmäleren Rücken des Bergvorsprunges, worauf die Burg stand, angebracht, sondern an der abschüssigen Längenseite; Zugang zum Thore der Hauptburg.

dann ritt man aus dem Zwinger einen schmalen, steilen, von parallelen Mauern eingefassten Weg, die Burgstraße, hinauf. Bei Belagerungen gestattete dieser Weg den auf ihm nahenden Angreifern keine Frontentwicklung und konnte von den Mauern und Thürmen aus leicht vertheidigt und schnell an einzelnen Stellen unwegsam gemacht werden. Hier musste der Feind sich jeden Zoll vorwärts erkämpfen.

Hauptburgthor. Das Thor oder die Pforte war in der Ringmauer oder in einem Thurme, seltener im Gebäude selbst angebracht. Hin und wieder, namentlich bei kleineren Burgen, befand sich das Thor zwischen zwei auf die Ringmauer gestützten Wohngebäuden, welche zur Vertheidigung des Einganges mitwirkten. Zuweilen beherrschten hervorstehende Bollwerke oder kleine runde Thürme mit Schießscharten die Pforte. Wenn sie sich in der Ringmauer auf der inneren Seite des Grabens befand, so pflegte sie auf einem mit Futtermauern gefesteten, viereckigen Vorsprunge in dem Graben zu stehen, und stellte sich darnach als ein vorspringendes thurmartiges Thorhaus dar. (Fig. 23.)

(Fig. 23.)

Dieses Thorhaus war mit Zinnen versehen und hatte oft ein Dach, welches gewöhnlich wie die hervorgekragten Schutzdächer an der Burgmauer construiert war.

Pechnase. Auch war über der Pforte oder einer Thür eine sogenannte Pechnase angebracht. Diese bestand aus einem erkerartigen, meist aus Steinplatten, sonst aus Mauer zusammengesetzten, auf zwei Kragsteinen etwa drei Fuß vorgeschobenen Ausbau vor einem Fenster, um Kopf und Arm darin zu bergen, und gegen aussen geschützt nach unten sehen, leuchten, schießen, gießen und werfen zu können, wenn der Feind das Thor einstoßen und stürmen wollte. (Fig. 24.) Auch konnte die Pechnase beim Löschen des an dem Thore angelegten Feuers benützt werden. Ihr Name kommt daher, dass man durch ihre Oeffnung oder Nase heißes Pech herabgießen konnte. Sie wurde auch dazu benützt, um in gesicherter Stellung mit dem vor dem Thore befindlichen Fremden sprechen zu können, daher sie auch oft schon beim ersten Thore vorkommt. Diese Pechnasen findet man erst im 14. Jahrhundert, im 15. kamen sie in allgemeinen Gebrauch und erhielten sich bis zum 30jährigen Kriege.

(Fig. 24.)

Verzierung des Thores.

Ueber der Thoröffnung prangten Wappen, Inschriften, Steinbilder und die sonstigen Verzierungen, namentlich des gothischen Stiles. (Fig. 25.) Auch geschah es, dass man sogenannte Riesenknochen (antediluvianische Reste) und ganze Gerippe großer, besonders Seethiere oft am Eingange der Burg als Erinnerung an die Wanderfahrten und Kreuzzüge des Besitzers, oder als denkwürdige Ausgrabungen beim Baue der Burg, befestigte. Das Thor sollte nicht nur vertheidigen, sondern auch das Ansehen des Besitzers repräsentieren. Wenn der Burgbesitzer zum Ritter geschlagen war, so prangte über dem Thore der Helm, was keinem noch so hohen Adeligen erlaubt war, solange er die ritterliche Würde noch nicht erlangt hatte.

(Fig. 25.)

Zugbrücke.

Wenn vor der ganzen Burgmauer kein Graben war, so höhlte man oft vor dem Thore, um den Zugang zu erschweren, ein Stück Erdreich aus, und bediente sich dann, sowie bei den Gräben, der Zug- oder Schlagbrücke. In der Thorhalle befanden sich die Vorrichtungen, welche die dicken Ketten oder Taue, die zum Aufziehen und Niederlassen der Zugbrücke dienten, und über hölzerne oder metallene Rollen liefen, in Bewegung setzten. Der Mechanismus der Zugbrücke war mehr auf menschliche Kräfte, als auf künstliche Combination berechnet. Zugbrücken mit Wagebalken kommen selten oder viel später, die auf Curven gleitenden Gegengewichte nie vor. Die Zugbrücke war aus starkem Holze verfertiget, und hatte niedergelassen auf einer hölzernen oder gemauerten Bank ihr Auflager. An den Seiten des Thores befanden sich tiefe Einschnitte, in welche sich die aufgeklappte Zugbrücke legte. Oben rechts und links vom Thorbogen waren Scharten, durch welche die Zugketten gingen. Innerhalb des Thores waren, um den Durchgang nicht zu behindern, oben Nischen für das Gestühl mit den Brückenwinden.

War der Graben breit, so überdeckte die Zugbrücke nur einen kleinen Theil, der übrige war mit dem jenseitigen Grabenrande durch eine feste Holzbrücke auf hölzernen oder gemauerten Pfeilern verbunden, oder es waren mehrere Zugbrücken angebracht. Ganz gemauerte Brücken findet man erst in neuerer Zeit.

Thorthür. Die aufgezogene Zugbrücke verstärkte die Sicherheit der Thorthüre. Diese war nicht selten zweiflügelig, ging in starken Angeln, bestand aus festen eichenen Bohlen, und war gewöhnlich mit Blech überzogen oder mit Eisen beschlagen. An der Innenseite befand sich eine starke Sperrvorrichtung, nämlich nebst dem großen Schlosse noch ein Balken, der als Riegel über die ganze Breitseite der Thorthüre geschoben wurde. Sollte die Thorthüre geöffnet werden, so wurde der Balkenschubriegel in eine horizontal in der Mauer angebrachte Oeffnung hineingeschoben, die mit vier Brettern ausgekleidet war, damit der Balken leichter rutsche. Beim Verschliessen der Thorthüre wurde er mittelst eines Ringes, der an seinem Ende befestigt war, hervorgezogen, und an ein an der gegenüberliegenden Mauerwand befindliches, nicht sehr tiefes Loch hineingeschoben. Um den Sperrbalken leichter hin- und herschieben zu können, hatte er in seiner Mitte eine Vertiefung für die Hand. Die zu diesem Querbalken bestimmten Löcher sieht man oft in den Ruinen, auch noch mit Brettern ausgefüttert.

Im Thore befand sich hie und da noch ein Fallgitter, das aus Holz oder Eisen angefertigt war und an Ketten hing. Es war in der Regel aufgezogen und wurde nur dann, wenn die Zugbrücke in die Gewalt des stürmenden Feindes kam und dieser in das Thor eindrang, herabgelassen, um einige der Feinde zu zermalmen, den anderen den Rückzug abzuschneiden und sie gefangen zu nehmen und die nachrückenden neuerdings aufzuhalten. Fallgitter.

Diese Fallgitter kamen nach dem 11. Jahrhundert in Gebrauch, hatten einen ähnlichen Mechanismus, wie die Zugbrücken, und wurden durch Menschenhände zuweilen mit Zuhilfenahme eines Rades an der Welle bewegt. Ihre Spuren entdeckt man, auch wenn der obere Theil des Thorhauses zertrümmert ist, an den für sie gehörigen Falzen in dem Gemäuer.

Neuhaus. (Fig. 26.)

Bisweilen befand sich neben dem Thore noch ein Pförtchen mit gesonderter Zugbrücke zur Bequemlichkeit der Burgbewohner, und aus Rücksicht für die Sicherheit, um nicht stets das große Thor öffnen zu müssen. So in den oberösterreichischen Burgen Falkenstein, Neuhaus, Schaunberg, Thumb. Entfernt vom Hauptthore, oft an ziemlich versteckten Stellen war ein Ausfallpförtchen mitunter in solcher Höhe angebracht, dass es ohne Beihilfe einer Leiter nicht zu benützen war. Ein solches Ausfallpförtchen ist an der Ruine Windeck noch wohl erhalten. Neuhaus hatte deren einige, jedoch mehr ebenerdig. Auch die äusserste Zwingermauer war mit solchen Thürchen versehen. (Fig. 26.) Kleinere Thore.

Eine andere mittelalterliche Thorbefestigung bildete seit dem 13. Jahrhundert der Barbakan. Es war dies ein in verschiedenen Formen vor dem Thore gelegener, kleiner, geschlossener, an manchen Orten von zwei vortretenden Thürmen vertheidigter, gegen das Thor zu offener Vorhof, in welchem der Feind, wenn sein Eindringen nicht mehr abzuwehren war, noch mit Wurf- und Brandzeug überschüttet werden konnte. Dieses vorgeschobene Vertheidigungswerk kommt indessen viel häufiger bei den Städten, als bei den Burgen vor, schon wegen des großen Raumes, den es erheischte, und wurde auch jenseits des Grabens als Brückenkopf angewendet. Barbakan.

Burghof. Hatte man das Hauptthor passiert, so befand man sich entweder unmittelbar in dem von der Ringmauer und Gebäuden eingeschlossenen Burghofe, oder man gelangte zunächst wieder in einen engen Zwinger, welcher zwischen der Burgmauer und ihren Thürmen einerseits, und den Gebäuden, welche den Burghof einschlossen, andererseits eingezwängt war, und wenig mehr Raum hatte, als eine Wegbreite. Dieser enge Zwinger umschloss oft das ganze Burggebäude, und von da aus kam man erst durch einen hallenartigen Durchgang in den Burghof.

Der Burghof war nicht immer regelmäßig; gewöhnlich klein und düster, nur selten findet man ihn weit und licht. In diesem Falle war er in der Mitte oder an einem weniger betretenen Ende mit einem Rasenplatze oder mit einer Linde oder einem anderen Baume geziert, dessen Samen man aus den Kreuzzügen mitgebracht hatte. War der Burghof zu klein, so stand der Baum, wie bereits früher erwähnt wurde, im Zwingelhofe oder vor der Burg. Er war mit einer Erd- oder Steinbank umgeben, und unter seinem Schatten unterhielten sich die Burgleute.

b) **Bergfried.**

Das für die innere Vertheidigung der Hauptburg wichtigste und oft auch das älteste Gebäude war der große Thurm. Er ragte über alle anderen Gebäude hervor, war kräftig, nach allen Seiten hin vertheidigungsfähig, und muss als der eigentlichste Kern der ganzen Burganlage betrachtet werden. Der Besitz der ganzen Burg beruhte auf dem Besitze dieses Thurmes. Wir sehen das besonders in Vichtenstein, wo der Thurm den ersten Eingang, den östlichen und westlichen Vorhof, den Zugang in die Hauptburg, den Burghof und den Zutritt in das Herrenhaus beherrscht. Ein Thurm wurde für unumgänglich nothwendig erachtet und fehlte in keiner Burg. Man nannte ihn bald Bergfried, bald Torn, hoher Torn, dicker Thurm.

Der Name Bergfried wird auf das Mannigfaltigste der deutschen, lateinischen und französischen Sprache angepasst, und zwar: Berevrit, Bergfrit, Barchvred, Bervrit, Berefreit; *Berfredus, Belfredus, Belfragium; Berfroi, Baffraiz.*

Deutsche Herleitung des Namens. Die deutsche Herleitung des Namens ist verschieden und wurde darüber schon viel gestritten. Die Einen sagen: Bergfried hiess ursprünglich und auch später noch im weiteren

Sinne jede Einfriedung und Befestigung eines Berges, und somit auch einer auf dem Berge gelegenen Burg, und später sei diese Benennung im engeren Sinne auf den Thurm der Burg als dem Hauptkern der Befestigung übergegangen. Die Anderen behaupten: Die Bezeichnung Bergfried dürfte sich am richtigsten vom Burgfrieden herschreiben. Unter Burgfrieden verstand man nämlich den Bezirk oder Befang um die Burg herum, welcher als unzertrennlich von ihr und so angesehen ward, als ob er in der Burg selbst gelegen wäre; ferner begriff man darunter die Polizei-Ordnungen und Vorschriften, welche zur Erhaltung der Ruhe und Sicherheit in der Burg und deren Umkreis aufgestellt wurden. Die Störung der öffentlichen Ruhe in diesem Umkreise wurde sehr strenge geahndet. Hier durfte kein Flüchtling verhaftet und kein Schwert gezogen werden. Da nun der Umkreis, so weit der Thurm gesehen werden konnte, zum Burgfrieden gerechnet wurde, und innerhalb desselben der Friede geborgen war, so mochte es geschehen, dass der Thurm davon die Bezeichnung Bergfried erhielt. Sollte aber dieser Name nicht etwa davon herzuleiten sein, dass der Bergfried das Hauptwerk des zur Bergung der Sicherheit und des Friedens aufgeführten Baues war; die Burg unter seinem kräftigen Schutze, gleichsam unter seinem Schatten, in Sicherheit ruhte, und ihre Vertheidiger in äusserster Feindesnoth sich nach diesem Thurme flüchten und dort bergen konnten? Die Annahme, dass der Hauptthurm den Namen Bergfried deshalb führt, weil er die Sicherheit birgt, wird auch durch den Umstand nicht wenig unterstützt, dass man im Mittelalter das Wort Friede oft für das Wort Sicherheit setzte und gebrauchte. Darnach bedeutet Bergfriede soviel als Sicherheitsschutz, und das war auch dieser Thurm thatsächlich.

Der Zweck des Bergfriedes war ein dreifacher: er diente als letzter Zufluchtsort, als Hochwarte und als Deckung oder Schild für den dahinterliegenden Burgraum. *Der Zweck des Bergfriedes.*

Wenn die Zahl der Vertheidiger einer Burg so zusammengeschmolzen war, dass sie mit der Länge der angreifbaren Umfassung nicht mehr im Verhältnisse stand, oder wenn ein großer Theil der Burg verloren ging, flüchteten sich die letzten Vertheidiger mit dem Reste ihrer Habe in den Bergfried. Von hier aus versuchten sie nun in unbewachten Augenblicken, oder von aussen durch die Unterthanen der Burgherrschaft und die herbeigeeilten Freunde unterstützt, die Wiedereroberung des verlorenen *Als letzte Zufluchtsstätte.*

Theiles der Burg. Oder sie suchten durch Unterhandlungen billige Bedingungen der Uebergabe zu erhalten, und im äussersten Falle ihr Leben so theuer als möglich zu verkaufen. Darum stellte man auch den Bergfried oft allein, um nicht, wenn die Burg genommen und er allein noch vertheidigt wäre, durch Anzündung zu naher Gebäude herausgeräuchert und zur Uebergabe gezwungen zu werden. Der Bergfried in einer größeren Burg wurde also gewöhnlich nur im Augenblicke der äussersten Gefahr vom Burgherrn bewohnt.

Als Warte. Ausser der Zuflucht gewährten hohe Bergfriede durch den weiten Blick über die Umgegend den Nutzen, alles, was vortheilhaft oder schädlich werden konnte, schon in der Ferne sehen und sich darauf vorbereiten zu können, nämlich Freunde und Feinde oder vorüberziehende Kaufleute, denen man Geleite gab und Zoll abnahm. Der auf dieser Warte angestellte Wächter hatte auch die Pflicht, die Burgbewohner und die anderen Leute, welche sich draussen im Felde oder Walde befanden, durch Hornsignale vor Ueberfall zu warnen.

Das Thürmerhorn war in der ersten Zeit nur ein Thierhorn; in der Glanzepoche des Ritterthums aber eine Art Trompete von Metall, die auch bei Aufzügen hoher Herren und allen Festlichkeiten fleißig geblasen wurde und sehr lang war.

Im 13. Jahrhundert wurden auf manchen Bergfrieden besondere Aufbauten errichtet, welche zur Aufnahme von Sturmglocken dienten. Auch machten es die Bergfriede möglich, mit befreundeten Nachbarburgen Signale zu wechseln. Dies war eine weitere Ursache, dass man diesen Thurm, wenn keine anderen Rücksichten dagegen waren, auch auf den höchsten Punkt der Burg stellte.

Die gewöhnlichsten Zeichen bestanden darin, dass man bei Tage aus Glutpfannen Rauch aufsteigen, bei Nacht eine Fackel brennen ließ. Sollte das Herannahen von Freunden angedeutet werden, so brannte die Fackel stehend; kamen Feinde, so wurde die brennende Fackel hin- und herbewegt; denn Krieg ist Bewegung. Es wurden auch Balken ausgehängt, die man bald aufrichtete, bald niederließ, und auf diese Weise anzeigte, was geschieht. Alles das geschah auf der Zinne des Bergfriedes oder auf dem oberen den Thurm umgebenden Gange. Ausserdem hing man bisweilen ein großes rothes Tuch aus, oder bediente sich der Brieftauben. Die angegebenen Signale waren schon bei den Römern üblich und wurden später, wie so vieles in der Befestigung, Belagerung und Vertheidigung beibehalten.

Hatte der Berggipfel eine langgestreckte Form, welche die Beobachtung seiner Abhänge von einer Warte aus nicht möglich machte, so waren statt eines zwei Thürme vorhanden, die zur Bequemlichkeit und Vereinfachung des Wachdienstes durch einen hohen Mauergang verbunden waren. Mehrere Bergfriede in einer und derselben Burg wurden, jedoch sehr selten, auch deshalb errichtet, weil sie entweder mehrere gleichzeitige Besitzer hatte, die zuweilen mit Misstrauen und Eifersucht gegen einander erfüllt waren, oder weil man die Burg widerstandskräftiger und zur Aufnahme einer größeren Besatzung fähiger machen wollte.

Die Bestimmung als Warte für die Ferne hatten die Bergfriede besonders bei Burgen, die in der Ebene lagen, weniger bei Bergburgen auf freier Höhe, weil diese schon durch ihre erhöhte Lage eine ausgedehnte Fernsicht genossen.

Als Deckung für die Burg.

Endlich deckte der Bergfried durch seine Masse den hinter ihm liegenden Burgraum gegen Pfeile, Speere und Wurfsteine. Diese Deckung wurde nothwendig, wenn eine hinter der Burg höher gelegene Gebirgslehne die Einsicht in den inneren Burgraum gewährte. Die erste und wichtigste Aufgabe des Angreifers mittelalterlicher Befestigungen war, Höhe zu gewinnen. Die geringe Geschwindigkeit, welche man vor Anwendung des Pulvers den Geschossen geben konnte, die dem Horizontalschusse nur kurze Weiten mittheilte, und die Kraft des Wurfes nach der Höhe bald ermatten ließ, verlangte hohe Aufstellungspunkte für die Pfeil- und Bogenschützen und Wurfmaschinen der Belagerer, um ihren Geschossen durch größere Fallhöhe mehr Geschwindigkeit und mehr durchschlagende Kraft zu verleihen. In der ersten Zeit des Mittelalters, wo die Schussweite sehr gering war, konnten die Burgerbauer die überragende Anhöhe leichter noch ausser Acht lassen; als aber seit dem 12. Jahrhundert die Armbrust und das größere Wurfzeug eine immer höhere Vervollkommnung erhielten, wurde die Nothwendigkeit umso dringender, die Burg gegen die hinter ihr liegende höhere Berglehne zu schützen. Dies war die Ursache, dass in späterer Zeit der Bergfried auf der mehr oder minder schmalen, von der Berglehne überhöhten Angriffseite entweder gleich hinter der Ringmauer sich befand, oder in dieselbe als verstärkter Mauerthurm eingebaut wurde, oder etwas vor dieselbe vortrat.

Bergfriedsmauer.

Bei Burgen, die eine Berglehne von größerem Umfange, also ein breites überhängendes Angriffsfeld vor sich hatten, finden wir diesem ein Befestigungswerk entgegengesetzt, das mit dem Bergfried alle Eigenschaften, nur nicht die Form des Einzelnthurmes gemein hatte. Es bestand entweder in einer breiten, dicken und hohen, nach allen Seiten vertheidigungsfähigen Schild- oder Schutzmauer, Bergfriedsmauer, oder in zwei durch eine solche Mauer verbundenen Thürmen (Fig. 27), wie in den oberösterreichischen Burgen Wildenstein (Fig. 28) und Wernstein (Fig. 29). Dieses Fortificationswerk ist als ein verbreiteter Bergfried zu betrachten; es war unten massiv und unzugänglich; in der Mittelhöhe gewöhnlich mit gewölbten Kammern und Gängen versehen; oben mit einem nach beiden Seiten gezinnten Wehrgange, einer Doppelwehr, gekrönt, und konnte nur durch einen schwierig zu erreichenden, leicht zu vertheidigenden, gewöhnlich im Inneren der Burg an der Hofseite hochgelegenen Eingang betreten werden.

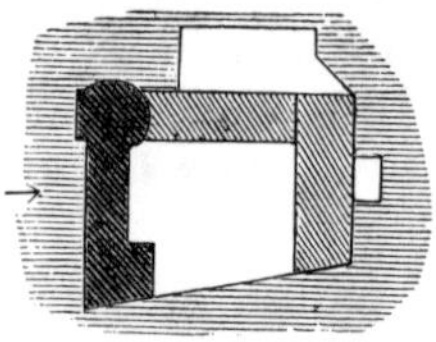

(Fig. 27.)

Form der Bergfriede.

Die Bergfriede waren entweder rund, was die häufigere Form in der ältesten Zeit ist, oder viereckig. Es kamen aber auch drei-, vier- und mehreckige Bergfriede vor, die dann mit ihrer Spitze gegen den Angreifer gerichtet waren und ihm nur schräge Flächen darboten, an denen seine Zerstörungsmittel abprallten. (Fig. 30.) Man fand, dass die schräge oder runde Fläche dem Breschgeschosse besser Widerstand leiste, und setzte daher runde Thürme gern an Punkte, die von vielen Seiten beschossen werden konnten, während man die geraden Flächen vier- und mehrseitiger Thürme den feindlichen Geschossen, wie gesagt, gern in spitzem Winkel aussetzte, was natürlich nur dann möglich war, wenn der Angreifer bloß ein schmales Feld für seine Aufstellung hatte. In manchen Burgen kommen auch Bergfriede vor, an welchen man nach der Burgseite hin das Rechteck, nach der Angriffseite aber die Rundung findet.

Wildenstein (Fig. 28).

Dicke.

Die Dicke der Bergfriede, sowohl der Durchmesser der runden, als die Seitenlänge der quadratischen, bald etwas mehr, bald etwas weniger als 30 Fuß, geht nie bis 20 Fuß hinab und erreichte in der Regel nie 40 Fuß.

Die Mauerstärke betrug gewöhnlich 5—7 Fuß, so in Krämpelstein, Vichtenstein, Ranarigl, Marsbach, Haychenbach. Zu den Mauerstärke.

Wernstein (Fig. 29).

Ausnahmen gehörte der Bergfried in Neuhaus mit 11 und zu Falkenstein mit 15 Fuß starker Mauer. Diese Mauerdicken sind gewöhnlich im Erdgeschosse am stärksten und nehmen mit jedem höheren Stockwerke, wenn keine Treppen und Gänge in ihr ausgespart sind, um einige Zoll ab.

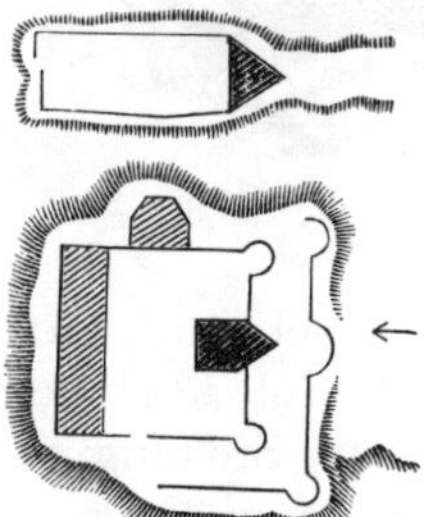

(Fig. 30.)

Was die Höhe anbelangt, so wurde ein besonderer Wert darauf gelegt, dass der Bergfried höher war, als die Thürme der Mauerumfassung. Es kommen Bergfriede bis 90 Fuß hoch vor. Oft beträgt die Höhe ungefähr das Vierfache der größeren Breite des Thurmes. Wie der Angreifer, so suchte der Vertheidiger mittelalterlicher Befestigungen Höhe zu gewinnen, dadurch machte er die eigene Trutzwaffe, Speere, Pfeile und Wurfsteine im selben Maße wirksam, als er die feindliche Schusswaffe unzureichend machte. Der einfache Steinwurf aus freier Hand von der Höhe herab gewann an Wucht und der Steinblock von hoher Zinne hinabgewälzt, war nur so im Stande, die Schilde der Angreifer zu durchdringen und die Höhe.

Schirmdächer ihrer Belagerungsmaschinen zu zertrümmern. Das war eine weitere Ursache, warum man in Burgen, welche auf isolierten Berggipfeln standen, oder nicht überhöht waren, die Bergfriede am liebsten auf der höchsten Stelle der Burg, zuweilen auf einem beim Steinbrechen für den Bau eigens aufgesparten Felskopf, der das Untergraben der Fundamente unmöglich machte, baute.

Eingang. Der Eingang in den Bergfried hatte gewöhnlich in der frühesten Zeit einen horizontalen Thürsturz, später einen Rund- oder Spitzbogen, und zuletzt auch einen Stichbogen, wie in

Neuhaus (Fig. 31).

Falkenstein (Fig. 32).

Haychenbach, war nicht selten mit Haustein bekleidet, und lag immer der Angriffseite abgewendet, 15—30 Fuß über dem Erdboden, selten höher. Auch nahm man bei der Stellung der Eingänge Rücksicht auf das Klima, legte also den Eingang, namentlich bei isolierten und in der Mitte der Burg stehenden Thürmen, gegen die gemäßigten Windseiten. (Fig. 31, 32.)

Wenn der Thurm allein stand, gelangte man zu der kleinen Eingangsthür mit Leitern, für welche dann auf Tragsteinen unter der Thür ein Podest vorbereitet war, oder auf abzuwerfenden Treppen. Wo die Tragsteine fehlen, findet man häufig an ihrer Stelle die Spuren einer Holzconstruction, Balkenlöcher, Strebeansätze und kleine lagerartig ausgearbeitete Tragsteine zur Aufnahme einer Firstenpfette für ein Pultdach, das wohl eine in friedlichen Zeiten zum Bergfried ständig führende hölzerne Treppe deckte.

Wo das Wohngebäude oder die Burgmauer in der nächsten Nähe des Bergfriedes sich befand, führte eine Zug- oder Schiebbrücke hinüber. Die Strebebalken dieser hölzernen Brücke hatten unmittelbar unter dem Eingange ihr in der Mauer ausgehauenes Lager. Der Bergfried befand sich deshalb in der Nähe des Herren- oder Ritterhauses, um, wenn der Feind durch das Thor oder die Ringmauer in die Hauptburg eingedrungen war, jeden Angriff auf das Haus in Rücken zu nehmen, oder dessen Besatzung als Zuflucht zu dienen, wenn das Herrenhaus durch eine von aussen unternommene Erstürmung in feindliche Gewalt fiel. Die Verbindung zwischen dem Thurme und dem Hause wurde, wie bereits erwähnt, durch eine hölzerne Brücke vermittelt, nebstdem aber hatte der Thurm zuweilen auch noch eine zweite Pforte, welche auf einer Leiter oder beweglichen Treppe hinab in den Hofraum führte. Die gegen das Wohngebäude gerichtete Thür des Thurmes wurde gewöhnlich von aussen, d. h. von der Brücke aus verschlossen, hatte aber auch auf der anderen Seite der Thür, nach innen zu, rechts und links Löcher zur Aufnahme einer starken eisernen Stange, in deren Mitte ein eiserner Haken in einem an der häufig ebenfalls eisernen Thür befestigten Ring eingriff und so dieselbe von innen, nach dem Verluste des Wohngebäudes, verschloss. So geschah es auch, wenn bei später vorgenommenen Neubauten das Haus unmittelbar an den Thurm gelehnt wurde, wo man dann in denselben aus dem Dachboden oder aus dem oberen Stockwerke gelangte.

Im Untergeschosse, welches von der Sohle des Thurmes bis zur Etage, in der die Eingangsthür war, hinaufreichte, befand sich das Verließ. Es diente als Vorrathskammer oder Gefängnis; war gewöhnlich mit einem Kuppelgewölbe geschlossen, immer durch ein enges Einsteigloch von oben zugänglich, und wurde durch hoch angebrachte, aussen kleine, innen lange und breite Oeffnungen spärlich erhellt. In manchen Verließen findet man im Fußboden eine kleine Vertiefung, welche zugedeckt werden konnte, und vielleicht für die unnennbaren Bedürfnisse der Gefangenen bestimmt war. In

Das Verliess.

manchen Bergfrieden, welche nicht auf steile Felsen gegründet werden konnten, wurde der unterste Theil mit Mörtelguss ausgefüllt, um das Untergraben zu erschweren; das Verließ musste alsdann höher angelegt werden und so auch der Eingang. Nebst dem Burgverließe im Bergfriede gab es oft noch andere kleine, kellerartige Gefängnisse in den verschiedenen Gebäuden der Burg.

Die Gefangenen wurden gefesselt mittelst einer Winde auf einem Reitknebel oder in einem Korbe hinabgelassen und emporgewunden (Fig. 33), in der Regel nur Missethäter, Landläufer, Mordbrenner, widerspenstige Leibeigene und das strafbare Gesindel; manchmal aber auch Kaufleute, welche die Raublust auf der Strasse niedergeworfen und nicht nur beraubt hatte, sondern bis zur Erpressung des geforderten bisweilen hohen Lösegeldes quälte und aufbehielt. Daher hieß das Verließ auch Angstloch, und weil in ihm manche zum Tode verurtheilten Gefangenen verhungerten und verfaulten, bekam der Bergfried davon den Namen Hunger- oder Faulthurm.

Neuhaus (Fig. 33).

Gefangene Feinde höheren Ranges genossen in der Regel bessere Behandlung, Freiheit von Fesseln und leidliche, aber immer verschlossene Gefängnisse und wurden nur dann strenge gehalten, wenn sie wegen einer entehrenden Handlung oder eines Verbrechens eine schärfere Strafe zu erleiden hatten, oder der Rache verfallen waren. Letzteres scheint bei Herzog Heinrich von Oesterreich der Fall gewesen zu sein, der in der Schlacht von Mühldorf 1322 gefangen, vom König Johann von Böhmen nach der Burg Bürglitz gebracht und in Ketten gelegt worden war. Die Kriegsgefangenen machten damals einen Theil der Beute aus, und diejenigen, welche ihre Loslassung und gänzliche Freiheit erkaufen konnten, wurden die „Schätzungsmäßigen“ genannt. Die Höhe des Lösegeldes war nach Umständen sehr verschieden und belief sich manchmal auf eine unglaubliche Summe. Der deutsche König Ludwig verlangte für den in der Schlacht bei Mühldorf gefangenen Marschall von Oesterreich, Dietrich von Pilichdorf, 5560 Pfund Heller, und Rüdiger der Jüngere von Starhemberg, welcher bei der Belagerung von Racker in Gefangenschaft gerieth, in welcher er lange schmachten musste, wurde erst dann losgelassen, nachdem er sich verpflichtet hatte, 12.000 Ducaten Lösegeld zu zahlen.

In den anarchischen Zeiten des 15. Jahrhunderts wurden in Oberösterreich auch die Landleute, ja Weiber und Kinder zusammengefangen und fortgeschleppt, um ihren Anverwandten ein Lösegeld abzupressen.

(Fig. 34.) Haychenbach (Fig. 35).

Die höheren drei bis vier Stockwerke des Bergfriedes, welche sich über dem Eingangsgeschosse erhoben, bildeten entweder Hallen, die, wenn groß, auf hölzerne Säulen gestützt waren, oder sie wurden in kleinere, durch hölzerne Balkenwände abgetheilte, untereinander in Verbindung stehende Gemächer zerlegt, und durch starke Bretterböden oder Balkenlagen mit Estrichboden, selten durch Gewölbe geschieden. Die Stockwerke empfingen in früherer Zeit ein schwaches Licht durch enge Löcher und Schlitze, die meist hoch oben angebracht waren; erst im Laufe des 15. Jahrhunderts wurden Fenster eingeführt. (Fig. 34, 35.) Stockwerke.

Die Plattform des Thurmes ruhte jedoch gewöhnlich auf einem Gewölbe (Fig. 37), und wenn nicht, so war sie sorgfältig mit gebrannten Platten belegt oder mit dickem Estrich überzogen.

Kamine.

Kamine kamen in den Bergfrieden nicht immer vor; man erwärmte sich in diesen Räumen mit brennenden Holzkohlen, wie heute noch in Italien. Die etwa vorkommenden Kamine waren in der Dicke der Mauer angebracht. (Fig. 36, 38, 39.)

Communicationen.

Von einem Stockwerke zum andern gelangte man mittelst Leitern oder hölzernen Treppen durch eine viereckige, mittelst einer Fallthüre verschließbare Oeffnung, oder auf schmalen, längs der Wand angebrachten Steintreppen, oder auf steinernen Stufen, welche dann entweder in der Mauerdicke ausgespart waren, oder als Wendelstiegen meist vor das Thurmäussere vortraten; diese Wendeltreppen befanden sich dann in anklebenden Thürmchen, die vom Fußboden an oder erst vom Eingangs-

Krämpelstein (Fig. 36).

geschoss ausgekragt waren. Bei spitzwinkeligen Thürmen war die Wendelstiege in diesem Winkel von aussen unsichtbar aufgeführt.

Gern sind die Treppen so angeordnet, dass der Vertheidiger von Stockwerk zu Stockwerk sich zurückziehen und den Angreifer immer im darunter liegenden mit Pfeilen und Steinen überschütten konnte, da hiefür Oeffnungen in den Gewölben und Balkendecken gelassen waren. Diese innere Vertheidigungsweise ergab sich, wo die Communication auf Leitern geschah, von selbst; wo aber Treppen in der Mauerdicke oder Wendelstiegen angebracht sind, finden wir diese so angelegt, dass, um von einer unteren zu einer oberen Etage zu gelangen, man immer das Dazwischenliegende von einem Treppenausgange zum nächsten Treppeneingange durchschreiten und sich den Geschossen des höheren Vertheidigers aussetzen musste; dass also die Treppen nicht continuierlich fortliefen und etwa nur seitliche Ausgänge hatten, sondern durch defensible Räume unterbrochen waren.

Der Thurm erhielt seine ganze Vertheidigung nach aussen von oben, unten war er nur eine passive oder blinde Masse; daher waren auch bis zum 15. Jahrhundert selten Fenster in den niederen Stockwerken vorhanden. Oben waren die Vertheidiger durch Mauer- und Holzbauten vortheilhaft aufgestellt (Vertheidigungs-Einrichtungen.)

(Fig. 37.)

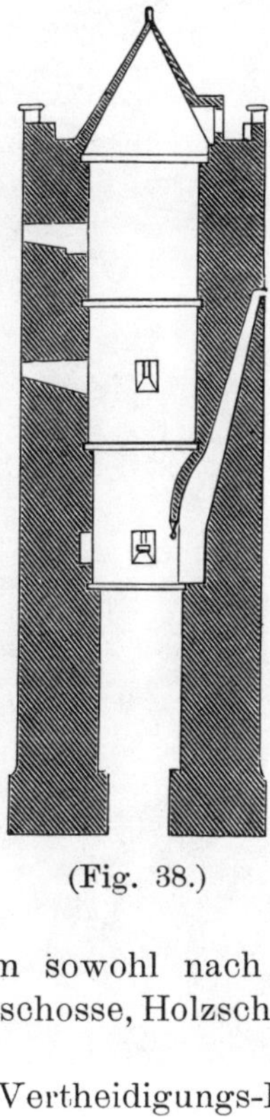
(Fig. 38.)

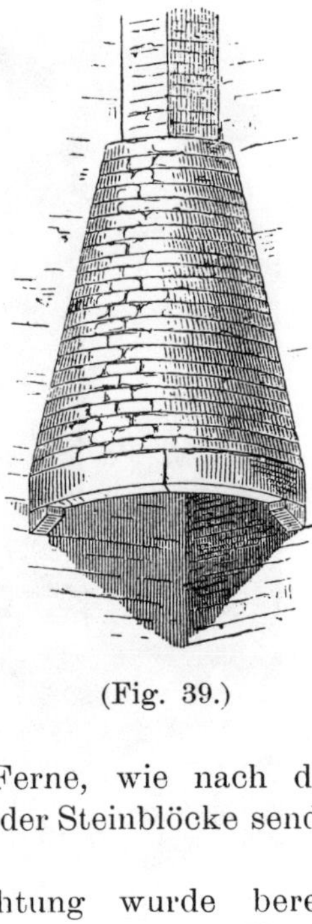
(Fig. 39.)

und geschützt, um sowohl nach der Ferne, wie nach dem Thurmfuße ihre Geschosse, Holzscheite oder Steinblöcke senden zu können.

Ueber diese Vertheidigungs-Einrichtung wurde bereits früher gesprochen, als bei den Ringmauern von den Zinnen, Schießscharten, Bogenfriesen, Maschikulis, Schutzdächern, Fallladen und beim Burgthor von der Pechnase die Rede war. Diese Einrichtungen wurden auch bei dem Bergfried in seinem obersten Stockwerke und auf seiner Plattform angewendet. Dabei muss noch bemerkt werden, dass die breiteren Zinnen manch-

Neuhaus (Fig. 40).

mal durch Querbalken mit einander verbunden waren und somit eine Art Geländer bildeten; oder sie wurden später oben mit einem Stichbogen übermauert, und so die Zinnenscharten in Fenster und die Plattform in ein bedecktes Stockwerk verwandelt.

In Oberösterreich hatten vorgekragte Bogenfriese die Bergfriede in Klamm, Haus, Litzelberg, Lobenstein, Losenstein, Neuhaus, Prandeck, Schaunberg, Wildberg (Fig. 40); Vorkragungen

Falkenstein (Fig. 41).

auf gradlinigen Leisten waren in Dornach, Falkenstein und Piberstein. (Fig. 41.)

Eck-thürmchen.

Bei vier- und vieleckigen Bergfrieden dienten zuweilen schilderhausartige Eckthürmchen zur Beobachtung der Umgegend. Doch waren sie vielleicht weniger aus einem praktischen Bedürfnisse, als aus der immer gesteigerten Lust und Kunst des Steinmetzen hervorgegangen, der sich im 14. und 15. Jahrhundert in kühnen Auskragungen und stilgerechten Gliederungen gefiel, und dem wieder der Maurer auch mit seinen Mitteln nachzuahmen suchte. Manchmal waren Feuerungs-Anlagen in den Eckthürmen zur Bequemlichkeit der Wächter, aber auch zum Sieden und Schmelzen von Pech, Oel und Blei, um auf die Angreifer gegossen zu werden, angebracht. Bisweilen war auf der Höhe ein kleines, erkerartiges Häuschen errichtet, an welchem ein vorstehender Balken mit Klobenrad zum Aufziehen von verschiedenen Bedarf angebracht war.

(Fig. 42.)

(Fig. 43.)

Die Bergfriede in Spielberg, Thumb, Wachsenberg und der exponierte Bergfried in Falkenstein hatten in der Höhe an symmetrisch vertheilten Punkten vortretende Erker oder Pechnasen. (Fig. 41.)

(Fig. 44.)

Holzbauten auf dem Bergfriede.

Da man auf den Höhen der Bergfriede und auf den anderen höheren Thürmen der unmittelbaren Feuersgefahr mehr entzogen war, so wurden häufig daselbst ständige Holzbauten vorgenommen.

Man ließ die Balkenende drei und mehr Fuß frei überstehen, setzte darauf ein Holz- oder Fachstockwerk und brachte in dessen vortretendem Boden Löcher an, um den Thurmfuß übersehen zu können. Die Wände wurden gegen Feuerpfeile wohl auch mit Schiefer, wo er leicht zu haben war, bekleidet. In anderen Fällen sehen wir Gallerien, Lauben auf eingemauerten Balken und Streben um den Thurm herumführen. (Fig. 44.) Die Umgänge an den Thürmen kommen erst im 12. Jahrhundert vor.

Die Bedeckung der Thürme mit einer Plattform war in Deutschland selten. In der Regel hatten sie vielfältig geformte Dächer. Diese waren in früherer Zeit flacher, später steiler und hoch, um das Abgleiten der Feuerpfeile und ähnlicher Wurfpfeile zu befördern. Aus demselben Grunde kommen auch steinerne Dachhelme aus Mauerziegeln, Bruch- oder Hausteinen oder bleigedeckte Dächer vor. (Fig. 42, 43.) Thurmdächer.

Um das Dach vor Feuer zu schützen und leichter löschen zu können, wurden noch andere Einrichtungen getroffen. Dahin gehörte die Anordnung, dass der Zinnengang vor dem Dache lief; dann abgetreppte Giebel, die schon an sich zur Besteigung des Daches geeignet, es zudem noch gestatteten, bei der feindlichen Einschliessung der Burg hinter ihnen auf angebrachten Leitern geschützt zu verkehren, sowohl zum Löschen, als zur Vertheidigung; für letzteren Fall war die Abtreppung zuweilen gezinnt. Lief der Zinnengang unter dem Dache her, so wurde oft durch höher aufsteigende Eckthürmchen für eine äussere Beobachtung des Daches gesorgt.

Wenn der Thurm eine flache Bedeckung oder ein Dach hatte, welches nicht auf den Zinnen, sondern weiter zurück lag, so bildete der Zinnenkranz, dessen Oeffnung oder Scharten oben gegen den Himmel offen waren. ein Geländer, eine Gallerie, rings um das Dach, und wurde in diesem Falle der Ablauf des Regen- und Schneewassers in der Regel vermittelst Steinrinnen, Wasserspeier, die durch die ganze Mauerdicke gingen und weit hervorragten, bewerkstelligt. Waren die Zinnen durch das Schwellenwerk des Daches überdeckt, was in Gegenden, wo ein langer Winter herrschte, des Schnees und Regens wegen nöthig war, so konnte das Wasser unbehindert abrinnen. Später kommt es vor, dass der Zinnenkranz in seinen Oeffnungen oder Scharten wagrecht oder im Stich-, d. h. flachen Rundbogen übermauert ein bis zwei Fuß unter dem Dachrande einherlief. In diesem Falle waren die Zinnenscharten den eigentlichen Fenstern ähnlich.

Der Reichthum an Formen, welcher sich im Thurmaufsatze und Gedäche entwickelte, war so groß, als der Kunsttrieb damaliger Meister und das Bedürfnis, den unten schweren und blinden Mauerkörper des Thurmes in der Höhe vielseitiger und belebter zu machen. Wurde das Dach mit mehreren Erkern versehen, so gewann der Thurm an malerischem Effecte. Hatte eine größere Burg mannigfaltig gestaltete Thurmaufsätze und Dacherker, so verlieh ihr dies einen kecken, kühnen Charakter, während die verschiedenen steinernen Befestigungsformen ihr ein trotziges Aussehen gaben.

Holzbauten als Eigenheit deutscher Burgen.

Aus dem, was bisher über die Schutzdächer der Ringmauer und die Holz- und Dachbauten auf den Thürmen gesagt wurde,

Windegg (Fig. 45).

kann entnommen werden, dass man sich keine mittelalterliche deutsche Burg ohne ergänzende Holzbauten vorstellen darf; man findet davon überall die Spuren durch Balkenlöcher, Kragsteine und Mörtelleisten angedeutet. (Fig. 46.)

Es ist demnach nicht gerechtfertigt, wenn man bei Wiederherstellung oder Neubau deutscher Burgen im gothischen Stile, der sonst doch die horizontale Fläche gern vermeidet, nur ganz flache, hinter den Zinnen liegende, kaum sichtbare Dächer anbringt. Dadurch legt man bei dem nebeligen, nassen und schneereichen Klima, das in Deutschland mehr oder weniger herrscht, nicht nur den Keim der Zerstörung in das Gemäuer, sondern es wird dem ganzen horizontal abgeschlossenen Baue ein unwahres, maskenhaftes Aussehen gegeben, welches uns

Krämpelstein (Fig. 46).

durch die vielen nackten Zinnenreihen kalt und fremd anstarrt, mit den in Deutschland heimisch gewesenen und gegen das feuchte und rauhe Wetter gut verwahrten Burgen und mit Land und Leuten nicht harmoniert. (Fig. 45.)

Wir wollen nun noch die Standorte und Bauarten der Bergfriede in den verschiedenen Jahrhunderten des Mittelalters näher angeben, und zwar nach der von Herrn von Cohausen veröffentlichten, hier oft benützten, vorzüglichen Abhandlung über die Bergfriede.

Standort und Bauart der Bergfriede in den verschiedenen Jahrhunderten.

Im 10. und 11. Jahrhundert sind die Bergfriede rund oder eckig, nicht über drei Stockwerke hoch, stehen nicht in Berührung mit der Ringmauer, sondern frei dahinter, mehr oder weniger in der Mitte der Burg. (Fig. 47.) Dies auch dann, wenn die Burg von einer nahen Berglehne überhöht war; denn die Deckung durch Bergfriede war bei der geringen Tragweite der damaligen Wurfgeschosse noch nicht nöthig. Der Eingang ist im Rundbogen mit gleich hohen, nicht großen Steinen eingewölbt; die Communicationen waren mittelst hölzernen Treppen oder Leitern von Stockwerk zu Stockwerk erzielt; diese sind

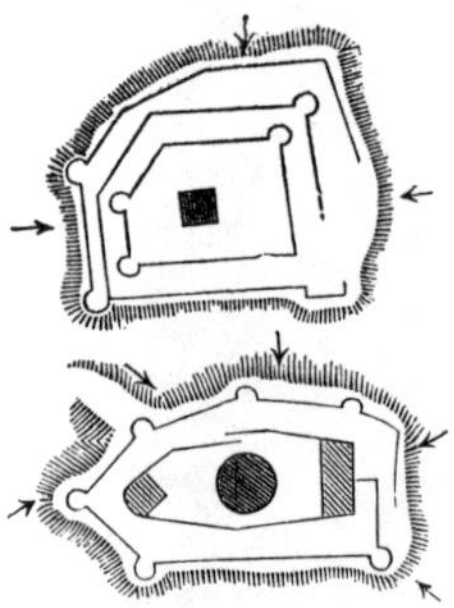

(Fig. 47.)

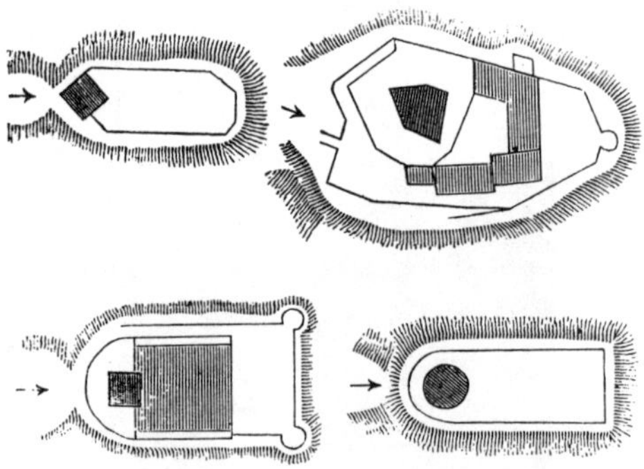

(Fig. 48.)

durch Kuppel- und Klostergewölbe ohne Rippen, öfters durch Balkenlager ohne Tragsteine gebildet. Die Lichtöffnungen sind aussen enge, aber oft sehr lang, innen breit und oft so, dass man bei dicken Mauern in sie eintreten kann, angeordnet. Bequemlichkeits-Einrichtungen, Kamine und Abtritte fehlen. Sind Zinnen erhalten, so sind sie breit, niedrig, nicht ausgekragt und ohne Schießscharten in den Wintbergen.

Im 12. Jahrhundert unterscheidet sich der Bergfried durch keine der eben genannten Merkmale von den älteren, nur mögen hie und da Treppen, jedoch keine Wendeltreppen, in der Mauerdicke, Abtritte, Kamine und Gewölbe mit wulstförmigen Rippen dazu kommen.

Im 13. Jahrhundert bleibt zwar der Bergfried, wenn er rund ist, der Ringmauer abgerückt; der viereckige tritt häufig in oder etwas vor dieselbe. (Fig. 48.) Thüren und Fenster unterscheiden sich, wenn nicht durch die Mauertechnik, welche anfängt nachlässiger zu werden, und durch Hausteinglieder, im Stil der Zeit nicht von denen früherer Zeit. Treppen in der Mauerdicke mehren sich. Wendeltreppen sind noch selten. Die Bekrönung tritt auf Friesbogen hinaus, deren Wölbung im Halbkreise, und deren Tragsteine nicht viel höher als breit sind. Die Wintberge sind, eine um die andere für die aus den Kreuzzügen mitgebrachten Armbrüste, mit langen Schießspalten versehen, welche gegen Ende des Jahrhunderts, besonders wenn sie mit Haustein bekleidet sind, am unteren Austritte einen dreieckigen Schnitt annehmen. Der Bergfried ist, wenn er viereckig, um diese Zeit gern, selten schon früher, über Eck gegen die Angriffsseite gestellt und nimmt gegen Ende des 13. Jahrhunderts noch andere, mit einer Ecke gegen den Angreifer gerichtete Grundrisse an, die bis zur Mitte des 14. Jahrhunderts im Gebrauche bleiben.

Im 14. Jahrhundert treten alle runden Bergfriede in oder etwas vor die meist ausspringende Angriffsseite, während viereckige seltener werden, wo sie aber sind, gleichfalls bündig in oder etwas vor der Ringmauer vorstehen. In einigen Fällen nehmen die Bequemlichkeitsbauten ab, nämlich da, wo sich erkennen lässt, dass der Bergfried nicht bewohnt, sondern nur dem Thurmwächter im oberen Zimmerstocke desselben eine Unterkunft bereitet war. In anderen Fällen aber sehen wir verschiedene bequeme Einrichtungen dazu treten, wie ausgekragte Altarnischen, Kamine u. s. w., deren Gliederung dann leicht über das Alter entscheidet. Die Bekrönung wird namentlich mit der Mitte des 14. Jahrhunderts immer reicher und kühner, indem Maschikulis und Erker auf immer längeren, weiter hinabreichenden Consolen ausgekragt und die Bogen mit Zapfen und Maßwerk verziert werden. (Fig. 17, 18.) Später als in der kirchlichen Architektur tritt der Spitzbogen auf, sowohl an Friesbogen, als Thüren und sonstigen Oeffnungen. Fenster, wo sie im Wehrgange und im zunächst darunter liegenden Stockwerke vorkommen, sind meist mit geradem Sturz geschlossen. Die Treppen sind Wendeltreppen.

Im 15. Jahrhundert, wo überhaupt die Rücksichten auf die Bequemlichkeit nach und nach die Ueberhand über die fortificatorischen gewannen, werden die Bergfriede der Angriffsseite abgekehrt, immer wohnlicher, vom quadratischen zum länglichen

Rechteck mit dünneren Mauern, auch wohl abgerundeten Ecken übergehend, ihre Fenster werden zahlreicher und größer, mit steinernen Mittel- und Kreuzstöcken und meist wagrechtem Sturz, der häufig mit blindem Spitzbogenfeld verziert ist.

Runde Bergfriede erhalten häufig in der Thurmkrönung eine Erhöhung von geringerem Durchmesser, einen schmäleren Mittelthurm, so dass ein mehr oder weniger breiter Umgang zwischen beiden bleibt. Diese Thurmform wird der Aehnlichkeit wegen Butterfass genannt.

Die Bekrönung der Bergfriede, deren Reichthum an pannelierten Brüstungen und Wintbergen, sowie an Eckthürmchen noch zugenommen und immer zierlicher und decorativer geworden, ruht an Stelle der halbkreisförmigen Friesbogen auf Spitzbogen, oder wo Maschikulis angeordnet sind, meist auf Stichbogen, d. i. flachen Rundbogen. Die Consolen sind lang und treten in zwei, meist drei Schichten vor einander vor. Statt der Bogen streckten sich auch gerade Platten von einer Console zur anderen, oder die oberen Mauern treten ganz ohne Console auf gradlinigen, oft mehrmals wiederholten Leisten vor die untere Mauerfläche vor. Der Eingang wird schon häufiger zu ebener Erde verlegt, dann aber meist auf das erfindungsreichste durch Pechnasen und Fallgitter, und nach der Forcierung durch Guss- und Schusslöcher und Wolfsgruben in den engen, von der Thür aufwärts führenden Treppen und Fluren vertheidigt.

Im 16. Jahrhundert beginnt schon im Anfang desselben der Bergfried ganz wegzubleiben; man baute keine Burgen mehr, sondern Citadellen und Schlösser. Mit dem Bergfriede hörte die ritterliche Selbständigkeit und mit dem im Beginne dieses Jahrhunderts beendeten gothischen Stile die Ritterburg auf.

Thürme ausserhalb der Burg. Es kam auch vor, dass man ausserhalb der Burg, vorwärts und seitwärts derselben, je nach dem Terrain und möglichst in ihrer Nähe, Thürme erbaute, die durch massive oder auf Schwibbogen ruhende Mauergänge mit der Burg in Verbindung gesetzt waren, oder als ganz selbständige Werke eine leichte Umfassung vor sich hatten und manchmal nur durch Pallisaden mit der Burg zusammenhingen. (Fig. 49.)

Mit dieser fortificatorischen Anlage verfolgte man mehrere Zwecke. Stand der Thurm auf der die Burg überhöhenden Berglehne oder Felsspitze, so sollte er dem Feinde die Festsetzung daselbst erschweren. Die oberösterreichische Burg Leonstein wurde 1390 durch längere Zeit fruchtlos belagert, und unterlag erst dann, als eine über sie emporragende Felskuppe von den Angreifern erklettert und besetzt worden war. Ein in der Nähe detachierter Thurm brachte ferner den Vortheil, dass seine Besatzung eine oder zwei Seiten und Abhänge der Burg oft besser als von innen aus beobachten konnte, und in den Stand gesetzt war, den Feind, wenn er die Burg angriff, in Flanke oder Rücken zu nehmen. Endlich errichtete man bei einer Burg mehrere auswärtige Thürme in der Absicht, um den Feind zu einer bedeutenden Ausdehnung seines Be-

Scharnstein (Fig. 49).

rennungskreises und daher Anwendung zahlreicherer Streitkräfte zu zwingen, was in jener Zeit, wo der Krieg meistens nur fehdeartig mit kleiner Macht geführt wurde, eine sehr schwere Sache war. Dadurch und weil die Besatzungen der Thürme und der Burg sich gegenseitig unterstützen konnten, wurde die Ueberlegenheit der Vertheidigung über den Angriff bedeutend erhöht.

Das System dieser detachierten Thürme finden wir in Oberösterreich besonders bei den Burgen Klamm, Falkenstein, Pernstein, Scharnstein und Wesen vertreten. An letzterem Orte entstand durch nachgefolgte Anbauten an den Thurm eine zweite Burg (Oberwesen), deren Ruinen heute noch, freilich stark verfallen und mit Haselgebüsch dicht bewachsen, vorhanden sind.

Es gab aber auch auswärtige, mit der Burg in Verbindung gesetzte Thürme, die nicht dem Feinde entgegengestellt, sondern dem Angriffsfelde abgewandt waren und in der Niederung standen. Von ihrer tiefen Stellung aus konnten sie die Abhänge ebenfalls überwachen und, wenn eine Stadt dabei lag, auch den Graben zwischen ihr und der Burg übersehen und die geheime Verbindung mit den Bürgern erleichtern. Endlich bot ein solcher Thurm, wenn alles verloren war, dem Reste der Besatzung eine gute, leicht hinter sich abzuschneidende Zufluchtsstätte, die von dem Brande der Burg nicht mit ergriffen wurde. Hier konnte man, von keinem Hauptgraben mehr behindert, den sichersten Moment zur Flucht erspähen, für welchen manchmal durch einen Schacht der geheime Ausgang bereits vorbereitet war.

Nachdem die sämmtlichen in einer mittelalterlichen Burg vorgekommenen fortificatorischen Anlagen geschildert worden sind, dürfte es entsprechend sein, einiges noch über den Commandanten, die Besatzung, Belagerung und Vertheidigung einer Burg beizufügen.

Kriegerisches Leben in der Burg.

Commandant. Hatte der Besitzer einer Burg in derselben zugleich seinen Wohnsitz, so ist es selbstverständlich, dass er darin den Oberbefehl führte, wobei ihm gewöhnlich ein Burgvogt zur Seite stand. Zur Leitung der Vertheidigung bedurfte es damals keiner besonderen Kriegskenntnis; die persönliche Tapferkeit entschied das meiste.

Wohnten in einer Burg mehrere Glieder eines und desselben Adelsgeschlechtes, so führte das Haupt der Adelsfamilie den Befehl. Es kam nämlich häufig vor, dass die Stammburg in gemeinschaftlichem Besitze verblieb, besonders wenn ihr Name zugleich Stammesname geworden und keine der sich abzweigenden Linien geneigt war, einen anderen Namen und damit auch wohl ein geändertes Wappen anzunehmen. Nur die Ländereien und übrigen Güter wurden getheilt.

Besaß ein Adelsgeschlecht mehrere Burgen, die theils des besseren Schutzes und der Vertheidigung ausgedehnter Gebiete, theils der Jagd wegen erbaut worden waren, so geschah es, dass in diesen Burgen die jüngeren Glieder des Geschlechtes wohnten, und derjenige von ihnen, welcher nach dem Tode des Familienhauptes dessen Stelle einzunehmen berufen war, dann nach der Stammburg übersiedelte.

Hatte eine Burg mehrere Eigenthümer von verschiedenen Geschlechtern, so wählten diese aus ihrer Mitte einen Oberen, der in den Ganerbenburgen Deutschlands Burghauptmann, Reichsamtmann, Burggraf, auch Burgmeister hieß. Jeder Mitbesitzer oder Ganerbe konnte auf dem ihm zugehörigen Burgraume Wohnbauten nach seinem Gefallen aufführen, nur durfte er den Thürmen nicht zu nahe kommen, die Zugänge nicht versperren, und nicht höher als die anderen Theilhaber bauen. Ferner war ihm gestattet, seinen Besitz mit einer dünnen und nur einige Fuß hohen Mauer zu umschließen, daher ist der innere Raum mancher Burgen von mehreren kleinen Mauern durchzogen. Die Brunnen hingegen und die Zugänge, Ringmauern, Thore und Thürme blieben in Gemeinschaft, und wurden gemeinschaftlich erhalten und besetzt. Die Wächter der Thore und Thürme mussten jedem der Mitbesitzer huldigen. Eine solche Burg stellt sich uns gleichsam als eine Ritterkaserne dar.

Kam eine Burg aus Geldnoth ihres Besitzers auf Wiederkauf oder als Pfandschaft in andere Hände, so erhielt der Pfandinhaber das volle Commando in derselben und zwar, wenn er dem niederen Adel und die Burg dem Landesfürsten oder einem Standesherrn gehörte, unter der Benennung eines Burggrafen oder Castellans, und manchmal mit dem Rechte, den Namen dieser Burg als Adelsprädicat zu führen. Nur musste sich derselbe gewöhnlich verpflichten, dem Schuldner in Nothfällen den Einzug mit bewaffneter Mannschaft, sei es wegen des sicheren Rückzuges oder der Vertheidigung gegen einen Feind, zu gestatten.

Es kam auch vor, dass der Besitzer einer Burg den Gebrauch derselben gegen eine Miete einem Anderen gestattete, der in Zeiten der Gefahr seine eigene nicht erreichen konnte, oder dem diese Burg gelegener war, um daraus einem Feinde, mit dem er in Fehde war, zu schaden.

Burggraf, Pfleger.

In den Burgen, welche im vollen Besitze der Landesfürsten oder der Dynastengeschlechter blieben, ohne jedoch von ihnen ständig bewohnt zu sein, und in der Wohnburg selbst, wenn der Eigenthümer auf längere Zeit verreiste, wurden adelige Hauptleute ernannt, die den Befehl in derselben führten, das Burggut verwalteten und die Gerichtsbarkeit ausübten. Sie hießen Burggrafen, Castellane, Burgvogte, in Oesterreich später auch Pfleger, und hatten gewöhnlich anstatt des Soldes gewisse Geldeinkünfte. Die Pfleger nahmen auch in den ihnen anvertrauten Burgen neue Wehr- und Wohnbauten einstweilen auf eigene Kosten vor. Sie wurden später dafür entschädigt und bekamen vom Burgbesitzer die Zusicherung, dass sie und ihre Erben daselbst nicht „enthaust“ werden sollen, bis nicht an sie die Bauauslagen bezahlt sein würden; so in Velden, Partenstein und Pührnstein. Hin und wieder hatte der Pfleger von seinen Einkünften die Thurm- und Burgwächter und in späterer Zeit manchmal auch die übrige Vertheidigungsmannschaft zu verpflegen und zu bezahlen. Es kam ferner vor, dass er das Kriegszeug, Armbrust, Bolzen, später auch Büchsen und Pulver mitbrachte, und wenn er von der Burg schied, wieder mitnahm. Zu Pflegern wurden oft die Gläubiger aus dem niederen Adelsstande bestellt, an welche die Burg verpfändet worden war.

Manche Pfleger oder Burggrafen missbrauchten die ihnen anvertraute Macht zu öffentlichen Gewaltthaten und brachten dadurch ihre Herren in große Verlegenheiten und Schäden. Nach dem österreichischen Landrechte war bestimmt, dass der Besitzer einer Burg für den Schaden, welchen ohne sein Wissen und Willen der Burggraf dem Lande zugefügt hatte, nur dann unverantwortlich sei, wenn er seinen räuberischen Beamten dem Gerichte ausliefert; war dieser jedoch entflohen, so solle sein Herr vollen Schadenersatz leisten. Wenn der Burggraf, während sein Herr auf längere Zeit ausser Landes war, sich unterfing, Wegelagerei zu treiben, so soll der Landrichter mit den nächsten Insassen vor die Burg ziehen; bekam er den Burggrafen in seine Gewalt, so solle derselbe wie ein Räuber behandelt werden; entfloh er aber, so solle man alles Holzwerk der Burg herabreissen und vor derselben verbrennen. War der Raub während der Anwesenheit des Herrn in der Burg vollbracht worden, dann soll sie zerstört werden.

Besatzung. Die Sicherheit und Bewachung einer Burg wurde durch die Burgknechte besorgt; die Vertheidigung war, so lange das ganze Kriegswesen auf dem Adel beruhte, Sache des Adels, der Herren, Ritter und Edelknechte.

Von den Burgknechten standen die Pförtner und Thorwachen, der Thürmer und die Thurmhüter in Lohn und Kost. Zu dem anderen gemeinen Wachedienst wurden die meist leibeigenen Bewohner der zur Burg gehörigen Höfe der Reihe nach beigezogen, oder sie entrichteten ein bestimmtes Wachegeld, worauf dann die Wache mit Lohnwächtern oder Söldnern besetzt wurde.

War eine Burg mit einem Angriffe bedroht, — die Fehde ward in der Regel drei Tage vor ihrem Beginne angekündigt, — so versammelten sich des Burgherrn Stammesvettern, Freunde und Vasallen zu ihrer Vertheidigung.

Die Vasallen oder Lehenleute, welche zur Vertheidigung einer Burg verpflichtet waren, hießen Burgmannen. Sie nahmen von dem Besitzer einer oder mehrerer Burgen ein Haus, ein Grundstück oder ein ganzes Gut, eine jährliche Natural- oder Geldrente, letzteres war am häufigsten der Fall, als Burglehen an, und leisteten darauf den Leheneid. Dadurch verpflichteten sie sich zur Vertheidigung einer Burg, so oft sie dazu von dem Herrn aufgefordert wurden, und unterwarfen sich zugleich der Beobachtung des Burgfriedens und anderer in der Burg getroffenen Anordnungen, so lange ihr Aufenthalt daselbst dauerte.

Diese Lehenspflicht war jedoch verschieden. Der Eine verpflichtete sich im Allgemeinen zum Burgdienste; er musste sich in jeder Burg seines Lehensherrn auf dessen Einberufung stellen, und sie gegen jeden Feind vertheidigen helfen. Der Andere verpflichtete sich nur auf eine oder einige im Lehensbriefe namentlich bestimmte Burgen seines Herrn, und konnte in die übrigen nicht gefordert werden; aber auch in die erstgenannten nicht, wenn sie von einem Feinde bedroht waren, gegen den er nicht dienen zu müssen, sich ausdrücklich vorbehalten hatte. Es gab aber auch Burgmannen, welche sich verbindlich machten, immer, auch in Friedenszeiten, in der Burg zu wohnen, also eine ständige Besatzung zu bilden. Das war besonders bei großen Burgen der Fall, auch bei jenen, die vom Herrn nicht bewohnt wurden. Ihre Wohnungen waren entweder in den Burggebäuden selbst, in den Dynastensitzen gewöhnlich in der Vorburg, oder sie bestanden aus besonderen Häusern, welche an die Burgmannen als Lehen hingegeben worden waren. Wenn der Burgraum zu beschränkt war, lagen diese Häuser immer der Burg möglichst nahe; in den an die Burg stoßenden Städten waren sie in der Burg- oder Hofgasse und standen nicht unter der städtischen Gerichtsbarkeit, zahlten keine Abgaben und hatten überhaupt Adelsfreiheit. Die Burgmannen in großen Landesburgen gehörten oft dem benachbarten hohen

Adel an. Die Wohnung, welche ein Burgmann in oder nahe bei der Burg fortwährend oder in gewissen Zeiten des Jahres vermöge seiner Lehenspflicht zu nehmen verbunden war, hieß Burghaus und Burgsess. Jene Burgmannen, welche nur im Kriegsfalle sich einfinden mussten, hiessen die „unbesessenen“.

Noch ist zu bemerken, dass bei dem Verkaufe oder Versatze einer Burg die auf diese Burg angewiesenen Burgmannen in der Art mit veräussert wurden, dass die gegenseitigen Rechte und Verbindlichkeiten auf den neuen Besitzer übergingen.

In gemeinschaftlichen Burgen musste jeder Theilhaber eine bestimmte Zahl Vertheidiger stellen und zur Ausrüstung und Verproviantierung beitragen. Wollte er in eigener Fehde die Burg benützen, so stand ihm als Miteigenthümer das Recht zu, sich dahin zurückzuziehen und dort zu vertheidigen. Er musste aber davon vorher den anderen Theilhabern Anzeige machen, die Besatzung entweder verstärken oder ganz stellen, die Waffen liefern und Kosten und Schäden tragen.

Wenn zwei Adelige, welche ihre eigenen Burgen besassen und auch noch Theilhaber an einer anderen Burg waren, mit einander in Fehde geriethen, so blieb diese Burg neutral.

Als im späteren Mittelalter die alten Lehengüter meistens vererbrechtet waren, die Vasallen immer säumiger und unzuverlässiger wurden, und man keine Güter mehr vergeben konnte, um den Eifer oder die Zahl der Lehenleute zu vermehren; als seit Anwendung des Pulvers und der Feuerwaffen das Kriegswesen nach und nach völlig umgestaltet wurde, die Kraft nicht mehr in der adeligen Eisenreiterei, sondern in einem gutbewaffneten und geschulten Fußvolke lag, und der Adel seine Stellung als alleiniger Kriegerstand verlor, kam es immer häufiger vor, dass man Söldner warb. Diese machten aus dem Kriege ein Gewerbe, waren sowohl zu Fuß, als zu Pferd in den Waffen besser geübt, als die Lehenleute und brachten ihre volle Kriegsrüstung mit. Mit ihnen wurden nun die Burgen für die Zeit der Noth besetzt. Zu ihrer Besoldung entrichteten die Lehenleute eine ständige Rüststeuer, und die Unterthanen mussten Lebensmittel und auch noch Geld herbeischaffen. Das Söldnerwesen entstand schon im 14. Jahrhundert und bildete sich im 15. zu festen Normen aus.

In Oberösterreich waren damals die kriegsgewandtesten Söldner leicht zu haben, und zwar aus dem nahen Böhmen. Dort hatte sich während des Hussitenkrieges eine vielfach neue, vorzügliche Kriegsführung mit wohlgegliederten und einexercierten Truppen ausgebildet, die nach Beendigung des Hussitenkrieges sich immer wieder ergänzten und in Abtheilungen unter kriegserfahrenen Hauptleuten in fremde Dienste traten. Christoph von Lichtenstein besetzte 1477 seine Burgen Wachsenberg, Ottensheim, Steyeregg und Reichenstein mit böhmischen Söldnern und kündigte dem Kaiser Friedrich, Herzog von Oesterreich, die Fehde an.

Die Besatzung der nur für den Raub erbauten oder zu diesem Zwecke missbrauchten Burgen bestand gewöhnlich ebenfalls aus Söldnern, die sich aus herabgekommenen Adeligen, entlaufenen Leibeigenen und allerlei verzweifelten Leuten, an denen es damals nie fehlte, recrutierten.

Zur Beschirmung einer mittelalterlichen Burg in Kriegszeiten bedurfte man keiner zahlreichen Besatzung, da nur die wenigen angreifbaren Stellen zu vertheidigen waren. Im Jahre 1388 besetzte Herzog Albrecht III. im Kriege mit Passau die Burg Obernberg mit 80 Mann, von denen die Hälfte aus Schützen bestand. Als im Jahre 1399 der Pfalzgraf Ruprecht mit den Erzbischöfen von Mainz und Trier und der Stadt Frankfurt die bedeutende Ganerbenburg Tannenberg belagerte, wurde dieselbe nur von 56 Mann vertheidigt, und konnte erst nach 20 Tagen und großen Anstrengungen erobert werden.

Ueberfall.

Bei fehdeartig geführten Kriegen suchte man eine Burg durch Ueberfall oder im ersten Sturme zu nehmen, der dadurch unterstützt wurde, dass die Schützen und Schleuderer eine Menge Pfeile, abgerundete Flußsteine und Bleikugeln gegen die Vertheidiger der Mauern und Thore entsendeten.

Blokade.

Gelang dieser Versuch nicht, oder war die Burg günstig gelegen, stark befestigt, mit allem Nöthigen wohl versorgt und mit einer tapferen Besatzung versehen, so beschränkte man sich bei dieser Ueberlegenheit der Vertheidigung über den Angriff oft nur auf eine Blokade, um durch Hunger und Abschneiden des Wassers die Uebergabe zu erzwingen. Bei geringer Zahl der Mannschaft besetzte man bloß die Wege zur Burg und verstärkte die Blokade manchmal durch Erbauung von Bollwerken. So errichtete 1380 Herzog Albrecht III. während der Einschließung von Schaunberg drei mit Gräben versehene Werke, welche während eines Waffenstillstandes von den Belagerten überfallen und niedergebrannt wurden. Bei der Belagerung der Burg Steyer im Jahre 1468 wurden gegen dieselbe ähnliche Werke rings herum errichtet. Als die Burg sich nicht länger halten konnte, gelang es den Belagerten, diese Werke anzuzünden, und während der Verwirrung glücklich zu entkommen. Eine zusammenhängende Circumvallationslinie kam sehr selten und nur bei Heeren vor.

Die oben genannten Gegenwerke bestanden aus Holz, aber auch aus Stein.

Dass sie vor der feindlichen Burg unter fortwährendem Angriffe und in großer Eile erbaut werden konnten, geschah auf folgende Weise: Zimmerleute bereiteten das nöthige Holzwerk vor, schlugen plötzlich über Nacht ein Thurmgerippe auf, bekleideten es mit Bohlen, machten es schon nach wenigen Stunden vertheidigungsfähig und zur Beschützung weiterer Befestigungsarbeiten tauglich. Nun begann manchmal noch der Steinbau, dem der Holzbau als Gerüst und Schablone diente; die Bekleidungsbohlen wurden beseitigt in dem Maße, als die Mauern in die Höhe stiegen; das Zimmerwerk aber blieb, im Innern ganz oder theilweise von der Mauer umschlossen, stehen. Dann und wann wurde der Bauplatz von Verhauen umfasst, den Reisige vertheidigten.

Ummauerte Holzburgen.

Der Nutzen dieser Baumethode, sowohl bei der Ausführung, die dadurch sehr erleichtert und beschleunigt werden konnte, als auch nach derselben, wo das Balkennetz dem jungen Mauerwerke als Zange und Anker diente, und den Stoß der Steinwürfe und Sturmböcke auf das Ganze vertheilte, war Ursache, dass man solche ummauerte Holzburgen, auch dann, wenn sie für einen bleibenden Gebrauch bestimmt waren, errichtete. Dies fand namentlich statt, wenn die Burg sofortigen Angriffen ausgesetzt war, also in Zeiten der Anarchie und bei Erbauung von Raubburgen. Im Inneren blieb die Holzfläche entweder sichtbar, oder war nur vom Verputze überzogen. Einen soeben beschriebenen Bau erkennt man in den Ruinen an den Röhren und Kanälen in den Mauern, die von den Zimmerhölzern nach deren Vermoderung herrühren. Man hat diesen Kanälen irrthümlich den Zweck, als Sprachrohr von Stock zu Stock gedient zu haben, zugeschrieben.

Belagerung.

Die förmliche Belagerung und andauernde Berennung einer Burg, wobei man gewöhnlich an einer bestimmten Stelle durchzubrechen und die Befestigung zu zerstören suchte, konnten nur jene unternehmen, welche zahlreichere Streitkräfte im Felde zu halten und die bedeutenden Kosten des Belagerungszeuges zu tragen im Stande waren. Eine solche Belagerung hatte gewöhnlich große Hindernisse zu überwinden und zog sich oft sehr in die Länge.

Der Erfolg hing zunächst von der Erfindungsgabe und Geschicklichkeit des Zimmermeisters ab, welcher unter dem Namen Gezeug- oder Blidenmeister mit seinen Gesellen, den Blidnern, ein eigenes Corps bildete. Er hatte die Anfertigung, Bedienung und Instandhaltung der verschiedenen Schieß- und Schleudermaschinen, sowie die Zurüstung, das Aufschlagen und Fortbewegen der mannigfaltigen Schirme, Schutzdächer, Stoßmaschinen und Wandelthürme zu besorgen und zu leiten. Der österreichische Geschichtsschreiber Horneck, welcher im Anfange des 14. Jahrhunderts seine Reimchronik schrieb, rühmt die sinnreichen Zeugmeister, welche den österreichischen Herzogen gedient haben, und Albrecht I. verdankte die Eroberung so mancher Städte und Burgen vornehmlich den ausgezeichneten Leistungen des Meisters Rot Ermeleyn. Zeugmeister.

Den Angriff auf eine Burg eröffnete man mit den Wurfmaschinen, welche die Artillerie des frühen Mittelalters bildeten. Sie hießen Antwerke, Bliden, Petrer, Tumler, Rutten und Wippen und schleuderten Steinkugeln, Mühlsteine, schwere Bruchsteine, Felsstücke, zu deren Hebung manchmal 4 Männer nothwendig waren, und allerlei Brennstoffe. Die Ballisten waren große Armbrüste, welche auf starken, oft vierräderigen Gestellen ruhten, manchmal mit Triebrädern versehen waren und, weil sie auf Wagen nachgeführt wurden, auch Wagenarmbrüste hießen. Sie schossen aus bedeutender Entfernung schwere Pfeile bis zur Größe eines Balkens, Lanzen und dann auch eiserne Feuerpfeile. Diese wurden in der Mitte mit leicht entzündbaren Stoffen umwickelt, dann von Leinwandstreifen umschlungen, in siedendes Pech und Schwefel mehrmals getaucht und ehe man sie losschoss, am vorderen Ende angezündet. Man suchte die belagerte Burg auch dadurch in Brand zu stecken, dass man Katzen und Tauben, die aus derselben herauskamen, abfing, und ihnen auf den Rücken ein kleines, mit Brennstoff gefülltes Thongefäß oder einen Feuerpfeil band; daran wurde ein länglicher Zündschwamm befestigt, und ehe man das Thier in der Nähe der Burg losließ, entzündet. Die geängstigte Katze oder Taube eilte nun nach der Burg, suchte sich dort in Heu, Stroh oder auf dem Dache zu verkriechen, und steckte es in Brand. Wurfmaschinen.

Mittelst der Schleudermaschinen bewarf man oft Tag und Nacht die Burg mit einer Menge von Steinen und brennenden Stoffen, um unter den Belagerten Angst und Verwirrung, Verderben und Tod zu verbreiten; die Zinnen, Schutzdächer, Maschikulis und Erker der Ringmauern, Thore und Thürme zu zerstören, und die Vertheidiger von ihrem Posten zu vertreiben. Wenn ein Dach von der Flamme ergriffen war und die Belagerten herbeieilten, um zu löschen, so suchte man sie durch einen Steinregen daran zu hindern, den eine für diesen Zweck in Bereitschaft gehaltene Schleudermaschine sogleich nach der Brandstätte warf.

Es kam auch vor, dass man zum Spotte todte Esel über die Mauer warf, oder Menschenkoth und halbverfaulte Aeser sammelte, in Fässer füllte und in die Burg schleuderte, wo sie, da die Fässer beim Niederstürzen zerbrachen, einen unerträglichen Gestank, oft auch Seuchen verbreiteten und manche Besatzung zur Uebergabe nöthigten. Bei der Belagerung von Schaunberg 1380 warf man sich gegenseitig solche Fässer zu, und die Belagerten wählten sich das Zelt des Herzogs zu ihrem Ziele.

War trotz alledem der Muth der Vertheidiger nicht gebrochen, verweigerten sie die Uebergabe, oder hatten sie den nach einer so heftigen Beschießung gewöhnlich unternommenen Sturm zurückgeschlagen, oder war die Burg so fest und gut gebaut, dass ihr diese Beschießung keinen großen Schaden zufügen konnte, so schritt man zur Untergrabung der Mauer, oder zur Anwendung der Stoßmaschinen und des Wandelthurmes.

An die Burgmauer gelangte man mit unglaublicher Mühe. Es musste der Graben ausgefüllt, oder, wenn tiefes Wasser die Burg umfloss, ein festes Gerüst erbaut, und bei Höhenburgen durch Erde oder Felsen ein Weg gebahnt werden. Manchmal näherte man sich der Burg, indem ein Damm aufgeschüttet und die Erde immer weiter vorgeworfen wurde. Bei diesen Arbeiten schirmte man sich durch Schützen und Schleuderer, die nahe dabei aufgestellt und durch Schanzkörbe gedeckt, es indessen versuchten, die Zinnen der Thürme und Mauern von ihren Vertheidigern zu säubern. Ferner arbeiteten die Mineure unter starken Schirmdächern oder stacken in weidenen Körben; auch Taucher-Apparate kommen bereits im 15. Jahrhundert vor.

Die festeste Schutzwehr beim Untergraben oder Zertrümmern der Mauer bot die sog. Katze oder der Krebs. Es war dies ein längliches, niederes, aus sehr starken Balken und Bohlen erbautes Haus, dessen Dach aus hartem, fest zusammengefügtem Flechtwerke gemacht und nicht flach gedeckt, sondern vom Giebel ab nach rechts und links abschüssig war, damit die darauf geschleuderten Steine umso leichter herabrollen möchten. Um die Schirmdächer auch gegen das herabgeworfene Feuer zu schützen, bedeckte man sie mit frischen Rindshäuten und anderen nassen Ueberzügen, auch mit Erde und Rasen. Dieser Bau wurde auf Rädern gegen die Mauer vorgeschoben und begünstigte, wenn eine Oeffnung in dieselbe gebrochen oder ein Gang unter derselben in das Innere des belagerten Platzes gegraben war, das Eindringen in die Burg. Katze, Krebs.

Unter dem Schutze dieses Gerüstes arbeiteten auch der Sturmbock oder Widder und die Brechmaschine. Ersterer bestand aus einem Balken mit einem sehr starken, eisernen Kopfe, hing an Seilen, wurde hin und her bewegt und dann gegen die Mauer losgelassen, in die er Löcher schlug. Die Kolbe des Baumes an der mit Räderwerk in Thätigkeit gesetzten Brechmaschine riss die Mauerwände ein. Stossmaschinen.

Wo der Burg wegen ihrer hohen und steilen Lage mit diesen Gerüsten und Maschinen nicht beizukommen war, untergrub man den Berg, auf dem sie stand. Dies geschah 1310 bei Neuburg am Inn. Als hierauf die Mauer einstürzte, flüchtete sich die österreichische Besatzung an das andere Ufer in die Burg Wernstein.

Eine andere Belagerungsmaschine war der Wandel- oder Rollthurm, der auch Bergfried, Ebenhoch, Ziehthurm hieß. Er wurde aus hohen, starken, an der Wurzel abgehauenen Bäumen, womöglich Eichen, in viereckiger Form erbaut, an zwei Stellen, oben und in der Mitte, legte man Querbalken, darüber Bohlen, und bedeckte diese mit geflochtenen Hürden, damit das Kriegsvolk darauf stehen konnte. Im Mittelstocke hatte die gegen die Burg gerichtete Seite eine doppelte Wand. Der Thurm wurde, um ihn vor feindlichen Brennstoffen zu bewahren, von aussen mit rohen Thierhäuten und verschiedenen nassen und auch anderen Schutzmitteln umhüllt und mittelst Walzen, die man ihm unterlegte, bis zur Burgmauer vorgeschoben. Während im Erdgeschosse, sowie in den Katzen, ein Sturmbock gegen die Mauer in Bewegung gesetzt ward, konnte die Besatzung Wandelthurm.

des obersten Stockwerkes, welche aus Schützen bestand, in die Burg hineinsehen, die Belagerten beobachten und viele verwunden oder tödten, welche sich zeigten oder zur Vertheidigung der Mauer herbeieilten. Endlich konnte die äussere jener doppelten Wände durch eine künstliche Vorrichtung auf den jenseitigen Mauerrand gelegt werden, während die einstweilen noch zugeschlossene zweite Wand das Innere des Thurmes deckte. Ueber eine solche Fallbrücke drang 1099 Herzog Gottfried von Bouillon an der Spitze einer starken Abtheilung zuerst in die Stadt Jerusalem und eroberte sie.

Kostspieligkeit des Belagerungszeuges.

Die mittelalterlichen Kriegs- und Belagerungsmaschinen verursachten ungemein große Kosten. Eine Menge Lastwagen waren erforderlich, um nur die Ballisten mitzuführen und die Wurfsteine herbeizuschaffen. Während der Belagerung von Falkenberg in Niederösterreich, vom September 1299 bis März 1300, durch Herzog Rudolf von Oesterreich waren 72 Wagen Tag und Nacht beschäftigt, Steine herbeizufahren, und die Chronik von Zwettl erzählt, dass 7800 große Steine gegen die Burg geschleudert, die Ringmauern und Thürme bis zur Unhaltbarkeit beschädigt worden seien, und ein jeder Stein 7 Schillinge gekostet hätte. Als die Passauer 1436 die zwei Stunden unterhalb der Stadt an der rechten Donauseite gelegene Burg Königsstein belagerten, bezahlten sie eine Anzahl Steinmetzen, welche die zur Beschießung erforderlichen Steinkugeln verfertigten. Der Burg wurde damit so zugesetzt, dass sie nach sieben Tagen zur Uebergabe gezwungen wurde.

Viele Wagen waren bei der Belagerung auch dazu nothwendig, um für die verschiedenen Belagerungsgerüste und fortificatorischen Bauten starkes und langes Holz aus dem nicht immer nahen Hochwalde zu holen, und viele Menschen mussten verwendet werden, um den Weg zur Burg zu ebnen, oder den Damm zu bauen und die großen Belagerungsmaschinen dahin in Bewegung zu setzen. Bei letzterer Arbeit waren, wie die Chronik von Colmar berichtet, bis 500 Mann erforderlich.

Vertheidigung.

Manchmal waren all' die großen Auslagen und die unsäglichen Mühen fruchtlos. Die Belagerten wussten alles durch List, Muth und Kunst zu verhindern. Sie besaßen ebenfalls Wurfmaschinen aller Art, die sie auf die Mauern und Thürme stellten, um unter die Feinde, wenn diese beim Ebnen des Bodens, beim Dammbau und zum Sturme in die Nähe kamen, schwere Pfeile und Steine zu schleudern. Die Schirmdächer und Sturmhütten wurden durch riesige Steine zertrümmert oder von brennenden Balken und mit Fässern, die mit angezündeten Holzspänen, Pech und Talg, fettem Schweinefleisch gefüllt waren, in Brand gesteckt; hin und wieder gelang es den Belagerten, sich in dunkler Nacht herbeizuschleichen und an die Belagerungsmaschinen Feuer zu legen. Gegen den Sturmbock flochten sie aus Weiden Hürden, ließen sie oder andere weiche Gegenstände hinab und bedeckten damit die Mauer an der Stelle, welche der Stoßbaum in Angriff nahm; die Hürden hemmten seine Gewalt. Gegen den Wandelthurm erbauten sie ein eben so hohes, wenn nicht noch höheres Gerüste, oder sie warfen starke, eiserne, an Seile gebundene Hacken auf den Rollthurm und brachten ihn, wenn die Hacken festsaßen, zum Wanken und Umsturz. Manchmal glückte es ihnen, einen großen Balken so geschickt gegen die Fallbrücke zu stemmen, dass diese auf keine Weise herabgelassen werden konnte. Die Mineure bekämpften sie in Gegenminen; und wenn eine Bresche gelegt war, so errichteten sie alsbald einen hölzernen, oben mit einer Gallerie versehenen Abschnitt hinter der Bresche, der sich zur Rechten und Linken an die noch aufrechte Ringmauer anlehnte. Endlich gelang es manchmal den Belagerten in glücklichen Ausfällen die feindlichen Kriegsmaschinen zu verderben oder durch Feuer zu vernichten. Zwar suchte man sich dagegen durch Gräben, Erdaufwürfe und Wagen zu schützen, allein diese waren für einen entschlossenen Muth kein unübersteigliches Hindernis und reichten nicht hin, um ein starkes Entsatzungscorps aufzuhalten. Dies und manchmal auch der Mangel an Lebensmitteln, anhaltend schlechte Witterung, ausgebrochene Krankheiten und andere Unfälle machten die oft schnelle Aufhebung der Belagerung nothwendig. In solchen Fällen war es unmöglich, die schwerfälligen Wurfgeschütze wieder heimzuführen, besonders auf schlecht bestellten Straßen, und da blieb denn nichts anderes übrig, als diese Wurf- und aufgerichteten Belagerungsmaschinen, damit sie nicht in die Hände des Feindes kämen, in Brand zu stecken. Auf diese Weise gingen in wenigen Augenblicken große Kosten verloren. Die eben angeführten Ursachen zwangen den österreichischen Herzog Friedrich den Schönen, 1309 die Belagerung der Burg in Schärding aufzugeben und alles Belagerungszeug zu verbrennen. Im Jahre 1324 fielen sämmtliche Kriegsmaschinen des deutschen Königs Ludwig in die

Hände des Herzogs Leopold von Oesterreich, als dieser die Baiern nöthigte, von der Belagerung Burgau's eiligst abzulassen.

Brechen einer Burg.

War eine Burg erobert, und sollte sie zerstört werden, so wurden ihre Wohngebäude in Brand gesteckt und dann ihre Thore, Thürme und wichtigsten Theile der Ringmauer eingestoßen oder niedergebrochen. Der Bergfried wurde, nachdem man die Zwischenböden und die Plattform zum Behufe des Luftzuges ausgebrochen, und sämmtliche Fenster und Schlitze verstopft hatte, mit brennbarem Zeug, dürrem Reisig und Pech so hoch als möglich angefüllt, und dieses von unten durch den geöffneten Eingang angezündet. Die große Hitze dehnte die Luft plötzlich und ungemein aus, und da diese keinen schnellen Ausweg fand, trieb sie die Wände des Thurmes auseinander, sprengte die Mauern und warf sie um, wenn sie nicht von besonderer Dicke und Stärke waren. Eine derartige Procedur nannte man „Ausbrennen".

Pulvergeschosse.

Die Einführung der Pulvergeschosse gab, wie dem Kriegswesen überhaupt, so auch dem Angriffe und der Vertheidigung der Burgen eine wesentlich veränderte Gestalt. Die Feuerwaffen kommen bereits im 14. Jahrhundert vor, und schon in der ersten Hälfte desselben wurden in Oberösterreich, und zwar in Steyr, Feuermörser erzeugt; aber erst im Verlaufe des 16. Jahrhunderts hörte die Anwendung mittelalterlicher Geschosse und Kriegsmaschinen gänzlich auf. Im 15. Jahrhundert kämpfte man noch mit beiderlei Waffen. Zur Belagerung der Tettauer Schanze im Jahre 1490 lieferte die Stadt Ens auf kaiserlichen Befehl ihr Feuergeschütz und eine bedeutende Zahl Pfeile; und noch im Jahre 1506, als man in der Stadt Steyr eine Schützengesellschaft errichtete, wurde bestimmt, dass an Sonntagen wechselweise einmal mit Büchsen, das anderemal mit Armbrüsten nach dem Ziele geschossen werden solle. Nur sehr langsam legte man die alten Waffen ab, wozu der hohe Preis der Feuergeschosse, ihre ursprünglich plumpe Verfertigung, die Last der Handgewehre und das eigene Studium und die Fertigkeit, welche die Bedienung der neuen Waffen erheischte, viel beigetragen haben mochte.

Die ersten Geschütze bestanden aus geschmiedeten Eisenstäben, die wie die Dauben eines Fasses an einander gefügt und durch Reife mit einander verbunden waren. Ein so verfertigter Riesenmörser, an dem die Form des zwischen den Henkeln befindlichen Schildchens die erste Hälfte des 14. Jahrhunderts anzeigt, ist zu Steyr geschmiedet worden. Er wurde von den Türken erbeutet, ihnen aber 1529 von den Oesterreichern wieder abgenommen, und befindet sich gegenwärtig im kaiserlichen Arsenal zu Wien.

Die erste eigentliche Kanone bestand, wie die meisten Geschütze dieser Art im 15. Jahrhundert, gleichfalls aus geschmiedetem Eisen, hieß gewöhnlich Bombarde oder Donnerbüchse und war vorherrschend ein Hinterlader.

Man schoss damals mit großen und kleinen Steinkugeln; letztere vertraten eine lange Zeit hindurch die Stelle der späteren Kartätschen. Um die großen Kugeln doppelt schädlich zu machen, umwickelte man sie mit mancherlei Brennstoffen; sie glichen dann Kometen, indem sie einen langen, in Schwefel und Pech getränkten, brennenden Schweif nach sich zogen. Der eisernen und bleiernen Kugeln bediente man sich seltener, sei es aus Sparsamkeit oder aus Mangel an Geschicklichkeit für deren Verfertigung.

Die erste Erwähnung über den Gebrauch der Feuergeschütze in Oberösterreich finden wir im Jahre 1390, wo Herzog Albrecht ungeheure Steinkugeln in die Burg Leonstein schoss. Da selbe ohne Wirkung blieben, ließ sein Feldhauptmann Zacharias Haderer Geschütze auf einen die Burg überhöhenden Felsen bringen und die Dächer derselben in Brand schießen. Der Rohrer entfloh durch einen unterirdischen Gang und die Besatzung ergab sich.

Die Verwendung des Eisens und der Bronce für den Guss der Feuerschlünde und die Benützung der eisernen und bleiernen Hohlkugeln begann ebenfalls schon im späteren Mittelalter; die der beweglichen Laffetten erst am Ende desselben.

Ueber die hölzernen Mörser im Mittelalter fehlen uns bestimmte Angaben aus jener Zeit. Nach späteren Berichten wurden diese Geschütze aus keinem spröden Holze, sondern aus dem untersten Stamme der Birken und Linden verfertigt, hatten einen sehr dicken, ganz gleichen Umfang und wurden von eisernen, mit Nägeln befestigten Ringen umschlossen. Der innere Lauf und der Pulversack waren mit Blei überzogen und in das Zündloch schraubte man eine kleine metallene Röhre und Zündpfanne ein.

Die tragbaren Feuerwaffen unterschieden sich anfänglich noch nicht streng von den Geschützstücken; sie waren eine Art kleinere Handkanonen. Zuerst und zwar im 14. Jahrhundert entstanden die Knallbüchsen (Schießprügel). Sie waren eine plumpe Waffe aus Schmiedeeisen, auf einem Stücke rohen Holzes befestigt, und nicht zum Anlegen geeignet. Bald nach ihnen wurden die Handkanonen mit einer Art von grob gearbeiteten Kolben eingeführt, welche nach und nach einen Hahn für die Lunte, dann den Drücker und endlich die Feder erhielten. Die so vervollständigten Handkanonen nannte man Hakenbüchsen. Sie hatten am Schafte einen Haken, mittelst dessen sie auf ein vor dem Schützen stehendes Gestell befestigt werden konnten. Die Hakenbüchsen kommen seit der zweiten Hälfte des 15. Jahrhunderts vor. Es gab Doppel-, ganze und halbe Haken; sie schossen eiserne und bleierne, oder eiserne mit Blei umgebene zwei- bis achtlöthige Kugeln.

Die Radschlossbüchsen wurden erst im Beginne des 16. Jahrhunderts erfunden.

Nachdem wir die mittelalterliche Burg in ihrer Beschaffenheit als Wehrbau nach allen Seiten hin beleuchtet haben, und nebenbei einiges schon über die Wohn- und Unterkunftsgebäude der Vorburg erwähnt haben, wollen wir nun die Hauptburg als Wohnbau näher in Betrachtung ziehen.

c) **Der Palas.**

Unter den Wohngebäuden der eigentlichen Burg ist vor allen der Palas zu nennen. Er wurde auch das Herrenhaus oder Ritterhaus genannt und war dem Gebrauche als dem Umfange nach das Hauptgebäude, nahm in der Regel die eine Seite des Burghofes ein, stand in der Nähe der Pforte und war je nach dem Vermögen und Stande des Burgherrn mehr oder weniger geräumig und schön eingerichtet.

Aeussere Beschaffenheit des Palas.

Der Palas war unter allen Gebäuden der Burg mit Ausnahme des Bergfriedes der höchste Bau (Fig. 50) und ganz aus Stein. Wo das Terrain nicht enge und unregelmäßig war, zeigte er, an die Ringmauer angelehnt oder vielmehr auf ihr ruhend, einen oblongen, rechteckigen Grundriss, oder auch die Hufeisenform und bestand aus dem in der Regel gewölbten Erdgeschosse und aus zwei bis drei Stockwerken. Der Zugang war verschieden. Im westlichen Deutschland, auch in der Wartburg und in Eger, führte eine steinerne Freitreppe, die G r ä d e, selten eine Rampe an der Hofseite des Hauses zu der Thür des Palas, aber nicht immer unmittelbar. Hin und wieder musste man von der Plattform der Treppe eine kleine Zugbrücke zum Eingange in den Palas überschreiten. In der Donaugegend, in Baiern und Oesterreich, kommt gewöhnlich statt der Gräde die in einem Thürmchen befindliche Wendeltreppe (Neuhaus), oder auch der ebenerdige Eingang (Schaunberg) vor. An demselben befand sich ein Stein zur Erleichterung des Auf- und Absitzens vom Pferde.

Im Erdgeschosse befanden sich nur wenige enge Schlitze für den Bogen und die Armbrust. Die Fenster nach der Landseite oder nach aussen zu waren der besseren Vertheidigung wegen nur in den höheren Stockwerken angebracht, und längs

Pührnstein. (Fig. 50.)

den obersten zog sich häufig eine hölzerne Gallerie hin. Hinter den Fenstern nach der Hofseite zu befand sich ihrer ganzen Länge nach, jedoch nur selten ein Gang. Hin und wieder kamen Balkone oder Erker mit Maßwerk und heraldischem Figurenschmuck vor. In der Höhe wurde der Palas mit Friesbögen oder Zinnen, oder Eckthürmchen mit Zeltdächern gekrönt.

Die älteste Dachbedeckung des ganzen Hauses bestand aus mehreren Giebeldächern; später wurde nur ein Dach, bisweilen mit vielen Dachthürmchen oder Erkern geziert, errichtet. Es war hin und wieder von abgetreppten Giebeln auf beiden Seiten begrenzt und mit Schindeln von hellglänzenden Färbungen, manchmal sogar mit Zinn- oder Bleischindeln, oder mit glasierten Ziegeln gedeckt, deren blendender Glanz von weiter Ferne das Auge auf sich zog. Ein weithin in das Land schimmerndes Dach galt als eine der schönsten Zierden des Palas. In Oberösterreich war das Palasdach gewöhnlich einfach und mit kleinen, schmalen oder Spitz-, Schuppen- und Hohlziegeln gedeckt. Der Gipfel des Daches wurde mit Wetterfahnen geschmückt. Nur der Adel hatte das Recht, sich derselben zu bedienen, und ihre Form zeigte die Würde des Burgbesitzers an. Viereckig geschnittene Wetterfahnen durften nur die Bannerherren führen; der übrige Adel hatte lange, zweispitzige Wetterfähnchen. Sie wurden auch mit dem Wappen des Burgherrn geziert.

Der Palas hatte einen weissen oder verschieden gefärbten Anwurf. Die Anwendung verschieden gefärbten, theils rauhen, theils ganz feinen Mörtels, besonders an den Mauerecken und Sockeln, zur Nachahmung der Quadern, an Gesimsen und zu Streifen zwischen den Fenstern u. s. w. finden wir häufig. Geschichtliche, biblische und ähnliche Darstellungen an der Aussenwand des Hauses wurden oft bloß in mehrfarbigem Mörtel, namentlich durch Einritzung in die obere Mörtellage und daher streifweise Bloßlegung der unteren, ausgeführt.

An die Ausschmückung des Palas und seiner Wohnräume wurde Alles gewendet, was der Burgbesitzer nur auftreiben konnte. Mochten andere Partien der Burg darunter leiden, das Ritterhaus, in dem er seine Gäste empfing, musste von seinem Stande und Reichthum zeugen.

Dies war besonders seit dem 13. Jahrhundert der Fall, wo man durch die Kreuzzüge mit schönen byzantinischen Formen und mit manchen Einrichtungen orientalischer Pracht und Bequemlichkeit bekannt geworden war.

Bestandtheile des Palas. Der Palas bestand aus einem großen Saale, dem Rittersaale, zu dessen Seiten einige kleine Gemächer angebracht waren; andere befanden sich in dem höheren Stockwerke, wo auch nach der Hofseite hin die Pechpfannen hingen.

Rittersaal. Zu dem Rittersaale gelangte man durch die Eingangsthüre des Palas; nicht immer war noch ein anderer Raum dazwischen.

Decke des Saales. Die Decke des Saales war in manchen Burgen gewölbt, gewöhnlich aber, besonders im früheren Mittelalter, bestand sie aus hölzernem Sparrenwerk. Im ersten Falle wurde, wenn der zu überspannende Raum zu groß war, das Gewölbe durch Säulen und Pfeiler unterstützt. Bei der Holzdecke waren die

Flächen der Durchzugsbalken mit Schnitzwerk, Wappen, Sprüchen, Jahreszahlen und Figuren der Heiligen geziert, oder durch einen Leimanstrich getüncht. Später machten die einfachen Balkendecken den aus Tafeln gefügten, oft kunstvollen Plafonds Platz.

Fussboden.

Die Fußböden bestanden aus Lehm-Estrich oder Tennenboden — gestampftem, durch Schafhaare verhärtetem Lehm — aus Stein — Estrich, Bretterlage oder schmuckvollen Thonfliesen. Geschlagene Ziegel und Estrich aus Ziegeltrümmern wurden erst später angewendet.

(Fig. 51.)

Fliesen.

Die Fliesen (Fig. 51 bis 60) bestanden aus gebrannten, gleichförmigen, vorherrschend quadratischen Plättchen, von röthlicher, dunkelrother, lichtgelblicher, grauer und schwärzlicher Thonerde. Sie waren etwa ein Zoll dick und wurden auf einer Unterlage von Kalk und Sand genau zusammengefügt, so dass sie mit ihren Ornamenten gleichsam ein Teppichmuster bildeten. Ihre Verzierungen wurden theils durch Pressung in einer Form, theils durch Glasierung bewerkstelligt; letztere wieder

(Fig. 52.)

durch einfache Salz- oder Bleilösung, oder durch eigenthümliches Email, d. h. farbige Glasflüsse. In Deutschland war die Pressung die vorherrschende Methode, zu der dann ein- oder mehrfarbige Glasur hinzutrat. Die Verzierung war entweder flach erhaben auf glattem Grunde, oder auch eingetieft, und trat durch den Staub oder Schmutz, der sich ansetzte, scharf hervor, wenn nicht schon anfangs eine gefärbte Mörtel- oder Kittmasse die Linien ausfüllte. Was das Ornament selbst

(Fig. 53.)

betrifft, so spielt im 13. und 14. Jahrhundert die Thierwelt, Löwen, Adler, Drachen, Hirsche u. s. w. eine große Rolle in der Verzierung der Thonplatten. Im 14. Jahrhundert wurden die heraldischen Thierfiguren aus den Wappen nicht nur der Burgbesitzer, sondern auch der Kaiser, Landesherren und sonstiger hervorragender Personen als Fußbodenmuster benützt. Zugleich kam auch die Kreis-, Stab- und Blattverzierung immer mehr in Anwendung, und wurde im 15. Jahrhundert vorherr-

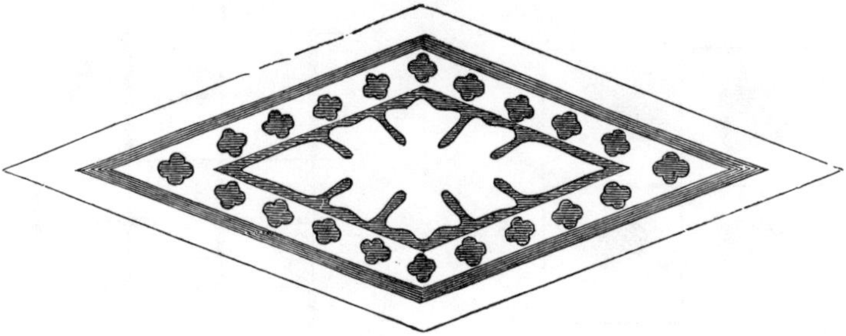

(Fig. 54.)

(Fig. 55.)

(Fig. 56.)

(Fig. 57.)

(Fig. 58.)

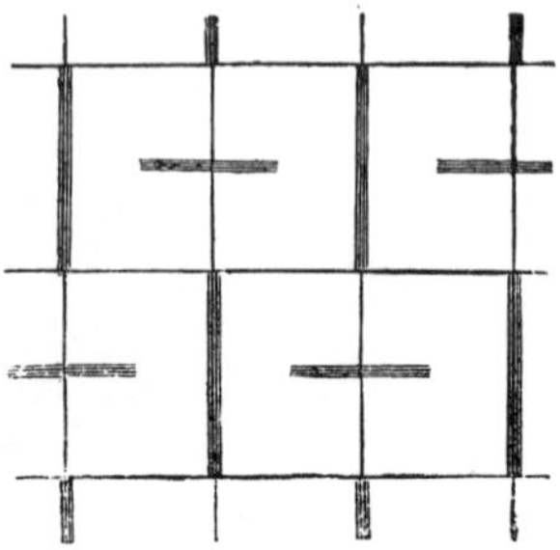

(Fig. 59.)

(Fig. 60.)

schend. Nach dem Mittelalter führte man die einfach glatten, verschieden geformten und verschiedenfarbigen Plättchen ein.

Bedeckung des Fussbodens.

Die Fußböden wurden oft bedeckt, besonders im Winter, im heißen Sommer und bei Festlichkeiten. Berücksichtigt man die hohe luftige Lage der meisten Burggebäude, die Stürme, denen sie preisgegeben waren, und die mangelhafte Verwahrung der im Mittelalter durch lange Zeit glaslosen Fenster, die der kalten Luft Eingang gewährten; erwägt man, dass bei strenger Kälte die Erwärmung durch Kamine unzulänglich war, so wird man leicht begreifen, wie die Fußböden in winterlicher Jahreszeit beständig kalt sein mussten. Diesem Uebelstande abzuhelfen, bedeckte man sie mit Schichten von Stroh und trockenen Binsen oder Heu und legte darüber Matten, bei feierlichen

Gelegenheiten auch Teppiche, besonders dort, wo Tische, Stühle und Bänke standen. Es kam aber auch vor, dass die Teppiche das ganze Zimmer bedeckten. Im Sommer, wo die warme, schwere Luft in den mit engen und nicht zahlreichen Fenstern versehenen Zimmern stockte, streute man frischgeschnittene Binsen, grünes Gras, thauiges Laub und in der Blütezeit Blumen, namentlich Rosen, auf den Fußboden. Die Kamine, deren man in der warmen Zeit nicht bedurfte, füllte man in gleicher Weise an, und befestigte auch an den Wänden grüne Zweige. Bei Festlichkeiten wurden Teppiche gelegt und über dieselben grüne Binsen und Blumen dünn hingestreut. Auf diese Weise suchte man duftige Frische und Kühlung zu verbreiten, und das Gefühl wohliger Behaglichkeit zu erwecken.

Wände und ihre Ausschmückung.

Die Wände waren meistens nur einfach aber sorgfältig abgeputzt, gewöhnlich weiß und mit dem glänzenden, marmorähnlichen, glatten Mörtel der Alten überzogen. Wandmalereien kamen wenig vor, weil damals noch die Maler selten und theuer waren. Hingegen geschah es hin und wieder, dass die Wände des Saales mit Holzvertäfelungen überkleidet wurden, welche mit Maßwerkverzierungen oder Laubornamenten versehen waren, Wollen- und Seidentapeten findet man erst im 16. Jahrhundert. Ferner wurden an den Wänden des Saales Rüstungen und Waffen, wo möglich kriegsberühmter Ritter, dann Trophäen der Jagd, meistens Hirschgeweihe angebracht, auch ein Heiligenbild durfte nicht fehlen. Bei Festlichkeiten hing man große Teppiche — Sperlachen, Rücklacken — an den Wänden auf, welche an dem oberen Rande mit Ringen versehen waren und mit diesen an hölzernen Stellagen — Rücken — befestigt wurden. Am unteren Rande waren sie oft mit kleinen Schellen, dieser Lieblingsspielerei des 12. und 13. Jahrhunderts, die man auch an Kleidern und am Reitzeuge anbrachte, behängt.

In der ersten Hälfte des Mittelalters war nur die Maschenrüstung üblich. Sie bestand aus dem beringelten, beketteten oder beschildeten, d. h. geschuppten Panzerhemde. Mit Beginn des 13. Jahrhunderts wurden auch die Rüsthosen, Aermel und Kaputzen aus solchen Metallmaschen verfertigt. Die Schienenrüstung (aus Eisen oder Stahl) kam in Deutschland zuerst im 14. Jahrhundert und zwar nur in einzelnen Bestandtheilen vor, indem man dem verkürzten Panzerhemde Bein- und Armschienen beifügte. Die vollständige Metallplattenrüstung wurde erst im 15. Jahrhundert allgemein gebräuchlich. Die gerippten

Rüstungen mit gewölbtem Brustharnisch und stark vorragenden Rändern gehören schon dem 16. Jahrhundert an.

Teppiche. Die Teppiche (Fig. 61, 62, 63, 64) spielten im Mittelalter eine große Rolle bei jeder Festlichkeit. Sie waren entweder aus Wolle gewirkt oder auf Leinen- und Seidenstoff gestickt; letztere kamen jedoch zur Ausschmückung von Profanzimmern selten vor.

Schon im 13. Jahrhundert wurde in Deutschland neben der Weberei des glatten, einfärbigen, rohen Tuches auch die Teppichwirkerei geübt. Sie kam aus den Niederlanden, wo, sowie auch in Burgund, Teppiche gewirkt wurden, welche hinsichtlich der Zartheit der Zeichnungen und der Feinheit der Ausführung die deutschen Erzeugnisse übertrafen. Die aus Wolle gewirkten, oft parfümierten Teppiche hatten entweder bald geometrische, bald Pflanzen-, später Granatäpfelmuster auf gewöhnlich rothem, gelbem, blauem Grunde, oder Wappen, Darstellungen von Thiergruppen, Gesellschaften und Hochzeiten, Scenen aus der Jagd und Fischerei, des Kampfspieles und Krieges, der heiligen Schrift und Legende, mit Blumen und Bäumen, Burgen und Klöstern. Die in der Wollweberei schwierig zu behandelnden Köpfe der menschlichen Figuren wurden zuweilen gar nicht eingewebt, sondern aus feiner Leinwand ausgeschnitten und von einem Künstler gezeichnet, aufgeklebt und aufgenäht.

Die ersten vorhandenen Stickereien reichen in das 12. Jahrhundert zurück und werden im 13. zahlreicher. Sie wurden in weißen und bunten Leinen- und Seidenfäden auf Leinen- oder Seidenstoff, auch mit Goldfäden, die man mit Seide auf den Grund niedernähte, ausgeführt. Die Zeichnung wurde auf den Grundstoff von geübter Hand aufgetragen und nachher mit Nadel und Faden ausgefüllt. Es kommt aber auch manchmal vor, dass kleinere Fältchen der Zeichnung folgend, aus dem Grundstoffe selbst gelegt und festgenäht sind. Die Darstellungen waren wie bei den Teppichen, doch bezogen sie sich vorherrschend auf religiöse Momente, da sie meistens für kirchliche Zwecke gestickt wurden. Auch waren die Stickereien mehr den Kleidern und Messgewändern gewidmet.

Fenster. Die Burgfenster waren bis in das 11. Jahrhundert klein und schmal, bildeten ein längliches Viereck und wurden nach innen abgeschrägt und erweitert, um sie möglichst lichtbringend zu machen. Später wurden sie größer und horizontal überdeckt; selten setzte man einen Rundbogen darauf.

mir tut ander lewt gut pein und posen neut
ich gön iederman wol waz er gutes haben schol.
die vesten hat tugend der glaube hoffnung und liebe
das ist die vesten der tugenden
die liep.
liep
der glawb
der unglawb
der haz

(Fig. 61.)

(Fig. 62.)

(Fig. 63.)

(Fig. 64.)

Im 12. Jahrhundert kamen die romanischen, rundbogigen Doppelfenster, durch dicke Säulchen mit Würfelcapitälchen getheilt, in Gebrauch. Wenn die Säulchen dünn sind, so deuten sie auf den Beginn des 13. Jahrhunderts hin, und wenn sie ohne Capitäle in einen weit vorgekragten Kämpfer (Aufsatz zur Aufnahme des Bogens) übergehen, so erinnert dies an den Schluss der romanischen Bauweise, gegen die Mitte des 13. Jahrhunderts.

In der darauf folgenden gothischen Bauzeit wurden solid construierte Fenster mit Steinrahmen und zur Scheidung größerer Fenster in kleinere Abtheilungen, mit Steinkreuzen vorherrschend. Man deckte sie gewöhnlich mit einem geraden Sturz, der bei ansehnlichen Gebäuden reich mit Laubwerk decoriert wurde. Der Spitzbogen kam bei den Fenstern der

Wohnungen seltener zur Anwendung, gewöhnlich nur bei Burgkapellen und Thürmen. Im ersteren Falle brachte man zwischen den Spitzbogen zierliche, stets wechselnde, von künstlicher Steinmetzarbeit gebildete Rosen an. Größere Fenster mit gedrückter Wölbung oder horizontaler Ueberdeckung waren zu Ende des 15. Jahrhunderts üblich. (Fig. 65.)

Fensterverschluss.

Die Fenster waren bis auf spätere Zeiten nicht verglast, sondern mit feinen Darmhäuten, Blasenhaut, dünn geschabten Hornplatten, geöltem Papier und Pergament, Wachstuch, Leinwand oder irgend einem anderen gewebten Stoffe bezogen. Das Horn konnte aber nur kleine Scheiben gewähren und kam seltener vor; die übrigen durchscheinenden Stoffe waren wohl leichter zu haben, aber doch wenig im Stande, Kälte oder

(Fig. 65.)

Luftzug abzuhalten. Dies war ein genügender Grund, ihre Anwendung zu beschränken, indem man mit ihnen nicht die ganzen Fensteröffnungen, sondern nur einen Theil derselben ausfüllte; entweder so, dass man die in den Holzläden eingeschnittenen Löcher oder ein größeres Stück, z. B. ein Drittheil mit ihnen überspannte, oder sie in der Fensteröffnung selbst befestigte. Letzteres geschah anfangs wohl immer in einer unbeweglichen Weise, nicht in einem beweglichen Rahmen, der geöffnet werden konnte. Der größere, nicht überspannte Theil des Fensters hatte bewegliche Holzklappen, welche, wenn offen, die volle Luft und das volle Licht hereinliessen. Zu den angegebenen Methoden tritt noch eine andere, ein netzartiges, durchbrochenes Holzgitter. Zuerst vielleicht ein Flechtwerk von Weiden, wurde es dann zu einem Netzgitter von Stäben ausgearbeitet und gewöhnlich mit Papier oder Leinwand überspannt. Es hat gewiss zum Muster der späteren rautenförmigen Verbleiung gedient.

Die hölzernen Laden und Klappen hingen entweder seitwärts drehbar auf Angeln, sowohl doppelt als Flügel oder einfach, oder sie waren bloß angelehnt und mit Schubriegeln geschlossen, oder zu beiden Seiten in die Mauer zurückzuschieben, oder sie waren oben in Charnieren befestigt und wurden von unten hinausgestoßen. Mit Stangen in die Höhe gehalten, dienten sie so als schräge Schirmdächer für etwaige Papier- oder Tuchfenster, später auch für die kostspieligen Glasfenster, um von ihnen den gefährlichen Regen oder Hagel fern zu halten. Die Fensterladen wurden mit brauner Farbe in verschiedenen Abstufungen und mit Beimischung von Gelb angestrichen, oder mit ästigen Andreaskreuzen nach den Wappenfarben der Erbauer oder Besitzer bemalt. Dasselbe gilt für Fensterrahmen und Thüren. Die Beschläge an Fenster und Thüren wurden nie gleichfärbig mit dem Holzwerke angestrichen, sondern man verzinnte sie, oder ließ sie blau oder schwarz anlaufen.

Die Fensterscheiben aus Glas waren damals sehr kostspielig und selten, und wurden in den Privatwohnungen erst viel später eingeführt. Zwar war die Benutzung des Glases zum Fensterverschluß schon den Römern in der Zeit der ersten Kaiser bekannt, was durch bestimmte Aussagen der Schriftsteller und durch die zu Herkulanum gefundenen Scherben von Glasplatten und eine unversehrte Scheibe zu Pompeji bezeugt wird; allein der theure Preis gestattete nicht den allgemeinen Gebrauch. Während der gewaltigen und vernichtenden Stürme der Völkerwanderung rettete die oströmische Hauptstadt Byzanz die Kenntnis der Glasfabrication, und von hier aus verbreitete sich dieselbe nach dem Abendlande, als die Völkerstürme sich gelegt hatten. Zum Fensterverschlusse wurde das Glas zuerst nur bei Kirchen verwendet; am Ende des 1. Jahrtausendes unserer Zeitrechnung dürften so ziemlich alle größeren Kirchen Glasfenster gehabt haben. Bis zum 12. Jahrhundert kam die Verglasung auch in den Speise- und Arbeitssälen und in den Zellen der Mönche vielfach vor, und mit dem 13. Jahrhundert beginnen die Nachrichten von der Verwendung des Glases in den Privatwohnungen. Es wird jedoch von der Sache immer noch als von etwas Aussergewöhnlichem gesprochen.

Erst im Laufe des 15. Jahrhunderts fand die Verglasung in Deutschland so weit Verbreitung, dass sie für die Wohnung eines wohlhabenden Mannes als nothwendig galt, aber auch für diese Zeit noch mit Sparsamkeit. Viele Fenster hatten bloß zur Hälfte Glas, zur anderen Hälfte Holzklappen. Im 16. Jahrhundert wurden die Glasfenster völlig allgemein. Zuerst kamen runde oder sechs- und achteckige sogenannte Pfennigscheiben in Gebrauch, sie waren weiß oder grünlich. Farbige Scheiben, wie sie jetzt üblich sind, kannte man damals nicht, wohl aber fand man, abgesehen von den Glasgemälden auf den Fenstern der Kirchen und Kapellen, in den Fenstern der Burgen in vornehmeren Gemächern einzelne gemalte Scheiben mit Wappen, Sprüchen, Jahreszahlen. Dies bezeichnete immer einen höheren Grad der Prachtliebe oder Wohlhabenheit des Besitzers.

Fensternischen. Da die Mauer des Palas sehr dick zu sein pflegte, so entstanden da, wo die Fenster angebracht waren, Mauervertiefungen oder Fensternischen mit an den Wänden angebrachten steinernen Sitzen oder Bänken, die mit Kissen und Rücklehnen wohl bedeckt waren. Diese Plätze in den Fenstern waren die Ehrenplätze der Frauen, wenn sie im Saale erschienen, und wen sie auszeichnen wollten, den ließen sie auf diesen Fenstersitzen zu traulichem Gespräche platznehmen. Solche kleine Gemächer bildeten auch die Erker, welche manchmal am Saalbau angebracht waren.

Kamine. Der Saal wurde durch Kamine — Fiuwaram — erwärmt. Anfänglich begnügte man sich, irgendwo im Hause ein großes Feuer anzuzünden und es zu unterhalten, um sich daran zu wärmen. Als sich immer mehr die Privatbaukunst entfaltete, nahm auch der Ort, wo das Feuer unterhalten wurde, eine bestimmte architektonische Gestalt an und entwickelte sich als Kamin. Wir können ihn in Deutschland in reichen architektonischen Formen zum prunkvollsten Schaustück der Gemächer ausgestattet vom 11. Jahrhundert an durch alle Stufen der Entwicklung der mittelalterlichen Baukunst verfolgen. Allein er konnte eine behagliche Wärme kaum dem ganzen Gemache mittheilen, und war und blieb nur eine Stelle für das brennende Feuer, an dem man sich wärmte. Der Kamin hatte eine weite Oeffnung, sein Mantel oder Sturz ragte wie ein Dach in das Zimmer hinein und wurde von zwei zierlichen Säulen mit Capitälen getragen (Fig. 66); der Kaminschlott befand sich in der Mauerdicke. Große Säle hatten oft zwei Kamine.

Am Kamin war der Ehrenplatz für den Burgherrn und seine besonders hochgeachteten Gäste, und zwar auf einem etwas erhöhten Fußboden, der sogenannten Brücke oder Bühne. Vor dem Kamine pflegte eine breite Bank mit Rücklehne und wohl versehen mit Polster und Kissen zu stehen. Bühne.

Die Oefen (Fig. 67) wurden erst später eingeführt. Sie waren gewöhnlich sehr groß und der Mehrzahl nach schüssel- oder nischenförmig, um eine größere Heizoberfläche zu bieten. Oefen.

(Fig. 66.)

Die Erfahrung, dass irdene Gefäße, in denen warme Materien aufbewahrt werden, oder gewärmte Steine eine gemilderte, gleichmäßige Wärme fortwährend ausströmen und diese Wärme lange halten, mochte dazu geführt haben, die Feuerstelle in das Innere eines großen thönernen Gefäßes zu verlegen, dass sodann auch nach dem Verlöschen des Feuers noch die darin enthaltene Wärme nach und nach abgibt. Wann und wo auf diese Weise die Oefen entstanden sind, ist nicht bekannt. Die ersten Spuren davon finden wir in der Wende des 13. und 14. Jahrhunderts. Jedenfalls haben wir die allgemeine Einführung der Oefen erst in der zweiten Hälfte des 15. Jahrhunderts zu suchen, weil da für einen soliden Fensterverschluss bereits gesorgt wurde, ohne welchen an eine erfolgreiche Ofenheizung nicht zu denken war.

Die ersten bisher vorgekommenen Ofenkacheln haben sich unter den Ruinen der 1399 zerstörten Burg Tannenberg in Hessen gefunden. Der Form nach fällt ihr Ursprung in das

Ende des 13. und in den Beginn des 14. Jahrhunderts. Ihre Grundformen sind in noch nicht ganz reinem gothischen Stile gebildet, die Ornamente derselben erinnern sehr an das Romanische, bisweilen an das Arabische, was ihnen ein zierliches und originelles Ansehen gibt. Sämmtliche Kacheln lassen sich auf etwa 24 Hauptformen zurückführen. Ihr Vordertheil stellt gewissermaßen die Portale von Gebäuden dar. Die höchstgestandenen laufen nach oben in spitzer Form zu, die anderen haben einen Zinnenkranz, die letzten einen horizontalen Abschluss. Die Giebelfelder und Füllungen des Zinnenkranzes sind mit Laub, Wappen, Löwen, Hirschen, Gemsen, Drachen, Krokodilen, einköpfigen Reichsadlern, ornamentiert. In der Tiefe der Nische erhielten die Kacheln eine gelbe, braune und grüne Glasur.

(Fig. 67.)

Die letztere Farbe wurde nach und nach die herrschende. Im 15. Jahrhundert kommen auch schon bunt glasierte Kacheln vor, doch war die grüne Glasur noch roh, die bunte bloß wild aufgetragen und die Farben oft ineinander verlaufend. Auch die Kacheln sind im 15. Jahrhundert noch handwerksmäßig und roh gearbeitet. Erst nach dem Mittelalter, im 16. und 17. Jahrhundert, erhob sich darin die Töpferei nach und nach vom Handwerk zur Kunst.

Möbel. Die Möbel waren in der ersten Zeit des Mittelalters sehr einfach, gradlinig und von einer so schwerfällig massenhaften Anlage, dass sie aus Steinblöcken und nicht aus Holz zu bestehen schienen.

Erst im 12. Jahrhundert, als die Drehbank eingeführt war, verbreitete sich der Geschmack an geschweiften, mit gewundenen Säulen u. dgl. versehenen Möbeln, und als bald darauf die Bildhauer auch das Holz bearbeiteten, wurden die Möbeln mit geschnitzten Ornamenten versehen. Vom 13. bis in's 16. Jahrhundert löste die deutsche Schreinerarbeit und Holzschnitzerei ihre Aufgabe in architektonischer und bildnerischer Hinsicht auf glänzende Weise; dazu gesellt sich bisweilen eine sparsam angewendete Vergoldung oder auch farbig eingelegte Arbeit, wodurch der malerischen Wirkung ein neuer Reiz hinzugefügt wurde.

Was die Möbel im Rittersaale anbelangt, so zogen sich ringsum an der Wand Bänke mit oder ohne Lehnen hin, welche gewöhnlich hoch und mit Schnitzwerk verziert waren. Nicht häufig kamen die Stühle vor; sie hatten allerlei Gestalten und verschiedene Schnitzverzierungen. Lehnsessel aus dem Profangebrauche gehören bis zum 16. Jahrhundert zu den allergrößten Seltenheiten. Fußschemel waren in großer Zahl vorhanden, des kalten Fußbodens und der hohen Bänke wegen.

Man setzte oder legte sich nicht auf die harten Bretter. Hinter den Bänken, Stühlen oder an deren Lehnen hingen Rücklacken, kleine, schmale Teppiche und die Sitzbretter wurden sowohl mit Decken, wie mit weichen Kissen und Polstern belegt; solche nahm der Liegende auch unter Kopf und Arm; der Polster unter dem Ellbogen war ein besonderes Bedürfnis. Solche Bequemlichkeit und Weichlichkeit verschmähten weder die stahlharten Ritter, noch ihre Damen. Decke und Polster nahmen sie selbst auf ihren Abenteuerfahrten mit und der Knappe musste sie ausbreiten, wenn irgendwo der Ritter im Schatten Ruhe suchte oder seine Mahlzeit nehmen wollte.

Die Tische im Rittersaale waren gewöhnlich länglich viereckig, aber auch rund oder oval und selten groß. Sie bestanden aus Platten, die auf einem mit eingestochenen oder geschnitzten Verzierungen versehenen Gestelle mit kreuzweise verschränkten Füßen ruhten. Die Tische standen an den Wänden vor den Bänken, doch so weit entfernt, dass sie hinlänglichen Raum ließen.

Endlich befand sich gewöhnlich in der Mitte des Saales eine terrassenförmige Credenz, auf welcher das Tischgeräth: Schüsseln, Schalen, Humpen, Pokale, Krüge, Kannen und die Tafelaufsätze ausgestellt waren. Das spätere Mittelalter legte einen ausserordentlichen Wert auf Werke dieser Art und verwendete daran alle die reiche Kunstfertigkeit, welche dem damaligen Gewerbe zu Gebote stand. Die Dichter wissen Wunderbares von diesen Arbeiten zu erzählen, und was uns noch erhalten ist, straft wenigstens in Anbetracht der Schönheit ihre Lobeserhebungen nicht Lügen.

Die anderen üblichen Möbelstücke befanden sich in den übrigen Zimmern des Palas.

Leuchter. Der Rittersaal wurde durch Kron-, Wand- und Tischleuchter mit zahlreichen Kerzen beleuchtet, die man auf starke Dornen, wie jetzt noch in den Kirchen, steckte.

Die Träger für die Wachskerzen, oder Lichter aus Talg und Wachs gemischt, waren nicht nur in den Kirchen, sondern auch in den Sälen der vornehmeren Burgen und in den Rathhäusern reicherer Städte kunstvoll gearbeitet; wurden aus Holz, Schmiedeeisen, Kupfer, selten aus Silber und Gold angefertigt oder in Messing und Bronceguss ausgeführt.

(Fig. 68.)

(Fig. 69.)

Die Standleuchter hatten eine Höhe von 4 Zoll bis 2 Fuß und waren in der romanischen Zeit niedriger, als in der gothischen. Der Fuß oder Ständer war, besonders in der romanischen Zeit, dreitheilig und aus den wunderlichsten, oft seltsam ineinander verflochtenen Thier- (Drachen, Salamander, Schlangen, Greifen, Löwen, Vögel) und Pflanzenformen, später auch Menschengestalten zusammengesetzt. (Fig. 68.) Im Verlaufe der gothischen Zeit wurde der Fuß rund, gegliedert, sechsseitig und nach oben zu sich verengend.

Der Schaft oder die Röhre als Träger des Obertheiles war entweder glatt oder geschuppt, später gewunden, und hatte einen Knauf oder Buckel, der kugelig war. An manchem Schafte schlängelte sich ein Ornamentband hin, oder er war von zierlichem Pflanzenschmucke umrankt, zwischen welchem sich Thiergestalten in kriechender Darstellung befanden. In der gothischen Zeit wurde der Schaft höher und durch Ringe ebenmäßig gegliedert.

Den Obertheil des Leuchters bildete die Traufschale zum Auffangen des Wachses; sie hatte einen Stachel in ihrer Mitte zum Aufstecken der Kerzen. Oft bauchte sich der kurze Schaft zu dieser Schale aus. Sie war rund, schüssel-, trichter- oder blumenkelchförmig. (Fig. 69.) In gothischer Zeit bekam diese Schale einen geraden Abschluss, also die Gestalt eines flachen Tellers oder eine Zinnenbekrönung.

Es gab auch Figurenleuchter, bei denen die Lichterteller gewöhnlich auf den ausgebreiteten Händen ruhten. Diese Figuren tragen die Maske des wilden Mannes, und wurden bis vor Kurzem oft für heidnische Götzen gehalten. Sie erscheinen im Zeitcostume und zeigen, da sie als beliebt lange vorkamen, in diesem die Entwicklung der Tracht.

Die Kandelaber oder Kerzenstöcke waren bedeutend hohe Standleuchter, welche ursprünglich 7, in der gothischen Zeit 5, 3 und 2 Arme hatten, die so wie der Schaft durch Buckel oder Ringe gegliedert und manchmal auch aus Stein angefertigt waren.

Zu den Standleuchtern gehörten auch die Lichterrechen und Eggen, oder wie man sie in alter Zeit nannte, der Kerzstall. Er bestand aus einer eisernen, breiten, auf einer oder zwei Säulen ruhenden, oder an einer Seitenwand befestigten Querstange, welche eine größere Anzahl von Lichterschalen mit Stacheln nebeneinander trug.

Der Hänge- oder Kronleuchter, welcher mit Ketten an der Decke befestigt war, bestand aus einem oder mehreren großen Metallreifen. Diese waren mit theils runden, theils polygonen größeren und kleineren Thürmchen verziert, zwischen ihnen befanden sich die Spitzen zum Aufstecken der Kerzen. Sonst war der Kronreif auch noch mit gravierten und getriebenen Darstellungen ornamentaler und figürlicher Art, mit Inschriften, zuweilen mit Edelsteinen und Kettchen geschmückt. In der gothischen Zeit verlor die Lichterkrone an Umfang und bekam eine zinnenartige Bekrönung, durchbrochene Reifen, feines Maßwerk, gegossene Statuetten, Fialen und durchbrochene Giebelchen.

Eine andere Gattung von gothischen Kronleuchtern bestand aus einem Mittelstücke, welches nach unten frei schwebend endigte, nach oben mit einem Ringe abschloss, mittelst dessen der Leuchter an einer Kette befestigt war. Aus dem Mittelstücke entsprangen neben- und übereinander mehrere Seitenarme, die in freier Schwingung mit Blumenornament besetzt, sich zu Lichterträgern entfalteten. Solche Hängeleuchter wurden in spätgothischer Zeit mit Holzschnitzwerk oder mit Hirsch- und anderen Geweihen in Verbindung gebracht.

Der Kronleuchter war in früherer Zeit gewöhnlich verzinnt; erst später pflegte man ihn zu bemalen und auch zu vergolden.

Wandleuchter kommen am seltensten unter den mittelalterlichen Leuchtern vor. Gewöhnlich wurde die Stange, welche den Leuchter in den Pfeilern und Wänden festhielt, durch ein mit Maßwerk durchbrochenes Schild in elegantem Metallguss verdeckt, und wenn sie ein Dreieck bildeten, so wurde dies mit einer durchbrochenen Blechplatte ausgefüllt.

Die Leuchter für das Herumtragen waren aus dünn geschmiedetem Eisen verfertigt, später auch in bemaltem Schnitzwerke ausgeführt. Die Stange trug in der gothischen Zeit eine mit Maßwerk verzierte Zinnenkrönung, aus welcher der Stachel für die Kerze sich erhob. Die Hülsen zur Aufnahme der Kerzen wurden statt der Stacheln erst zu Ende des Mittelalters eingeführt.

Nebst den Leuchtern gab es noch Hängelampen, die mit Oel gespeist wurden und längliche Gefäße, in welchen eine wohlriechende zündbare Flüssigkeit brannte.

Auch war es Sitte, dass bei Gelagen vor den Gästen Diener mit Wachsfackeln standen, und voraustretend Herren wie Gäste begleiteten.

Laterne. Zur matten Erhellung mancher Schlafzimmer und zur länger dauernden Beleuchtung der am meisten betretenen Gänge, Treppen u. dgl. und bei den verschiedenen nächtlichen Verrichtungen innerhalb der freien Burgräume, wo das Herumtragen der brennenden Kienspäne oder Fackeln feuergefährlich war, wurden Laternen verwendet. Jene, welche für einen vornehmlichen Gebrauch bestimmt waren, schmückte das Mittelalter mit allerlei architektonischen Ornamenten, Maßwerk, Fialen und Giebelchen etc. Die hier (Fig. 70) abgebildete, im Museum zu Linz befindliche Laterne hat statt des Glases dünn geschabte Hornplatten, und gehört dem späten Mittelalter an, worauf die Hülsen zum Aufstecken der Kerzen und einige

(Fig. 70.)

andere Verzierungen hindeuten. Sie soll 1519 das Sterbezimmer des „letzten Ritters“, Kaiser Max I., in der Burg zu Wels erhellt haben, und stammt aus dem Rathhause der Stadt Wels.

Wohnzimmer im Palas.

Im Palas befanden sich neben dem Rittersaale und im oberen Stockwerke verschiedene Zimmer, von denen einige durch Kamine, später Oefen heizbar waren, und die größeren Kemnaten, die kleineren Gadem hießen. In ihnen wohnten der Burgherr mit seiner Familie, zuweilen auch seine Verwandten und jene Gäste, welche besonders angenehm waren, oder die man mit Auszeichnung behandeln wollte.

Ihre Ausstattung.

Die in der nächsten Nachbarschaft des Rittersaales gelegenen Zimmer wurden sorgfältiger als die anderen ausgestattet und desto reicher, je vornehmer die Burg war. Sie waren zuweilen gewölbt, und das Gewölbe mit verzierten Schlußsteinen, an welchen oft das Hauswappen angebracht war, geschmückt. Hatten diese Gemächer eine flache Decke, so waren nicht selten die Wände und der Plafond getäfelt. In späterer Zeit wurden diese Täfelungen mit ziemlich vertieften Kassetierungen überzogen, und manchmal in verschiedenen Farben illuminiert und im Innern mit Vergoldungen geziert. Teppiche bedeckten die Wände ringsum, namentlich wenn diese glatt waren, und desgleichen den Fußboden; sie hingen auch vor den Thüren und an Ringen oder drehbaren Stangen befestigt vor den Fenstern, um die Zugluft oder die Sonnenstrahlen abzuhalten; Blumen und allerlei Wohlgerüche durchdufteten das Zimmer. Weiter hatte die Kemnate ein reich ausgestattetes Bett, einen Tisch, Kleiderschrank oder Truhe und ein erhöhtes offenes Gestell für die Geräthe des Bedarfes, Luxus und der Toilette. Vor dem Kamine stand eine Bank mit oder ohne Lehne und natürlich nie der Kissen ermangelnd.

Schrank und Truhe.

Der Schrank und die Truhe gehörten zu den Hauptstücken des mittelalterlichen Hausmobiliars; leider sind nur wenige aus jener Zeit erhalten.

Die Schränke waren gewöhnlich von großem Umfange und wurden aus Eichenholz, später, besonders im südlichen Deutschland, aus verschiedenen Holzarten mit theilweise angewandter Bemalung verfertigt, und hatten in allen ihren Theilen eine reiche eingelegte oder geschnitzte ornamentale Ausstattung. Die Flügelthüren waren entweder mit Wappen, deren Helmschmuck gleich dem Laubwerke den ganzen Grund umrankte, oder mit Darstellungen aus der heiligen Geschichte, aber auch des gewöhnlichen Lebens geschmückt. Die ebenfalls verzierten Beschläge bestanden aus verzinntem Eisen.

Die Truhen waren gewöhnlich aus Buchenholz und an der Vorderseite mit Schnitzwerk oder verschiedenfarbigen Holzeinlagen, großem Schlosse und verziertem Schlossbleche versehen. Sie standen auch auf Füßen, die durchbrochenes Maßwerk hatten. In manchen fanden sich im Inneren mehrere Abtheilungen mit verschiedenen Holzeinlagen. Diese Truhen bildeten den Aufbewahrungsort von wertvolleren Sachen: Leinwand, Silbergeräthe, Geld, Werkzeuge, Rüstungen, Waffen und Anderes.

Bett.

Das prachtvollste Stück des Hausgeräthes war das Bett. Ein reiches kostbares Bett war ein Schmuck des Hauses, wie eben sowohl eine Ehre für den Gast.

Die Bettstatt, welche man den Bettstall nannte, war hoch, sehr geräumig, fest und schwer gebaut und bei einschläfrigem Ehelager sechs Fuß breit. In ihrem Holzgestelle, mit reichem Schnitzwerke versehen, war sie mit einem viereckigen Himmel überdeckt, der von oben an Stangen schwebend gehalten und zuweilen bemalt war. Von seinen Rändern hingen Gardinen von kostbarster Art und reicher eingewirkter Musterung oder Stickerci herab, mit denen man die Bettstatt ganz umschließen konnte, gewöhnlich aber waren sie aufgezogen und aufgebunden. An der Seite der hohen Bettstatt oder an ihrem Fußende stand eine mit Polstern, Decken oder seidenen Tüchern belegte, niedrige Bank; vor ihr war ein Teppich ausgebreitet. Hier ließ man sich entschuhen und entkleiden.

Das Bett selber war niedrig und seine Bestandtheile ebenfalls reich. Zu unterst lag ein Federbett (Pflumit), darüber eine gesteppte seidene Decke (Kulter), auf ihr weisse leinene Tücher (Leilachen oder das linde Wat). Unter dem Kopfe lag ein runder Pfühl und ein feines weiches Kopfkissen (Wanckissen, Orkissen). Zur Bedeckung des Schlafenden diente eine genähte, dicke Wolldecke, oft aus mehrfachen Tuchlagen zusammengesetzt (Deckellachen), oder ein reicher Pelz, oder auch der eigene Mantel. Es kam vor, dass die Dame des Hauses ihren Mantel dazu schickte. Pflumit und Kulter liebte man grün, beim Deckellachen wählte man gerne die rothe Farbe und zum Ueberzuge für alle drei Seidenstoffe, ja sogar Sammt. Das Bett, namentlich jenes der Damen, wurde parfümiert, Polster und Decken und besonders das Kopfkissen mit Rosen- und Lavendelwasser besprengt. Das Brautbett bestreute man mit Rosen, den Blumen der Verschwiegenheit. Im früheren Mittelalter legte man sich mit dem Unterkleide, dem Hemde, zu Bette. Im 14. und 15. Jahrhundert jedoch ward es Sitte, ganz nackt das Bett zu besteigen, wie aus zahlreichen Bildern zu schließen ist. Wenigstens die Nacktheit des Oberkörpers ist deutlich daraus zu erkennen. Als Schlafrock diente entweder ein Mantel oder ein Pelz.

Das Bett wurde gewöhnlich so aufgestellt, dass nur sein Kopfende an die Wand stieß, die Längsseiten aber frei blieben. Waren in einem Gemache zwei Betten, dann standen sie so, dass zwischen ihnen ein Raum oder ein Gässchen sich bildete, welches man durch einen Vorhang abschliessen konnte. Nicht immer schliefen der Herr und seine Frau in einem Bette oder in einem Zimmer, namentlich dann nicht, wenn die Frau, wie es in großen Burgen vorkam, ihr eigenes Haus bewohnte.

Es gab noch Ruhebetten, die auch zum Sitzen dienten. Sie waren nicht so vollständig, wie die Schlafbetten, denn der Pfühl und die obere Decke fehlten, die unteren Schichten jedoch waren dieselben. Das Ruhebett lag gewöhnlich auf einer

Bank an der Wand und hatte sodann ein Rücklachen. Uebrigens diente auch das große Bett als Ruhesitz. Bei großem Zudrang von Gästen bereitete man das Bett auf bloßer Erde.

Zimmer der Burgfrau.

Unter den kostbar eingerichteten Kemnaten einer vornehmen Burg war das Zimmer der Burgfrau (nach alter Ausdrucksweise ihr „Heimliche", nach heutiger Benennung ihr Boudoir) am reichsten ausgestattet. Die Frauengemächer befanden sich gewöhnlich im oberen Stockwerke.

Nebst dem bereits erwähnten Mobiliar befand sich im Gemache der Burgfrau noch ein Heiligenbild oder ein Flügelaltärchen mit einem Betschemel und ein Weihbrunnkessel, der gewöhnlich auch im Saale und in den anderen Zimmern angebracht war. So auch eine Wasser- oder Sanduhr, die bis in das 17. Jahrhundert hinein unentbehrlich war und zu den nie fehlenden Zimmergeräthen gehörte. Noch die berühmten Astronomen des genannten Jahrhunderts, Brahe und Keppler, bedienten sich bei ihren Beobachtungen der Sanduhren.

Ferner fand man im Frauengemache jene schönen Schaugeräthe, Schmuck- und Geldkästchen und allerlei Geschmeide, welche die im Mittelalter so vollkommene Goldschmiedekunst vereint mit der Emaillir- und Steinschneidekunst, gravierend, ciselierend und treibend in ausgezeichneter Weise hervorbrachten. Die Kästchen bestanden in der ältesten Zeit aus Elfenbein, mit Ornamenten oder Reliefs bedeckt. Dieser kostbare Stoff wurde jedoch allmählich durch feine geschnitzte Holzarten, und das Schnitzwerk wieder durch reich verzierte Eisenbeschläge, die das Ganze bedeckten, verdrängt. Im 14. Jahrhundert legte man die Kästchen mit farbigen Hölzern aus; die geschnitzten wurden mitunter bemalt und nach und nach erhielt die Ausstattung mit Malerei die Oberhand. Sie zeigte Darstellungen aus der heiligen und profanen Geschichte, aus der Mythologie und Liebesscenen.

Häufig wurden die Kästchen durch weibliche Hände mit Stickereien, Flittern, künstlichen Blumen geschmückt. Es gab auch welche von gepresstem, herausgetriebenem Leder oder mit hineingeschnittenen Zeichnungen.

Zu den Gegenständen, welche in keinem Damenzimmer fehlten, gehörte ferner der Spiegel. Er war klein, rund und von geschliffenem Metall. Gläserne Spiegel, die hinten mit Blei belegt waren, zählten zu den größten Seltenheiten. Die Spiegel wurden ihrer Kostbarkeit wegen, und weil sie auch zur Damentoilette gehörten, in Kapseln gefasst, welche auf ihren Deckeln geschnitzte Darstellungen aus dem Leben der Frauen, namentlich Minnenhöfe, erstürmte Minnenburgen u. dgl. trugen.

Auch Bücher, heiligen und profanen Inhalts, sowohl in Schrift als auch in Einband mehr oder weniger prachtvoll ausgestattet, lagen auf dem Tische der vornehmen Burgfrau. Die ritterlich-romantische Literatur blühte besonders in den Zeiten der Kreuzzüge und der Hohenstaufen, im 12. und 13. Jahrhundert, verfiel im 14., flackerte aber im 15. wieder auf und war reich an epischen, lyrischen und didaktischen Dichtungen. Sie hatte ihre eigentliche Heimat in den großen Herrenburgen und wurde besonders von den Frauen begünstigt, die damals in der Kunst des Lesens einen bedeutenden Vorsprung vor den Männern hatten.

Im mittelalterlichen Damenzimmer fand man auch eine Harfe oder Lyra (Rotte, Fiedel), denn der Unterricht in der Musik gehörte zur feinen Mädchenerziehung, und das Singen der jungen Damen war damals ebenso ein Gegenstand des Begehrens und der Eitelkeit, wie heute. Endlich erfreuten sich die Damen in ihren Zimmern an Singvögeln, sprechenden Staren und kleinen abgerichteten Hunden. Mancher Pilger brachte schon einen Papagei oder Affen mit.

Ueber den Beruf und die Beschäftigung der Burgfrau wird später gesprochen werden.

Die Annehmlichkeit des Aufenthaltes im Damenzimmer **Balkon.**
wurde in manchen Fällen noch durch einen Balkon (Line) erhöht, wo die Frauen dann die Aussicht genießend, auch mit ihren Arbeiten beschäftigt, einen großen Theil der schönen Tage zubrachten. Der Aufenthalt am Fenster oder auf dem Balkon war auch deshalb bei den Damen im Mittelalter so beliebt, weil sie von da am besten die Dinge beobachten konnten, welche sich unten im Thale, oder auf der nahen oder fernen Strasse zutrugen. Das monotone Leben in einer Burg machte ihre Bewohner geneigt, in jeder Kleinigkeit ein Ereignis zu sehen, aus Allem etwas zu machen und ein Mittel zur Zerstreuung darin zu finden. Wie freudig blickte ihr Auge, wenn es einen Fremden herankommen sah. Er brachte ja Neues aus der Welt in die einsamen Mauern. Es gab was zu erzählen, zu reden und zu besprechen, woran die Unterhaltung noch zehren konnte, wenn sich hinter dem Abreisenden das Thor wieder geschlossen hatte. Auf dem Balkon schützte man

sich gegen Wind und Sonne durch aufgespannte Teppiche. In der guten Jahreszeit wurde die Thüre, welche von dem Zimmer nach dem Balkon führte, erst gegen Abend geschlossen.

Gallerie.

Manchmal war auch in dem obersten Stockwerke des Palas eine hölzerne und gedeckte Gallerie mit offenen Arkaden, die sich längs der der freien Gegend zugewandten Aussenseite hinzog. Diese Gallerie (die Lieve oder Loube) bot dem Burgherrn und seiner Familie während der warmen Jahreszeit ein angenehmes Plätzchen, wo sie die freie Luft genießen konnten. Hier speiste man auch im Sommer, obgleich der Raum, den die Gallerie gewährte, nicht gerade zu groß war.

Communicationen im Palas.

Wo die Gallerie angebracht war, diente sie zugleich zur Verbindung zwischen den im obersten Stockwerke befindlichen Zimmern. Sonst aber musste man gewöhnlich durch die Ge-

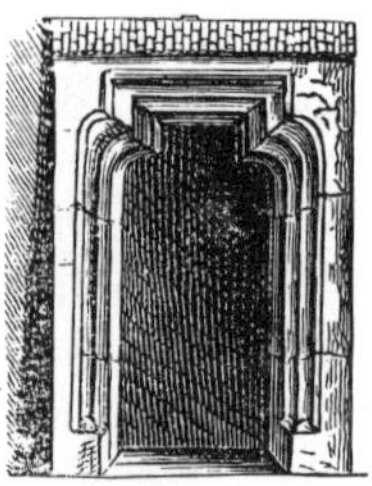

(Fig. 71.)

(Fig. 72.)

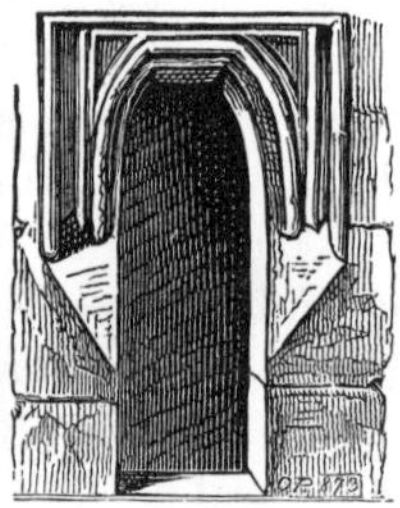

(Fig. 73.)

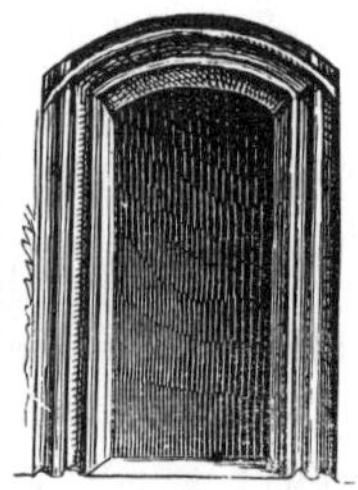

(Fig. 74.)

mächer von einem in's andere gehen. Geschlossene Mauergänge, Corridore mit Thüren zu den Zimmern in einer Etage findet man selten, weil der Raum für die Gemächer in der Regel spärlich zugemessen war. Wo sie vorkamen, waren sie eng und der Burghofseite zugekehrt. Die Communication zwischen den Stockwerken wurde durch schmal überwölbte, in der Dicke der Mauer angebrachte Treppen vermittelt.

Thüren im Palas.

Die Thüren (Fig. 71 bis 74) waren in früheren Zeiten klein, um bei der Oeffnung derselben auf den rauhen Berghöhen und zur Winterszeit der Kälte weniger Eintritt zu gestatten. Sie hatten gewöhnlich eine rechteckige Form, einfache steinerne Thürgewände, welche zuweilen vertiefte Streifen abwechselnd mit vorstehenden Stäben aufzuweisen hatten. Sind die Thüren in den Ecken mit kleinen Viertelkreisbogen verkröpft, so lässt das auf hohes Alter schließen. Im 14. Jahrhundert bekamen manche ansehnliche Gebäude und Zimmer Thüröffnungen mit spitzbogenförmiger Bedeckung, doch blieb der horizontale Sturz vorherrschend. Die Gliederung der Thürüberdeckung mit Stabwerk und Hohlkehlen pflegte der Gliederung .der Thürgewände zu entsprechen, und durchschlingt oder durchkreuzt sich in der Spitze des Deckbogens oder in den Winkeln des Sturzes. Dieser ruhte hin und wieder auf großen Consolen, die aus mehreren Steinen gebildet in meist einfachem Profil hervortraten. Im 15. Jahrhundert kommt als obere Bedeckung der Thüre der Kleeblattbogen vor, dessen mittlerer Theil gegen das Ende des 15. Jahrhunderts als sogenannter Eselsrücken aufwärts geschweift ist. Die baumastähnlichen, gothischen Zieraten am Thürsturze deuten ebenfalls auf das Ende des Mittelalters hin.

Die Eingangsthüre oder das Portal des Palas war im späteren Mittelalter zuweilen mit einem mehr oder weniger reichen Ziergiebel überdeckt. (Fig. 75.) In Schaunberg geht die Gliederung der Seitenwände am Portal ohne ein trennendes Glied, Kapitälchen, unmittelbar in den Deckbogen über und bildet somit ein ungebrochenes, mit Stabwerk und Hohlkehlen reich gegliedertes Ganzes aus.

(Fig. 75.)

Thürflügel.

Die Thüröffnung wurde gewöhnlich durch einen, seltener zwei Thürflügel geschlossen. Sie waren von Eichen- oder Nussbaumholz, manchmal mit ornamentalen und figuralen Sculpturen versehen, und entweder bloß mit Wachs gebohnt, oder wie bereits erwähnt, bemalt.

Thürbeschlag.

In der ersten Zeit spielte das Eisen dabei noch eine untergeordnete Rolle; es beschränkte sich auf die Thürbänder, welche auf den Flügel genagelt und auf die Angeln, Haspen oder Haken gehängt, die Bewegung des Thürflügels vermittelten. Als jedoch im 12. Jahrhundert das Schmiedehandwerk seinen Aufschwung nahm, und die Thüren meistens aus senkrechte Bohlen zusammengefügt wurden, legte sich bald über sie entweder ein ganzes Netz ornamental behandelten Eisens, oder seit dem 13. Jahrhundert horizontale Schienen als Bänder mit ornamentalen Ausläufern, welche die Thürflügel nicht nur trugen, sondern auch zusammenhielten und stärkten.

Diese Bänder bestanden fast ohne Ausnahme aus einem festen Mittelstabe, der manchmal reich durchbrochen war, und von dem aus sich dann decorativ Ranken und Laubwerk über die Fläche der Thür verbreiteten. Nebstdem war seit dem 14. Jahrhundert auf der Thüre zuweilen noch eine Anzahl von ornamentalen Beschlagtheilen aufgelegt, die sich den Tragbändern und ihren Ausläufern anfügten, um die Oberfläche des Holzwerkes gleichmäßig zu bedecken. (Fig. 76.)

Ferner belegte man die Holzthüre mit sich kreuzenden Eisenschienen. Dadurch entstanden aneinander gereihte Felder, welche entweder bemalt, oder mit Ranken, Maßwerk, Wappen und heraldischen Figuren geziert wurden. Auch die Nägel bekamen eine schöne Form. Damit das Eisenbeschläge noch mehr von der hölzernen Thüre absteche und vor Rost bewahrt werde, wandte man dabei gerne Verzinnung oder Vergoldung an.

Thürschloss.

An dem Thürschlosse war die Platte oder das Schlossblech nach hinten erweitert, in Schlangenlinien ausgeschweift, mit graviertem Blattwerke und gothischen Verzierungen versehen, oder mit Maßwerk durchbrochen. Der Mechanismus des Schlosses, gewöhnlich in die Stärke des Holzes eingelassen, war dem Auge nicht sichtbar, seltener lag er auf der inneren Seite des Zimmers bloß, und wurde, um ihn vor Staub und Schmutz zu schützen, erst im 16. Jahrhundert mit einem Kasten aus Blech umgeben.

Schlüsselloch.

Das Loch an den Thürschlössern war unten und auf den beiden Seiten von einem vorspringenden Eisenstabe umgeben, und zwar deshalb, dass man leicht im Dunkeln das Schlüsselloch finden konnte.

Schlüsselschild.

Auf der Seite der Thür, wo das Schloss und dessen Platte nicht sichtbar war, wurde ein Schlüsselblech angebracht, um den Punkt bemerklich zu machen, wo der Schlüssel eingesteckt werden sollte, und um das Holz zu schützen, welches sich sonst rings um das Schlüsselloch abgestoßen hätte. Dieses Schlüsselblech hatte bei kleineren Thüren die Form eines senkrecht stehenden, dreieckigen Schildes, oder einer schräg stehenden Tartsche, d. i. des vom 15. bis 16. Jahrhundert gebräuchlichen, auf der rechten Seite mit einem Ausschnitte für die Lanze versehenen Schildes. Andere Formen, z. B. des Kleeblattes, eines Halbmondes sind nachmittelalterlich. Auch hier wurden unten und an den Seiten des Schlüsselloches Eisenstäbchen angebracht, die in Ranken ausliefen, aber keine reiche Ornamentik entwickelten, weil der Raum zu gering war. Bei größeren Thüren kommt die Form der nach oben und unten breiter werdenden, bisweilen auch geschweiften Vierecke vor, welche mannigfaltig verziert waren.

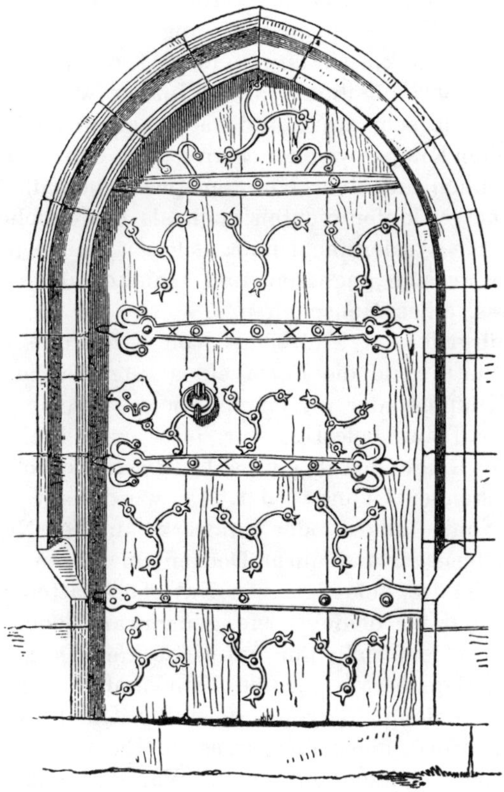

(Fig. 76.)

Die Schlüssel des 12. und 13. Jahrhunderts zeigen fast alle einen runden, hohlen Stiel, oben einen verhältnismäßig kleinen Ring und einen dünnen, fast quadratischen Bart mit verschiedenen senkrechten und horizontalen Einschnitten. Im 14. Jahrhundert nimmt der Griff am oberen Ende des Stieles, der häufig hohl und viereckig wird, die Gestalt eines über die Schlüssel.

Diagonale gestellten Quadrates an mit drei Ausläufen. Im Barte kommen statt des einfachen, häufiger haken- und kreuzförmige Einschnitte vor. Mit dem Schlusse des 15. Jahrhunderts erscheint der Griff oft in Dreipassform, auch sonstige Maßwerkformen waren nicht selten. Abermals runde und ovale Griffe, auch in Herzform und mit größerer Complication im Barte deuten auf die nachmittelalterliche Zeit hin.

Thürklopfer.

Die Thürklopfer waren herzförmige oder hohle, runde, oft durchbrochene Wulste, manchmal ringförmige oder gekreuzte Aeste. Man schmückte sie zuweilen mit Eidechsen oder allerlei Figuren, die oben auf ihnen lagen. Immer waren die Klopfer am unteren Ende sehr stark und hatten einen nach rückwärts vorspringenden Knopf, welchen man gegen einen festen, in der Thür gewöhnlich auf einer Unterlagsplatte befindlichen Knopf anschlug. Diese Klopfer dienten auch als bewegliche Ziehgriffe der Thüren. Sie wurden nicht nur aus Eisen, sondern häufig von Bronce oder Messing gegossen, und erhielten dann die Gestalt eines Hundes, eines Menschen u. s. w.

Thürzieher.

Der Thürgriff oder Thürzieher von Eisen und gewöhnlich feststehend hatte bald die Form eines kugelförmigen, oft gegliederten Knopfes, der an einem Stiele auf einer Unterlagsplatte an der Thüre befestigt war, oder er stellte sich als ein großer, ovaler Ring, oder als ein bald halber, bald hohler, glatter, senkrechtstehender Cylinder dar. Er wurde auf der glatten Vorderfläche mit Ranken oder Maßwerk, auf den Nebenkanten mit Blättern besetzt, und durch Dornen am oberen und unteren Ende in die Thüre befestigt. Die Unterlagsplatten waren entweder groß und für beide Dorne gemeinsam, oder sie legten sich klein, rosettenförmig nur unter je einen Dorn.

Unterlagsplatten.

Die Unterlagsplatten für die Thürklopfer und Thürzieher waren rund, oblong, diagonal gestellte Quadrate (Fig. 77), mehreckig in Form eines Vierpasses, in Ranken, oder oben in eine Krone oder Spitzen mit einem Wappenschild auslaufend. Ihre Fläche wurde mit zartem, elegantem Rankenwerk oder mit gothischem Maßwerk, welches oft durchbrochen war, verziert, der Rand zinnenartig ausgearbeitet oder mit Blättern besetzt.

Erdgeschoss des Palas.

Im Erdgeschosse des Palas, welches in der Regel gewölbt war, und an dessen Hofseite die Gräde oder die Wendeltreppe in die Höhe führte, befanden sich gewöhnlich die Keller, zuweilen auch ein Gefängnis oder die Schlafräume für die Dienerschaft, seltener die Küche und Backstube. Diese Räume waren nicht immer geplattet, sondern hatten oft eine natürliche Pflasterung durch den geebneten Felsen.

Fortificatorische Anordnungen am Palas.

Der Palas war auf seiner Höhe zur vertikalen Vertheidigung eingerichtet. Die bereits erwähnte hölzerne Gallerie im obersten Stockwerke (Neuhaus) wurde in der Belagerungszeit dazu benützt, um auf den heranstürmenden Feind Steine, Balken und andere Projectilien zu schleudern. Dann war mancher Palas, wie ebenfalls schon gesagt worden ist, mit Friesbogen oder Maschikulis, mit Erkerthürmchen an seinen Ecken, oder mit einer Zinnenkrönung versehen. So in den oberösterreichischen Burgen Kremseck, Klingenberg, Piberstein, Pührnstein, Seisenburg, Spielberg, Stauf, Thumb, Waldenfels, Windeck.

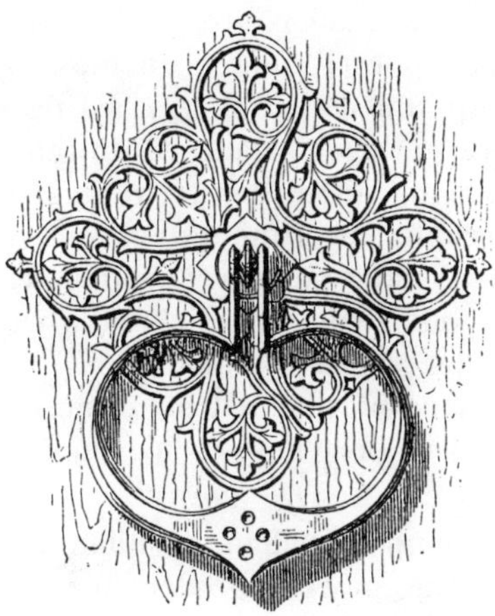

(Fig. 77.)

Hatte der Palas einen Gang nach der Hofseite zu, manchmal nur in der Dicke der Mauer, so war dieser vorzüglich deshalb angebracht worden, um ihn mit Vertheidigungsmannschaft zu besetzen, wenn der eingedrungene Feind vom Burghofe aus den Palas angriff.

Im Erdgeschosse waren Schießscharten angebracht, zu deren Brüstung oft einige Stufen hinaufführten. Diese Stufenscharten hatten zum Zweck, den Vertheidiger nach Abgabe seines Geschosses schnell in die tiefer gelegenen Räume hinabzuführen, weil in den in früherer Zeit sehr schmalen Schartennischen ein Ausweichen zur Seite und somit eine andere Deckung des Schützen nicht möglich war. Diese Einrichtung bei niedrig angebrachten Scharten fast allgemein eingeführt, erhielt sich bis in die Zeiten der Kreuzzüge, wo der vorherrschende Gebrauch der Armbrust die Schartennischen erweiterte.

Nebst dem Palas hatte jede bedeutende Burg in ihrer innersten Abtheilung noch einige andere Wohn- und sonstige Unterkunftsgebäude, die jedoch sowohl der Zahl, als der äusseren Ausstattung und inneren Einrichtung nach sehr verschieden waren. Darüber entschied die Bestimmung der Burg, der Stand und Reichthum ihres Besitzers, die Bedürfnisse der Bewohner und der vorhandene Raum.

d) **Kapelle.**

Zu den Gebäuden, welche in keiner Burg von irgend einer Bedeutung fehlen durften, gehörte vor allem die Kapelle.

Lage. Sie befand sich gewöhnlich in der Hauptburg, und zwar im Palas in der Nähe des Saales, entweder als förmliche Kapelle, wie in Oberwallsee, oder als Erkerkapelle. Auch im Bergfried, und da gewöhnlich im ersten Stocke; oder über der Hauptthorhalle, namentlich im 12. Jahrhundert; endlich an die Ringmauer angebaut, wie in Spielberg und Schaunberg, wo deren interessante Reste auf die spätere gothische Bauzeit hinweisen. In mancher Burg war die Kapelle in einem der Hofräume des Zwingers oder auch ganz ausserhalb der Umfassung, mit der sie dann gewöhnlich durch einen Mauergang verbunden war. Da ihr Altar stets gegen Osten oder Süden gerichtet wurde, so war sie nur von Westen oder Norden zugänglich, und demnach nie an die westliche oder nördliche Umfassung des Hofraumes angefügt. Glockenthürmchen kamen hie und da schon in früherer Zeit vor.

Doppel-Kapelle. In einigen Burgen standen Doppelkapellen, nämlich zwei übereinander gebaute Kapellen. Die gewölbte oder aus Holz gebildete Decke der unteren Kapelle diente zugleich als Fußboden der oberen Kapelle und hatte eine Oeffnung, durch welche beide in Verbindung gebracht waren. Die Ursache dieser Bauanlage wird verschieden angegeben. Die Einen meinen, dass, weil der beschränkte Raum der Burg nicht gestattete, der Kapelle einen der Anzahl der Burgbewohner entsprechenden Platz anzuweisen, die obere Kapelle für den Burgherrn und seine nächste Umgebung, die untere für die übrigen Burgbewohner bestimmt war, welche durch die Verbindungsöffnung an dem oben abgehaltenen Gottesdienste theilnehmen konnten. Andere behaupten wieder, dass die untere Kapelle die Grabstätte enthielt uud dem Todtenkirchendienste gewidmet war, während in der oberen der tägliche Gottesdienst abgehalten wurde.

Beschaffenheit. Die Kapelle, in welcher täglich die Messe celebriert wurde, war dem zur Zeit ihrer Errichtung üblichen Kirchenbaustyl gemäß angelegt und ornamentiert; reicher, wenn sie als einzelnstehendes Gebäude ausgeführt war; einfacher, wenn sie in einem der Baue, wie es eben anging, untergebracht wurde. Mehr oder weniger wurde dann ihre Lage durch die äussere Architektur angedeutet, durch ausgesuchteres Material, durch vorzüglichere Bauarbeit, reiche Gesimsgliederungen, sorgfältige Steinarbeit an den Fensteröffnungen, durch einen Chorerker u. s. w. Einen vorzüglichen Schmuck der Kapellen bildeten in späterer Zeit die zierlichen Fensterrosen in Glasgemälden. An der Seite des Altars, im 15. Jahrhundert gewöhnlich eines geschnitzten, bemalten und mit Relief versehenen Flügelaltars, befanden sich in der Mauer kleine, mehr oder weniger verzierte Nischen, die als verschließbare Sakramenthäuschen, oder als Behälter für die heiligen Geräthe dienten. Endlich pflegte die Kapelle mit einigen Heiligenstatuen, Leuchtern, Lampen, später auch mit Wandgemälden und bisweilen mit einer oder zwei Reihen von Betstühlen versehen zu sein. Als Fußböden kommen schon in älterer Zeit Steinplatten vor. An den Ruinen der Burgkapelle in Schaunberg erkennt man, dass ihre Gewölberippen sammt den Consolen und deren Figuren farbigen Schmuck hatten, und dies lässt schließen, dass auch die Gewölbekappen bemalt waren.

Der Burgkaplan nahm unter den Burgbewohnern eine sehr wichtige Stellung ein. Er war fast allein nicht nur des Lesens, sondern auch des Schreibens kundig, besorgte die Correspondenz, empfing die Briefe, las sie dem Burgherrn vor, beantwortete sie und hatte die Obhut über das Archiv. Er unterrichtete die Kinder in Religionsgegenständen, selten im Lesen, fast nie im Schreiben, weil man es nicht verlangte, und trieb oft die Heilkunde. Lange Zeit waren es besonders Geistliche, welche mit der Medicin sich eingehend beschäftigten; neben ihnen treten nicht selten Juden als Aerzte auf. Der Burgkaplan war somit in seiner Eigenschaft als Priester Rath der Familie, Erzieher, Secretär, Geschäftsträger und Notar, den man auch mit diplomatischen Sendungen betraute, und als Arzt eine gesuchte Persönlichkeit, die für die Cultur in den entlegenen und isolierten Burgen nicht wenig beitrug. **Burgkaplan.**

e) Weiberhaus.

In größeren Burgen, besonders in Dynastensitzen, geschah es nicht selten, dass man, wenn der Raum es gestattete, ein **Wohnstätte der Frauen.**

eigenes Gebäude für die Frauen erbaute, welches Weiberhaus hieß, in der Anlage dem Palas ziemlich ähnlich war, und mit ihm gewöhnlich in Verbindung stand.

Hier wohnte die Burgfrau mit ihren Kindern und nächsten weiblichen Angehörigen; hier hatten auch die Damen des Hofstaates, die, je vornehmer die Burgfrau, desto zahlreicher waren, ihre Zimmer; hier wurden die zu Besuch angekommenen Damen gepflegt und zu den verschiedenen geselligen Vergnügungen angekleidet.

Arbeitssaal.

Im Saale des Weiberhauses wurden die verschiedenen weiblichen Arbeiten verrichtet. Es wurde das Garn gesponnen, aufgewunden und an dem Webstuhle zur Leinwand verarbeitet, die schon seit der frühesten Zeit der Ruhm und Stolz der deutschen Frauen war. Hier arbeitete man an jenen kunstvollen Wollwebereien und Stickereien, die später entweder als Teppiche den Palassaal und die besseren Zimmer oder die Kirchen, und als Kleidungsstoff oder Bänder und Borten die Prunkgewänder oder Kirchenkleider schmückten. In diesem Saale wurden die Kleidungsstücke für die Burgbewohner zugeschnitten und genäht, und auch manchmal das Mahlen mit der Handmühle betrieben. Die im Saale arbeitenden Dienerinnen schliefen auch daselbst auf mit Pflumit und Kissen belegten Bänken.

Unterhaltungsort.

Der Saal im Weiberhause war aber nicht nur eine Fabrikshalle, sondern es amüsierten sich hier auch die Töchter des Hauses, wenn ihre Gegenwart im Rittersaale bei Gesellschaften nicht erheischt wurde, mit den anderen Jungfrauen ihres Standes, oder mit ihren Gespielinnen und vertrauten Dienerinnen. Hier erzählten sie sich des Abends am Kamine sitzend, die Abenteuer der fahrenden Ritter.

f) Die übrigen baulichen Einrichtungen.

Anderweitige Wohnzimmer und Kammern.

Oft reichten die im Palas und Weiberhaus befindlichen Zimmer und Kammern nicht hin, um allen Bedürfnissen zu genügen. In diesem Falle kamen sie in der Hauptburg auch noch in den Mauerthürmen mit der Thür nach dem Zinnengange und im Bergfried vor.

War Raum vorhanden, so wurden in oder an der inneren Ringmauer des Burghofes kleinere, niedere Gebäude erbaut. Sie hatten gewöhnlich nicht hohe Dächer. Die Fenster waren in der Regel nur nach dem Hofraume zu angebracht; nach aussen aber hatten die Wände höchstens Schießscharten oder gar keine Oeffnungen, wenn nämlich die Lage so günstig war, dass man von dieser Seite keinen Angriff fürchten durfte. War bei Fensteröffnungen ein Schutz gegen das Einsteigen nöthig, so geschah dies gewöhnlich durch einen einzelnen Stab von Eisen, aus welchem rechts und links, auf- und abwärts gekrümmte, scharfe Zacken hervorgingen. Dies war durch mehrere Jahrhunderte ein sehr beliebtes Ersatzmittel für feste Fenstergitter.

Wo man das Gestein leicht bearbeiten konnte, wurden die Felsen ober und unter der Erde zu Gemächern, Gängen und Treppen, ja zu ganzen Burgen ausgehöhlt. Als nämlich seit der zweiten Hälfte des 10. Jahrhunderts der Bergbau immer mehr aufkam, lag die Idee nahe, bei weichem Gestein die nöthigen Räume lieber mit Schlägel und Eisen in den Felsen hineinzuarbeiten, wobei man die Wände so dick lassen konnte, als man sie nöthig erachtete, statt vorerst die Steine zu brechen, diese mehr oder weniger herzurichten, den Kalk hinauf zu schaffen und die Mauern an den Fels anzulehnen oder sie darauf zu stellen.

Die Wohnräume, welche für die niederen Dienstleute bestimmt waren, hatten eine sehr einfache Einrichtung: Bettstellen mit Heu und Stroh gefüllt und mit Thierfellen überdeckt, Truhen, Stellagen und Nischen für das verschiedene Geschirr und Geräthe, wozu noch Haken zum Aufhängen von allerlei Sachen kamen.

Zur Umschließung des Hauptburghofes gehörte gewöhnlich die Küche. Sie erscheint in der Regel als ein besonderes Haus mit hohen Schornsteinen, oder als ein großes pyramidales Gewölbe. Sie war ebenerdig und bestand gewöhnlich aus einem viereckigen Raume, mit Nischen an den Wänden und einem Fußboden von Estrich. In Folge der üblichen Anordnung eines ungeheuren, von Holzverschwendung zeugenden Feuerherdes inmitten des Raumes, war ein hohes, gewöhnlich nach oben zu sich verengendes Gewölbe bedingt, dessen Scheitel offen war, und den viereckigen, hohen und einigermaßen architektonisch verzierten Rauchschlot trug. (Fig. 79.) Manche Küchen hatten in den vier Winkeln die Oeffnungen für die Schornsteine und noch eine obere Etage, welche als Räucherkammer diente. (Fig. 78.) Wo dies nicht der Fall war, wurde

Küche.

das Fleisch, welches für den Winter geräuchert werden sollte, oben in der Wölbung aufgehängt, da sich an ihr der Rauch hinaufschlängelte. In die Nischen wurden Bretter eingeschoben, die als Ständer für Kochgeschirre u. s. w. dienten. Das Kochgeräth bestand meistens nur aus Rost, Spieß und Kessel, Mörser und Formen für Gebäck und Sulzen von verschiedener Größe. Ausserdem befanden sich in der Küche ringsum Bänke und neben dem Herde Stangen, um durchnässtes Gewand zu trocknen. Zur Beleuchtung dienten Späne auf eisernen Leuchtern und Talglampen. Das Küchenpersonal in großen Küchen bestand oft nur aus männlicher Dienerschaft. Die Küche bildete den Unterhaltungsort der niederen Burgleute; an sie schloss sich nicht selten eine Gesindestube und stand mit ihr durch eine Thür in Verbindung.

(Fig. 78.)

Kochkunst und Speisen.

Das ganze Mittelalter hindurch wurden zwei Hauptmahlzeiten gehalten, um 10 Uhr das Frühmahl und um 4 Uhr das Spätmahl.

Die Kochkunst stand auf niederer Stufe, das Essen war demnach einfach und bestand im Sommer aus frischem, im Winter zumeist aus gesalzenem oder geräuchertem Fleische, hauptsächlich aus Rindfleisch, welches in kleinen Streifen geschnitten gewöhnlich in Essigsauce und stark gewürzt gegessen wurde; dann aus Fischen, Mehlspeisen, Eiern, Hülsenfrüchten, Kohl und Obst. Saure und geronnene Milch, Butter und Käse waren beliebte Speisen; so auch Hafer-, Gerste-, Bohnen- und Hirsebrei. Die Herrentafel bot einige Abwechslung durch Geflügel, selbsterlegtes Wild und kleine Vögel, die man auf der Falkenbeize und im Jagdnetze fing. Das Brot war oft hart, weil es nur dann gebacken wurde, wenn der frühere Vorrath zu Ende ging.

(Fig. 79.)

Da man im Allgemeinen nur einen geringen Theil des Grund und Bodens bestellte, mehr Viehzucht trieb und auf Winterfutter wenig bedacht war, so wurde im Spätherbste sehr vieles essbares Vieh geschlachtet und das Fleisch für den Winter geräuchert oder eingesalzen. Der Genuss dieser schwer verdaulichen Fleischspeisen macht den starken Verbrauch von Gewürzen, besonders des Pfeffers, erklärlich, und lässt als wohlthätig erscheinen, dass für gewisse Tage und Wochen des Jahres die Enthaltung vom Fleischessen zur Religionspflicht gemacht war, die auch sehr strenge eingehalten wurde. Fische gehörten zu den beliebtesten Speisen in den Fastenzeiten. Wo sie nicht in hinlänglicher Menge vorhanden waren, namentlich in der Zeit der vierzigtägigen Fasten, mussten die Häringe aushelfen, welche deshalb nächst dem Pfeffer am häufigsten unter den Handelswaren jener Zeit vorkamen.

Im Mittelalter diente der Pfeffer mitunter als Surrogat für das Geld. Säcke mit Pfeffer wurden an den Höfen zu Geschenken verwendet, Tribute und Zölle wurden damit entrichtet und man benutzte sie auch sonst als Bezahlung. Gegen Ende des 14. Jahrhunderts kostete in Deutschland das Pfund Pfeffer ebenso viel, als $3^1/_2$ Scheffel Weizen.

An Feiertagen und bei festlichen Gelegenheiten wurden stark gewürzte Leckerbissen, complicierte Brühen, in welchen das Fleisch lag, und die oft die Stelle unserer Suppen vertraten, und künstlich geformte Backwerke aufgetragen. Der Begriff von Leckerbissen war damals oft sonderbar; im 13. Jahrhundert aß man in den vornehmsten Häusern Reiher, Kraniche, Störche, Schwäne, Raben, Krähen und Geier, besonders waren die drei erstgenannten beliebt. Pfauen und Fasanen waren eine angesehene Zierde der Tafeln, und Bären- und Hirschfleisch und Aale sehr geschätzt. Seit der zweiten Hälfte des 15. Jahrhunderts hob sich die Kochkunst, und zwar zuerst in den reich gewordenen Städten.

Nicht weit von der Küche, im Burghof, oft in der Nähe der Linde, war in der Regel der Brunnen von oft überraschender Tiefe, oder die Cisterne. Diese war rund, unten trichterförmig erweitert, aus Quadern gebaut und empfing ihr Wasser nicht durch metallene Leitröhren, sondern mittelst steinerner, viereckiger Wasserfänger, in welchen das Regenwasser von den Burgdächern reingehalten hinabfloss. Da es nicht immer möglich war auf den Bergspitzen, welche die Burg trugen, Brunnen und Cisternen.

selbst bei tiefen Bohrungen auf Wasser zu stoßen, so legte man diese Cisternen an, welche wenigstens für die Zeit der Belagerung, wo man von der Umgegend abgeschnitten war, Wasser lieferten. In Friedenszeiten wurde auf die brunnenlose Burg das Wasser mittelst Frohndienst oder durch Esel hinaufgeschafft.

Da das Wasser bei Berennung der Burg von hoher Wichtigkeit war, so wurden die Wasserbehälter zum Schutze gegen die feindlichen Projectile oft mit einem starken Gewölbe und hin und wieder sogar mit einem Thurme überbaut.

Trat die Quelle nicht in der Burg, wohl aber am Fuße derselben zu Tage, und konnte man sie nicht in die Umfassung ziehen, weil diese sonst zu sehr ausgedehnt worden wäre, so errichtete man über der Quelle einen starken Thurm, verband ihn durch einen auf Bogen ruhenden Gang mit der Burg, und leitete das mittelst eines Rades durch einen Esel auf die Plattform des Thurmes gezogene Wasser in das Innere der Burg. Dieser Thurm nahm auch einen Theil der Burg im Rücken oder Flanke und beherrschte mitunter das Thor der Burg. So in Falkenstein, wo jedoch der Wasserthurm sich nicht am Fuße der Burg, sondern auf dem sie überhöhenden felsigen Angriffsfelde befindet. Man steigt aus dem hohen Eingangsgeschosse auf 30 steinernen Stufen hinab zu der Quelle, welche zierlich in Haustein eingefasst ist, und durch eine unterirdische Leitung mit der Burg in Verbindung stand. Uebrigens konnte man auch das Wasser in alle Stockwerke des Thurmes, welcher mit seinen vielen und tiefen Mauernischen und den in der ungemein starken Mauerdicke angebrachten kleinen Gemächern zur Aufnahme einer größeren Besatzung eingerichtet war, emporziehen. Zu diesem Zwecke dienten die noch vorhandenen, in den Gewölben der Stockwerke angebrachten, viereckigen Löcher.

Die andersartigen Brunnen und Cisternen waren zum Schöpfen mit an Stangen hängenden Eimern oder mit einem Rade zum Aufwinden vorgerichtet. Um das Rad mit den Eimern anzubringen, musste über dem Brunnen ein Gerüst von Eisen oder Holz errichtet werden. Auf einer Einfassung von Stein erhoben sich in der Regel 3 bis 4, oft auch mehrere eiserne Stäbe, welche unter sich durch Bügel verbunden waren, und an deren Vereinigungspunkt in der Mitte alsdann das Rad befestigt war. Wo der Brunnen nicht überwölbt war, wurde

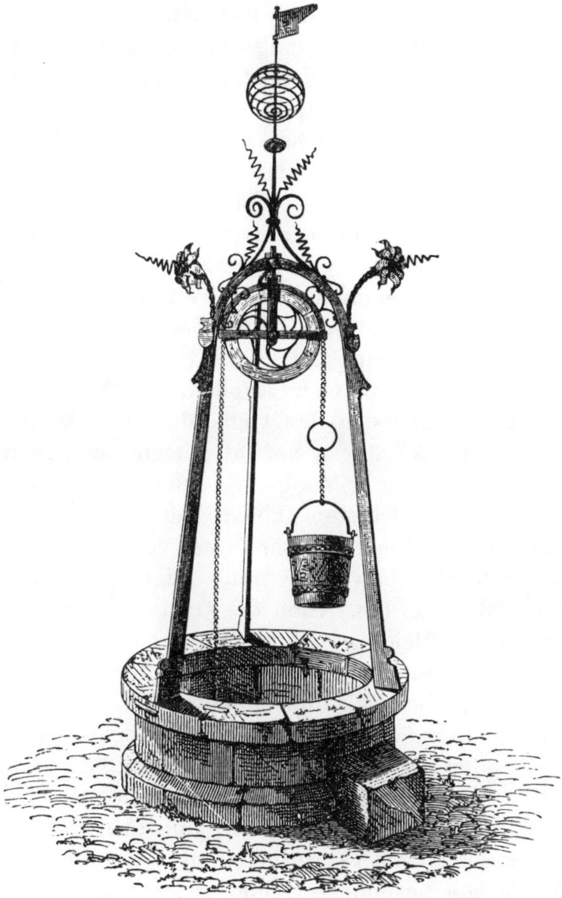

(Fig. 80.)

oft dieses einfache Eisengerüst in den verschiedensten Formen durch reiche Schmiedearbeit verziert. (Fig. 80.) Pumpwerke sind erst neuen Ursprungs.

Manche Brunnen waren in der halben Tiefe mit unterirdischen Zugängen in Verbindung gesetzt, namentlich wenn sie in den Vorburgen lagen, damit man zu ihnen gelangen konnte, wenn diese Vorwerke in die Gewalt der Feinde gerathen waren.

In jeder Burg befand sich eine Badestube, die Jedermann, selbst dem Gesinde zugänglich war. Das warme Bad gehörte **Badestube.**

zu den allgemeinen Bedürfnissen des Mittelalters und auf Reinlichkeit des Körpers musste damals umsomehr gesehen werden, als durch die heimgekehrten Kreuzfahrer der Aussatz in Europa eingeschleppt worden war. Die Bedienung und Behandlung des Badenden wurde von männlicher und weiblicher Hand besorgt. Er legte seine Gewänder ab und trat, höchstens mit einem Schurze bekleidet, in die heisse Badestube. Hier ward er am Rücken, Armen und Beinen mit lauem Wasser bestrichen, dann am ganzen Körper begossen, gerieben, geknetet, zuletzt sein Bart und Haar geschlichtet und wenn nöthig, geschnitten. Wurde das Bad im Zimmer in einer Wanne genommen, so bestreute man sie, wenn ein vornehmer Gast badete, mit Blumen.

Die Kammern, in welchen wertvolle Gegenstände aufbewahrt wurden, waren ebenfalls in den Gebäuden der Hauptburg.

Vorraths-kammern.

In den Vorrathskammern befanden sich die Leinen-, Woll-, Seiden- und Pelzkleider in Menge. Es war nämlich vom Burgherrn an bis zum niedrigsten Dienstboten alles zu bekleiden, und bei festlichen Gelegenheiten und vornehmen Besuchen mussten an alle Burgbewohner neue oder gut erhaltene Gewänder ausgefolgt werden. Auch die Gäste und fremden Ritter versah man oft mit Kleidern, namentlich mit leinenem Unterzeug und mit Mänteln, weil sie damals, wo man nur zu Pferde reiste, nicht viel Gepäck bei sich führen konnten, und was sie am Leibe trugen, manchmal von der Rüstung zerscheuert und mit Rost befleckt, oder vom Wetter für den Augenblick unbrauchbar gemacht oder verdorben worden war. Feines Pelzwerk und Seide durfte nur der Adel tragen. Zur Aufbewahrung der Kleider und zugleich als Vorrathskammern für die fertigen Gewandstoffe dienten besondere Gemächer. Die Kleider waren in ihnen entweder auf Pflöcken oder auf Stangen aufgehängt; sehr gewöhnlich war es, sie zusammenzufalten, mit Schnüren zu umwinden und in Schränken zu verwahren.

Die rohen Stoffe mochten in der Vorburg, in den Gebäuden des Vieh- und Reithofes aufbewahrt worden sein, wo Flachs- und Wollkammern und Speicher aller Art Platz hatten. Der Wein aber und die besseren Lebensmittel u. dgl. waren sicherer in den den Burghof einfassenden Gebäuden untergebracht, und zwar nicht bloß in den Kellern, sondern auch in den Thürmen, und die trockenen Sachen auf den mit Estrich gepflasterten Dachböden. War die Speisekammer mit der Küche vereinigt, so führten sie den Namen Mushaus.

In der Rüstkammer wurden vorherrschend nur die Waffen für die Mannschaft: Schwerter, Spieße, Hellebarden, Bogen mit Pfeilen, Armbrüste mit Bolzen, Harnische, Eisenhüte und Eisenkappen und die übrigen Angriffs- und Vertheidigungswaffen, sowie auch die Ballisten untergebracht; seit dem 14. Jahrhundert auch einige Feuergeschosse. Die Rüstungen und Waffen der Ritter und Knappen befanden sich gewöhnlich in deren Wohnungen. Die Einrichtung der Rüstkammer bestand aus in der Mauer steckenden Holzpflöcken und einigen einfachen Gerüsten. Rüstkammer.

Nach Einführung des Pulvers musste noch für eine Pulverkammer gesorgt werden, wobei man aber nicht immer die gehörige Vorsicht beobachtete. Der mächtige oberösterreichische Dynast Friedrich von Walsee wohnte und schlief auf seinem Schlosse Walsee in einem Zimmer, unter dem sich ein Gewölbe befand, in welchem viel Schießpulver aufbewahrt wurde. Einer von seinen Dienern warf eine glühende Schnuppe der brennenden Kerze auf den Boden, wodurch sich das Pulver entzündete. Das Gewölbe flog sammt dem Schlafzimmer Friedrichs von Walsee in die Luft, und während die Burggenossen im ersten Schrecken entflohen, lag der Unglückliche hilflos unter Trümmern den Flammen preisgegeben und ging zu Grunde. (1408.) Pulverkammer.

In der Sattelkammer waren die Pferdegeschirre und die Rüstungen für die Schlacht- und Turnierrosse. Sie zeichneten sich oft durch besondere Schönheit aus, und namentlich war das Reitzeug der Damen kunstvoll und kostbar verziert. Sattelkammer.

Die Briefkammer oder das Archiv, welches die Bestimmung hatte, die verliehenen Privilegien, Schenkungen, Vertragsurkunden, richterliche Entscheidungen, wichtige Briefe und Register und Acten aller Art möglichst sicher aufzubewahren, befand sich hinter dicken Mauern in einem festen Gewölbe, das mit einer eisernen Thüre, starkem Gitterfenster versehen und schwer zugänglich war. Im früheren Mittelalter pflegte man die wichtigsten Documente in den größeren Klöstern oder in Kirchen zu verwahren. Die Urkunden, deren angehängte Siegel in kleinen Beuteln von Leder und anderem Stoffe stacken, lagen meist zu Rollen gewickelt in Säcken, Truhen und Laden. Briefkammer.

Manche Burgen waren mit unterirdischen, meist in Felsen gehauenen Gängen und versteckten Löchern versehen. Diese hatten die Bestimmung, in Zeiten der Gefahr Mittel zur Bergung von Habseligkeiten und zur Flucht zu bieten, oder sie Unterirdische Gänge.

dienten als gesicherte Verbindungswege mit entfernteren Gebäudetheilen und unterirdischen, verborgenen Behältnissen, Kellern, Kerkern oder, wie bereits erwähnt wurde, mit dem Brunnen. Indessen kommen diese Gänge nicht so häufig vor, als man gewöhnlich glaubt. Interessant sind sie in der zerstörten Burg Rockenstein in Oberbaiern und in der Burg Julbach am Inn, im Schlosse Perg im Mühlviertel.

Durch einen geheimen Gang entflohen die österreichischen Herren von Ror, als sie die Burg Leonstein gegen Herzog Albrecht nicht mehr halten konnten.

Aufzugswinden.

In Folge der Schwierigkeit, schwere Lasten und umfassungsreiche Gegenstände durch die oft kleinen Thüren, auf den engen Treppen und über die steilen oder schwer zu passierenden Stellen der alten Burgen zu bringen, befand sich bisweilen an einem vorspringenden Gebäudetheile ein Aufzug, wo ein starker Krahn mittelst einer einfachen Maschinerie hinausgestreckt und wieder hereingezogen werden konnte. Dieser Gebrauch ersparte auch bei gefährlichen Zeiten der Besatzung das Niederlassen der Zugbrücke und das Oeffnen des Thores.

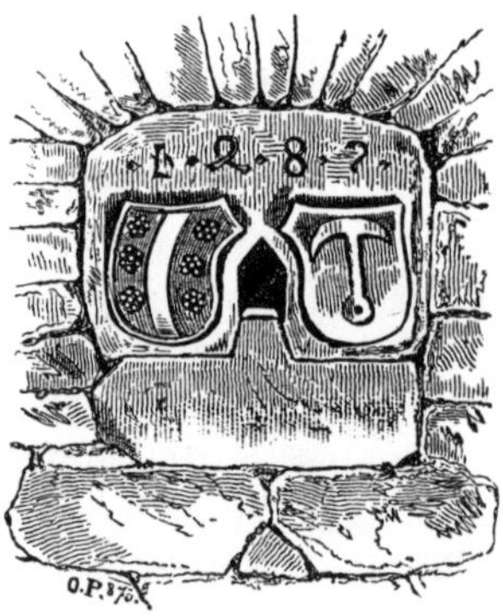

(Fig. 81.)

Der vertikale Aufzug war besonders bei den theilweise in Felsen gehauenen Burgen nothwendig. Da senkten sich vor einer hochgelegenen Pfortenöffnung in der Felswand oder in der Mauerstärke Seile mit einem Kasten hinab und wurden mittelst eines Wellbaumes wieder hinaufgewunden.

Sonnenuhren.

Sonnenuhren finden wir schon in ziemlich alten Burgen, mit an die Wand gemalten oder erhaben ausgemörtelten Ziffern oder in Stein gemeißelt. Sie waren gewöhnlich ober dem Hauptthore oder am Palas angebracht.

Inschriften und Wappen.

Inschriften und Wappen als Verzierung gehören auch zur Burgeinrichtung. Die ersteren beziehen sich auf Bau und Zubau oder Renovierung, oder andere Schicksale der Burg; selten auf religiöse Gegenstände, und sind meistens in Steinplatten in die Tiefe gemeißelt. Die Wappen dagegen findet man häufig erhaben gearbeitet und in der Regel ober den Thoren, sonst aber unregelmäßig in allen Räumen zerstreut, wie in Falkenstein am exponierten Thurme. (Fig. 81.)

Endlich muss noch einer Localität erwähnt werden, die zwar nicht interessant ist, doch aber besprochen werden muss. Es sind dies die Abtritte. Selten hatte man dazu ein besonderes Gemach; in der Regel führte ein enger, in der Dicke der Umfassungsmauer angebrachter Gang auf einen Erker, der seitwärts geschlossen, oben bedeckt, unten eine Oeffnung hatte und sich an einer abgelegenen Stelle der Burg befand. Die große Aehnlichkeit veranlasst oft eine Verwechslung der eben besprochenen Baulichkeit mit der früher geschilderten Pechnase. Sind diese Erker über Thüren und Fenster angebracht, dann gehören sie gewiss zur Classe der Pechnasen. Aborte.

In Burgen, wo viele Menschen zusammen wohnten, wurde der Abtritt vor die Burg hinausgeschoben und zwar, in einen abgesonderten Thurm, der sowie der auswärts stehende Brunnenthurm durch einen Bogengang mit der Burg in Verbindung gesetzt war, und zur Zeit der Belagerung dieselben Dienste leistete, wie der aus fortificatorischen Rücksichten detachierte Thurm.

Nach beendigter Schilderung der Wehrbauten einer Burg ist noch ihrer Befehlshaber, Besatzung, Belagerung und Vertheidigung gedacht worden; jetzt, wo die Wohnbauten beschrieben sind, dürfte es ebenfalls angemessen sein, über die Burgfrau, die Dienerschaft und das gesellschaftliche Leben in einer vornehmen Burg einiges noch beizufügen.

Häusliches und geselliges Leben in der Burg.

Die Burgfrau war die Regentin des Hauswesens und die nächste Vorgesetzte des Gesindes. Was für den Burgherrn das Schwert und die Rüstung, das waren für die Burgfrau die Schlüssel, Scheere und Spindel. Sie hingen an deren Gürtel zugleich als Sinnbilder ihres Berufes; die Schlüssel besonders als Zeichen ihrer Herrschaft über die häuslichen Angelegenheiten. Die Burgfrau als Herrin des Hauswesens.

Diese Herrschaft war aber nicht unbeschränkt. Wenn auch manche Burgfrau über die unfreien Diener ziemlich willkürlich schaltete, so war der eigentliche Herr doch immer nur der Burgherr. Später, als auch Freie sich in Dienste begaben konnte die Burgfrau allerdings Verträge mit ihnen schließen allein die Giltigkeit derselben hing von der Bestätigung des Mannes ab.

Die Aufgabe einer Burgfrau war mannigfaltig und nicht gering. Sie musste im Saale des Weiberhauses die verschiedenen Frauenarbeiten beaufsichtigen. An allem, was da gethan wurde, manchmal selbst am Mahlen mit der Handmühle, wobei die Knappen halfen, nahmen die Burgfrauen, auch wenn sie Fürstinnen waren, besonders im früheren Mittelalter, theil. (Fig. 82.) Umgeben von ihren Frauen und Dienerinnen saßen sie am Rocken und Webstuhle und handhabten die Scheere.

Die Burgfrau hatte ferner den Beruf, die Verrichtungen in den Vorrathskammern, in der Haushaltung und Küche zu leiten, und die Garten-, Feld- und Viehwirtschaft, von deren

(Fig. 82.)

Ertrag man damals allein nur leben konnte, zu beaufsichtigen. Die Oekonomie wurde durch Mägde und leibeigene Männer die zum Boden gehörten, betrieben, war aber in eigener Verwaltung selten bedeutend, weil das meiste Land an Zinsbauern und an Leibeigene vertheilt war, die einen jährlichen Zins in Erzeugnissen des Feldes, der Viehzucht und an selbst gearbeiteten Leinen- und Wollenzeugen abliefern mussten. In ganz besonderer Obsorge nahm die Burgfrau den Bau des Flachses und das Schwingen, Hecheln und Bürsten desselben, sowie die Gänse- und Schafzucht der Federn und der Wolle wegen, und endlich auch die Bienenzucht, weil im Palas viel Wachslichter verbraucht wurden und der Zucker noch unbekannt war.

als Krankenpflegerin.

Mit der Führung der gesammten Hauswirtschaft war aber die Aufgabe der Frauen noch nicht gelöst. In ihren Bereich gehörte auch die Pflege der Kranken und Verwundeten, und es kam vor, dass sich manche Burgfrauen besondere ärztliche Kenntnisse aneigneten und darin berühmt wurden. Sie ertheilten ärztlichen Rath und Arzneien aus ihrer Hausapotheke nicht nur an die Bewohner der Burg und an die zum Burggebiete gehörigen Leute, sondern auch an Fremde, die desto häufiger herbeikamen, je berühmter die Heilkünstlerin war.

als Erzieherin der Mädchen.

Ferner lag es im Pflichtkreise der Burgfrau, auf die Erziehung nicht nur ihrer Kinder, sondern auch anderer Mädchen und Knaben einen besonderen Einfluss zu nehmen.

Bei der weiblichen Erziehung sah man vor Allem auf die Aneignung tüchtiger Kenntnisse in Haushaltungsgeschäften und Handarbeiten; dann der Anstandslehre und alles dessen, was zur Zucht und Sitte gehörte. Im Mittelalter war das Benehmen streng geregelt; die Haltung des Körpers, das Tragen der Kleider, das Reden in Gesellschaften unterlag genauen Vorschriften. Um dies zu erlernen, begaben sich die Töchter des niederen Adels häufig in die Burgen der Dynasten, wo sie als Edeldienerinnen den Hofstaat der Herrin bildeten. Die Dynasten wieder schickten manchmal ihre Töchter in die Residenz des Landesherrn, wo sie die Gesellschafterinnen der Fürstentöchter waren und mit diesen den Unterricht genossen, welchen gewöhnlich eine eigene Erzieherin ertheilte. Nicht selten geschah es auch, dass man die Töchter in die Frauenklöster zur Erziehung gab.

Der scientifische Unterricht wurde bei der Erziehung der Damen nicht gänzlich ausser Acht gelassen. Selbst in manchen Frauenklöstern regte sich ein besonderer Bildungstrieb und machte aus Nonnen Schriftstellerinnen, die in der alten Literatur eine ehrenvolle Stellung einnehmen. Es ist eine Thatsache, dass viele Burgfrauen in feiner und geistreicher Weise bedeutende Gesprächsstoffe zu behandeln wussten; dass sie, wie bereits erwähnt wurde, nicht nur Vocal- und Instrumentalmusik anmuthig zu üben verstanden, sondern auch in der Kunst des Lesens und Schreibens den Männern weit überlegen waren, und für die Werke zeitgenössischer Dichtung lebhaftes Interesse und zartes Verständnis zeigten. Mehrere der alten Dichter äußern ausdrücklich, dass sie auf Leserinnen rechneten. Besondere Gewandtheit entwickelten die jungen Schreiberinnen des Mittelalters im Fache der Liebesbriefe, und oft musste der Empfänger ein solches Brieflein Tage lang ungelesen und unbeantwortet mit sich herumtragen, weil er seinen Schreiber, der auch sein Vorleser war, und nun es entziffern und die Antwort schreiben sollte, gerade nicht bei der Hand hatte. Solches passierte nicht einem gewöhnlichen Ritter, sondern dem berühmten mittelalterlichen Dichter Ulrich von Lichtenstein; auch der nicht minder rühmlich bekannte Dichter Wolfram von Eschenbach konnte weder lesen noch schreiben.

der Knaben. Zu dem Berufe der Burgfrau gehörte endlich, dass sie auch an der Erziehung der Edelknaben sich betheiligte, welche behufs ihrer ritterlichen Ausbildung in der Burg verweilten. Die Burgfrauen sind auch dieser Aufgabe gerecht geworden. Namentlich in der Minnezeit des 12. und 13. Jahrhunderts, wo man die Frau zur Königin der Gesellschaft erhob, und ihr einen förmlichen Cultus widmete, war es ein Punkt des Ehrgeizes der Burgfrau, den ihr zugetheilten Edelknaben mit Vorzügen auszustatten, die auch ausserhalb der Schranken des Kampfplatzes ihn auszeichnen konnten. Sie erzog ihn zur Verschwiegenheit, ehrfurchtsvollen Bescheidenheit und unbegrenzten Ergebung, und weckte in ihm das Gefühl für den Wert eines feineren Betragens. Der adelige Jüngling sollte nicht bloß durch Tapferkeit nach Ruhm streben, sondern auch durch ein gefälliges äusseres Benehmen sich von dem gemeinen Krieger unterscheiden. Der Einfluss der Burgfrau auf einen besonders ausgezeichneten Zögling beschränkte sich nicht nur auf die ersten Jahre, sie entzog ihm auch später ihre Leitung nicht. Zwischen der oft selbst noch jugendlichen Gebieterin und ihrem ebenbürtigen Diener entspann sich nicht selten ein auf die Sitte der Zeit gegründetes, enges Verhältnis, welches jedoch die Schranke einer bloß geistigen Anhänglichkeit nicht überschritt. Spätere Verbindungen hoben es nicht auf; die mütterliche Freundin wurde zur Beschützerin, zur theilnehmenden Rathgeberin ihres ehemaligen Zöglings, der sie fortdauernd als seine Herrin ehrte.

Dienerschaft. Die Dienerschaft in einer vornehmen Burg theilte sich in die höhere und niedere.

Edeldiener. Die höhere Dienerschaft wohnte in der Hauptburg und bildete den Hofstaat. Zu ihr gehörten die Edeldienerinnen, von denen bereits die Rede war, und die Junkherren, Edelknechte, Knappen, dann die Edelknaben oder Pagen. Die Junkherren stammten aus dem Herrenstande, die anderen waren Söhne von Rittern und Edlen oder Freigeborne.

Sie traten in früher Jugend, gewöhnlich schon mit dem 7. Jahre, in das Gefolge irgend eines kriegsberühmten oder mächtigen Burgherrn, der bereits zum Ritter geschlagen war; dienten in der Regel bis zum 14. Jahre als Edelknaben, bis zum 21. als Knappen und Edelknechte, und bekamen dann gewöhnlich bei irgend einer feierlichen Veranlassung, oder nachdem sie ihre Tapferkeit in einer Schlacht erwiesen, den Ritterschlag. Es gab jedoch Knappen und Edelknechte, die es bis an ihr Lebensende blieben.

Die Ausbildung der Zöglinge zu Rittern leitete der Burgherr entweder selbst, oder wenn er reich war, durch eigens dafür besoldete Lehrmeister. Die Entwicklung der körperlichen Stärke, die Geschicklichkeit im Reiten, Ringen, Schießen, Kämpfen zu Fuß und zu Pferd, und in allen anderen ritterlichen Uebungen; die strenge Beobachtung der Religionsgebräuche und der Regeln der Galanterie waren. die Hauptgegenstände dieser Erziehung. Auf literarische Kenntnisse wurde nicht gesehen.

Dafür mussten die Edelknaben und Knappen bei dem Burgherrn, seiner Frau und bei den Gästen allerlei mitunter selbst niedrige Dienste verrichten. Sie halfen dem Burgherrn beim An- und Auskleiden, warteten seine Pferde, sorgten dafür, dass seine Waffen und Jagdgeräthe immer im guten Zustande waren, begleiteten ihn zum Turnier und in den Kampf, blieben stets in seiner Nähe, um ihm seine Waffen zu reichen und ihm in der Noth beizustehen. Weil sie die Waffen dem Herrn nachtrugen, so hießen sie auch Wapener, Waffenträger, Schildknappen. Der Burgfrau dienten sie bei Spaziergängen und auf Reisen, bei Besuchen und auf der Jagd; sie unterstützten sie in der Aufsicht über die Vorrathskammern, Küche und Keller. Bei der Tafel verrichteten sie alle Dienste des Tranchierens und der Aufwartung, und beim Empfang, Pflege und Bedienung der Gäste waren sie vielfach verwendet. Alles das wurde als ehrenvolle Pflicht betrachtet, die den Knappen nicht hinderte, mit der Herrschaft näheren Umgang zu pflegen, und bei Festlichkeiten nach aufgehobener Tafel an den Belustigungen des Tanzes oder der Unterhaltung Theil zu nehmen.

Nach Verschiedenheit der Verrichtungen, welche ihnen oblagen, hießen sie Leibjunker, Kammerjunker, Junker Stallmeister, Junker Speisemeister, Vorschneider, Mundschenk, Truchsess; der Leibjunker des Burgherrn nahm unter ihnen den ersten Rang ein.

Niedere Dienerschaft.

Die niedere Dienerschaft in der Burg war größtentheils aus den Hörigen und Leibeigenen gewählt und hieß das Ingesinde, zum Unterschiede von jener, welche draussen in den herrschaftlichen Höfen wohnte. Die meisten waren in irgend einem Geschäfte oder Handwerke bewandert, um als Brauer, Jäger, Fischer, Gärtner, Koch, Böttcher, Zimmermann, Maurer, Schmied, Schuhmacher und dieser auch als Sattler verwendet zu werden. Den Knechten wurden die Schweine, Rinder und Schafe, den Mägden die Kühe und Ziegen anvertraut, letzteren war auch die Butter- und Käsebereitung zugewiesen. Nebstdem besorgte die niedere Dienerschaft das Ausfegen und Säubern der Wohn-, Kammer- und Hofräume und die sonstigen niederen Arbeiten; die Mägde das Waschen der großen und gröberen Linnen und Gewänder und das Heizen. Mit der feineren Wäsche beschäftigten sich oft die Frauen selber. Für den Palas bestimmte man gewöhnlich eine eigene Dienerschaft, die dann sammt dem Küchenpersonale in der Hauptburg wohnte, während die anderen theils in der Vorburg, theils nahe dabei untergebracht waren. Eine willfährige, wohlerzogene Dienerschaft gehörte nebst einer freundlichen Behandlung und guter Bewirtung des Gastes zur Ehre des Hauses.

Gastlichkeit.

Die Gastfreundschaft zu üben, war im Mittelalter eine heilige Ritterpflicht, der sich Niemand entziehen durfte, ohne seine Ehre auf das Schlimmste zu schädigen. Die Gastlichkeit war damals unumgänglich nothwendig, weil der Reisende das Gastrecht in Anspruch nehmen musste. Oeffentliche Herbergen bestanden nur in den Städten, und wo solche etwa da und dort auf dem Lande vorkamen, mochten sie sehr ungenügend und nicht einladend gewesen sein; abgesehen davon, dass schon die oft geringe Sicherheit der Straßen es rathsam machte, eine feste Burg zum Nachtquartier zu wählen. Je menschenleerer die Gegend, wilder das Land, rauher das Klima, desto unentbehrlicher war die Ausübung der Gastfreundschaft. Darum gebot nicht nur die Sitte, sondern auch das Gesetz, keinen Fremden, er mochte noch so arm und niedrig sein, vom Dach und Herd abzuweisen, und solches war auch eine strenge Forderung der Religion, welche die Frage nach Erfüllung dieser Gewissenspflicht in den Beichtspiegel aufgenommen hatte.

Uebrigens lag es im Interesse der Burgherren selbst, dass Fremde bei ihnen einkehrten, weil diese, wie bereits erwähnt wurde, allerlei Unterhaltungsstoff in die Eintönigkeit der einsamen Burg brachten.

Die Gäste, welche da einsprachen, waren sehr verschieden. Reisende. Bald kamen Verwandte, Freunde und Waffengenossen, welche die Sehnsucht nach dem Wiedersehen hieherführte, bald fremde Adelige, die aus verschiedenen Ursachen sich auf der Reise befanden, unter ihnen besonders die fahrenden oder irrenden Ritter, welche lange und in verschiedenen Ländern umherzogen. Sie kamen seit dem 12. Jahrhundert durch das ganze Mittelalter vor. Die Motive zu ihren Fahrten waren verschieden.

Die Einen trieb der Drang zur Wanderung und die Abenteuerlust in ferne Länder. Fahrende Ritter. Sie wollten einige Jahre herumreisen, sich in Waffenthaten versuchen, Neues und Unerhörtes sehen und erleben, um nach ihrer Rückkehr das Vergnügen zu genießen, von ihren Thaten und Leiden oft Wundervolles erzählen zu können. Unter den oberösterreichischen Adeligen, welche auf Kriegsabenteuer auszogen, erwarb sich Hans von Traun durch seine heldenmüthigen Thaten den höchsten Ruhm. Vom Jahre 1320 bis 1370 kämpfte er in Oesterreich, Baiern, Polen, Frankreich, Preussen, Liefland, Weiß-Russland, Schweiz und Friaul. Er liegt in Wilhering bei Linz begraben.

Andere ließen sich durch romantische Anschauungen über Ritterpflicht und Frauendienst bestimmen, in die Fremde zu ziehen, um das Unrecht zu bekämpfen, den Unterdrückten beizustehen, die Frauen zu schützen und ihnen zu dienen und so die Kränze des Ruhmes und den Beifall der Dame, welche sie zur Herrin erkoren, und deren vorzügliche Schönheit sie gegen Jedermann vertheidigten, zu verdienen. Manche widmeten diesem Berufe ihr ganzes Leben; die meisten jedoch gelobten sich ihm nur auf eine bestimmte Zeit.

Von Burg zu Burg zogen auch die ritterbürtigen Dichter und Minnesänger. Sie lebten von der Gastfreundschaft und der ihnen verabreichten Sängergabe, und verweilten zuweilen als bevorzugte Diener längere Zeit auf einer Burg. Sie waren in der ersten Hälfte des 13. Jahrhunderts in Oesterreich sehr zahlreich, und erfreuten sich einer großen Gunst bei den letzten Babenbergern. Der berühmteste unter allen Minnesängern und ein Dichterstern erster Größe für alle Zeiten, Walther von der Vogelweide, ist muthmaßlich in Oesterreich geboren; gewiss ist, dass er hier singen lernte, und sein Leben lang um's Brod sang. Oberösterreichische Minnesänger waren der Kürnberger und Dietmar von Aist, beide im 12. Jahrhundert.

Eine andere Classe von fahrenden Rittern gab sich diesem unstäten Leben hin, weil sie kein anderes Geschäft, keinen anderen Erwerb hatten. Es waren meist jüngere Söhne ärmerer Edelleute, denen nichts anheimgefallen war, als höchstens Ross und Rüstung, und die nun ihr Glück und ihre Existenz einzig auf ihr Schwert gründeten. Sie traten entweder um Sold und Unterhalt in Kriegsdienst bei einem höheren und reicheren Herrn, oder suchten auf eigene Faust gewöhnlich als Turnierfahrer ihren Erwerb zu gewinnen. Ein glücklicher Stecher in den Schranken konnte sich auf diese Weise damals schon erhalten. Wenn auch die Preise selbst nicht ausreichten, so war es doch im 13. Jahrhundert beim Turnier die Sitte, dass der Besiegte dem Sieger mit Ross und Waffen verfallen war, ja selbst mit seiner Person, bis er sich mit einer Summe Geldes loskaufte. Ausserdem bekamen sie zahlreiche Geschenke an Rossen und Waffen, Kleidung und Geld und fanden beim Adel gastliche Aufnahme.

Endlich war immer eine Zahl junger Adeliger auf Reisen, um sich Kriegserfahrung zu sammeln, in guter Lebensart auszubilden und oft auch den Ritterschlag zu holen. Es gehörte zum Ruhm, viel Welt gesehen zu haben.

Die Gastlichkeit der Burgen wurde aber noch von allerlei Leuten in Anspruch genommen, die nicht zum adeligen Stande gehörten, und in ihrer Stellung und Beruf sehr verschieden waren.

Studenten. Unter diesen sind vorerst die Studenten zu nennen, welche nach und von den großen Schulen, später Universitäten, in bedeutender Zahl zogen. Als die Wiener Universität gegründet ward, verordnete Herzog Rudolf 1365 unter anderen, dass die Lehrer und Studenten auf ihrer Zu- und Abreise in den österreichischen Ländern volle Sicherheit der Person und des Eigenthums genießen und unter sicherem Geleite reisen sollten, welches die Burgherren, deren Gebiet die Studenten durchzogen, beizustellen hatten.

Pilger. Häufig erschienen in den Burgen die Pilger, besonders nach oder von dem gelobten Lande. Sie kamen zahlreich nach Oesterreich, weil das Donauthal eine beliebte Strasse nach dem Oriente war. Die Pilger brachten immer interessante, weil oft noch nie gehörte Erzählungsstoffe mit. Man musste jedoch bei ihnen sehr vorsichtig sein, denn unter dem Pilgergewande verbargen sich nicht selten zudringliche Bettler, unverschämte Lügner, Flüchtlinge, Landstreicher, Verräther, Räuber und Mordbrenner.

An die Burgen drängte sich auch das lustige Volk der Spielleute. Unter ihnen befanden sich viele verdorbene Genies, vagierende Studenten und leichtsinnige, entlaufene Cleriker; gegen die Letzteren haben die Synoden des 13. und 14. Jahrhunderts mehr als einmal strenge Beschlüsse gefasst. Spielleute.

Die Spielleute unterschieden sich in zwei Classen. Die besseren und talentvolleren unter ihnen waren Künstler auf ihren Instrumenten, trugen auf der Fiedel, Geige, Rotte, Laute, Flöte, Querpfeife, Rohrpfeife, Harfe, Horn, Trompete, Posaune und Trommel verschiedene Musikstücke vor, — die deutschen Geiger und die böhmischen Flötenspieler wurden damals besonders gerühmt, — recitierten oder sangen die Gedichte und Lieder berühmter Dichter und mitunter auch die eigenen. Sie waren für die mittelalterliche poetische Literatur, was die Presse für die heutigen Dichter ist; durch sie wurden die Gedichte von Land zu Land getragen. Mehrere von diesen Spielleuten traten zu den adeligen Dichtern oder Minnesängern als Begleiter ihrer Gedichte mit Fiedel oder Rotte in ein näheres Verhältnis. Zu allen dem war ihnen neben geistiger Begabung eine äussere Bildung nöthig, da sie durch die Kunst in die besten Gesellschaften und vornehmsten Häuser geführt wurden. Weil sie nun durch ihre Berührungen mit den feinsten Kreisen das, was wohl ansteht, kennen lernten, und auch durch ihren oft längeren Aufenthalt in Frankreich und Italien die dortigen Sprachen sich angeeignet hatten, so kam es vor, dass man sie bei Erziehung vornehmer Mädchen als Anstandslehrer und Sprachmeister verwendete. Mancher reiche Burgherr nahm auch desshalb einige dieser Spielleute in längeren Dienst, um eine eigene Musikkapelle zu besitzen.

Die gemeinen Spielleute musicierten bei Tänzen in allerlei Ortschaften, führten unter Instrumental-Begleitung verschiedene Tänze und Pantomimen, Possen, Puppenspiele, Gaukler- und Seiltänzerkünste auf, ließen Affen, Hunde, Böcke und Vögel Kunststücke machen, und trugen allerlei Lieder, Geschichten und Schwänke vor, die der Sage oder der eigenen Erfahrung und Phantasie entstammten, und nicht selten derb und zweideutig waren. Diese lockeren und entsittlichten Gesellen durchzogen in bunt zusammengesetzten Gewändern, an denen oft langgeschnittene Zacken herumflatterten, fortwährend das Land, und wo sich ein Fest in Stadt, Burg und Dorf zeigte, sammelten sie sich den hungrigen Raben gleich. Ihnen schlossen sich Spielweiber an, die in mitunter frivolen Tänzen und pantomimischen Darstellungen auftraten, und sich auch dem unsittlichen Erwerbe hingaben. Deswegen durften sie nie in eine anständige Burg eintreten.

Hausierer. Endlich sind noch unter den Burgbesuchern die wandernden Krämer zu nennen. Sie mussten ein gar keckes und nach Umständen schmiegsames und lustiges Völkchen gewesen sein, um in einem häufig von Kriegen und Privatfehden durchzuckten Lande mit ihren oft wertvollen Waren einzeln oder höchstens in schwachen Karawanen umherzuziehen, und in den Burgen ihre Kaufgüter auszubieten, wo so manche waren, die gar zu gerne ohne Geld kauften und mit Eisen zahlten.

Alle diese Reisenden und das fahrende Volk waren in einer Zeit, welche keine Zeitungen und eine äusserst beschränkte Kunde des Schreibens und nur kärgliche Verbindungsmittel besaß, sehr wichtige Personen, und oft für lange Zeit, besonders in entlegenen Burgen, die einzigen Boten aus der Mitwelt und fernen Ländern.

Bewirtung. Die Bewirtung der Fremden in den Burgen war je nach ihrem Stande verschieden. Jene, welche nicht befugt waren, am Herrentische zu sitzen, speisten entweder allein oder mit der Dienerschaft; nur dann, wenn der Burgherr einen Niederstehenden besonders schätzte und ihm seine Achtung bezeugen wollte, lud er ihn zuweilen an seinen Tisch. Man pflegte die Abreisenden zu beschenken. Die Dichter und Spielleute, welche der Mund des Volkes waren, verkündigten dafür das Lob des Burgherrn und seiner Frau; hatte er sie aber karg bedacht, dann sangen sie freilich ein anderes Lied. Die gemeinen Spielleute waren nicht wählerisch, sie nahmen alles, weil sie alles brauchen konnten.

Die Gastlichkeit in Bezug auf die adeligen Reisenden und ebenbürtigen Besuche hatte durch Sitte und Herkommen eine so in das Einzelne gehende ausgeprägte Gestaltung angenommen, dass für Empfang und Beherbergung, für Tisch und Gastmahl, für Unterhaltungen und Feste ganz genaue Normen vorgeschrieben waren. Für alles Detail gewähren uns die zahlreichen Dichtungen, die Miniaturen, die Bilder auf den Teppichen und die Geschichte ausgiebige Quellen, die nun bei der nachfolgenden Schilderung des gastlichen Lebens der höheren Gesellschaft im Mittelalter benützt werden sollen.

Empfang eines ritterlichen Reisenden.

Der ritterliche Fremde, dessen Ankunft in der Vorburg rasch dem Burgherrn gemeldet wurde, oder welcher sich früher schon durch seinen Diener hatte ankündigen lassen, ritt, wenn es thunlich war, bis zur Eingangsthüre des Palas und stieg da vom Rosse. Knappen waren dabei behilflich, fassten den Zaum, hielten die Steigbügel und führten das Pferd fort. Der Burgherr und nicht selten auch die Burgfrau und Töchter empfingen nun den Gast vor dem Portale. War er ein berühmter Mann, oder ein lieber Verwandter oder Waffengenosse, so gieng man ihm in den Hof oder vor das Burgthor entgegen. Hatte der Fremde seinen Namen und Stand nicht ansagen lassen, so war jetzt der Moment dazu; hielt ihn irgend ein Grund ab, sich erkennen zu geben, so wurde er nicht sofort darnach gefragt. Zur freundlichen Begrüßung gehörte, dass, wenn sich der Angekommene als ebenbürtig ausweisen konnte, auch wenn er sonst persönlich ein Unbekannter war, er vom Wirte umarmt und von den Damen geküsst wurde. Hierauf entledigte man ihn seiner Rüstung, wobei zuweilen die Damen halfen. Manchmal geschah dies unter der Burghoflinde, wo ein Teppich hingelegt wurde; auch die Bekleidung mit anderen Gewändern kam zuweilen schon jetzt vor.

Pflege des ritterlichen Gastes.

An der Hand des Wirtes trat der Gast in den Palas, wo er, wenn er etwa noch im Reiseanzuge war, von den Knappen mit frischen und reinlichen Gewändern bekleidet, mit Trunk und Speise gelabt und bei winterlicher Kälte an den Kamin im Saale geführt wurde, wenn in dem ihm zugewiesenen Zimmer kein Feuer brannte. Der reisemüde, durchfrorene Ankömmling streckte sich auf die vor dem Kamine befindliche und mit Polstern und Kissen versehene Bank der Länge nach aus, um sich zu erwärmen und auszuruhen. Sodann wurde er in die inzwischen zubereitete warme Badestube geführt, um Schweiß und Staub wegzuwaschen und sich zu erfrischen. War er spät Abends angekommen, so nahm er gewöhnlich nur Speise und Trank zu sich, und gieng sofort zu Bette. Das Bad folgte dann am frühen Morgen des anderen Tages oft ihm Schlafzimmer selbst, und war das Wasser in der Wanne nicht selten mit Rosen bestreut. Im Bade überließ man den Gast nicht sich selbst. Knappen dedienten und wuschen ihn. War er besonders wert oder vornehm, so kamen auch einige adelige Frauen „sittsamlich“ und rieben ihn mit „ihren linden Händen.“

Vorstellung bei der Burgfrau.

Nach dem Bade wurde der Gast in schöne Gewänder gekleidet, um mit Anstand vor den Damen und an der Tafel erscheinen zu können. Hatte ihn die Burgfrau nicht an der Palasthüre empfangen, so musste er sich jetzt ihr vorstellen. Es kam ein Knappe, um ihn dazu einzuladen, oder es holte ihn der Burgherr aus dem Zimmer ab. Die Vorstellung selbst übernahm der Wirt jedesmal, er führte den Gast zu seiner Gemahlin, sei es in den Saal, wo sie seiner harrte, oder in ihrer Kemenate. War die Burg in dem Besitze einer unvermählten Erbin oder einer Witwe, so wurde der Gast entweder durch einen Verwandten des Hauses, oder durch edle Jungfrauen zur Herrin geführt. Bei seinem Eintritte erhob sich die Frau mit ihren Damen, ging ihm entgegen und gab ihm, wenn er ebenbürtig war, einen Kuss. Nach höflichen Verbeugungen setzten sich alle zur freundlichen Unterhaltung nieder, worauf die gemeinsame Mahlzeit stattzufinden pflegte.

Tafel.

Am Tische saß der Gast gewöhnlich dem Sitze des Wirtes gegenüber; an seine Seite setzte sich die Burgfrau oder in Ermangelung einer solchen die älteste Tochter des Hauses, um ihm die Speisen vorzulegen und den Becher zu credenzen. Zuweilen bekam er seinen Platz zwischen dem Burgherrn und dessen Frau, und unter Umständen auch mitten unter den Töchtern angewiesen. War der Wirt allein anwesend, so saß der Gast neben ihm. Allein speiste dieser nur dann, wenn er nach aufgehobener Tafel angekommen, oder der Burgbesitzer nicht zu Hause war.

Nachtlager.

Kam die Zeit zum Schlafengehen, so trat der Gast zu dem Burgherrn nnd bat um „Urlaub“. Dieser wünschte ihm gute Nacht, worauf ihn Knappen und Edelknaben, welche Kerzen trugen, bis in das Schlafzimmer begleiteten. Zuweilen ging der Burgherr mit, oder auch die Burgfrau oder ihre Tochter, um nachzusehen, ob das Gemach in Ordnung sei. Nach ihrer Entfernung setzte sich der Gast auf die Bank vor dem Schlafbette, ließ sich von den Knappen entschuhen und entkleiden und legte sich in’s Bett. Nun kamen die Burgfrau, oder ihre Töchter oder Edeldienerinnen in Begleitung von Knappen mit Lichtern noch einmal, um sich zu erkundigen, ob der Gast gut gebettet sei, und ihm den Schlaftrunk zu reichen.

Manchmal wurde das Bemühen, einem besonders lieben Gaste die höchste Aufmerksamkeit zu erweisen, denn doch zu weit getrieben. Es kam nämlich vor, dass der Wirt seine Frau ihm auf Treu und Glauben beilegte, oder eine Edeldame. Zwar ließ manche Dame den Gast eidlich geloben, sich weiter nichts als einen Kuss zu erlauben, oder es wurde das blanke Schwert als Wächter der Zucht zwischen die beiden gelegt, und dies mochte vom 12. bis 13. Jahrhundert, wo die Poesie des Ritterthums und eine ideale Frauenverehrung herrschte, genügt haben; aber nicht mehr seit der zweiten Hälfte des 13. Jahrhunderts. Von da an begann der geistige Gehalt des Ritterthums zu versiegen, und der edle Frauendienst verschwand immer mehr. Das Vertrauen wurde missbraucht, und dies mochte Veranlassung gegeben haben, dass diese übrigens seltene, doch aber sehr bedenkliche Sitte abgeschafft wurde.

Die freundliche Sorgfalt, welche den Gast zu Bette geleitet hatte, suchte ihn am Morgen wieder auf. Knappen kamen, ihn zu wecken, denn das Morgenlicht konnte dies nicht thun, weil man meistens die glaslosen Fenster dicht verschloss und so das Licht völlig absperrte. Auf der Bank vor dem Bette lag frische Wäsche und die Kleidung, am Tage der Abreise auch die Rüstung auf dem Teppich. Knappen waren beim Ankleiden behilflich. Zu einem besonderen Gaste kam der Burgherr und dessen Frau, um sich zu erkundigen, wie er geschlafen habe, und wollte er bald weiterreisen, so übernahm sie es, ihm die Rüstung anzulegen. Das Schwert reichte immer nur der Hausherr, weil man es nicht gerne aus Frauenhand nahm. Verwandte und Freunde dehnten ihren Besuch, falls man sich gegenseitig angenehm war, auf unbestimmte Frist aus. Fremde, welche um Herberge gebeten hatten, zogen am anderen Morgen wieder von dannen, wenn nicht Wirt und Gast besonders Gefallen an einander gefunden hatten und längeren Verkehr wünschten. Grundsatz war, die Gastfreundschaft nicht zu missbrauchen.

Sobald der Gast zur Abreise angekleidet war, ging er zur Messe, falls sie in der Burg oder in der nächsten Nähe abgehalten wurde, dann zum gemeinsamen Frühmahl. Die Sitte wollte, dass der Burgherr seinen scheidenden Gast mit einem Geschenke entlasse. Dieses bestand, je nach den Verhältnissen, aus Kleidern, Silbergeschirr, Waffen, Rossen u. s. w. Reisten mehrere Gäste zugleich ab, so richtete sich das Geschenk nach dem Stande eines jeden. Der Bannerherr erhielt noch einmal so

Abreise.

viel, als der Ritter, und dieser doppelt mehr, als der Knappe. Dem fahrenden Ritter wurde ein Geldgeschenk als Ritterzehrung verabreicht.

Beim Aufbruche, der gewöhnlich nach einem Morgenimbiss oder gleich nach dem Frühmahle stattfand, dankte der Gast dem Burgherrn und der Hausfrau unter vielen Lobeserhebungen für die Bewirtung und wurde, wenn er mit Umarmung und Küssen empfangen worden war, auch ebenso entlassen. Nicht selten begleitete der Wirt seinen Gast eine Strecke Weges, oder gab ihm ein Geleite mit bis an des Weges Scheide. Werten Gästen riefen die Frauen von Fenstern oder Zinnen herab die letzten Grüße nach.

Diese herzliche und zwanglose Behandlung eines ebenbürtigen Gastes, selbst wenn er noch so fremd war, kam im Mittelalter ziemlich allgemein vor; steifere, gemessenere Formen zeigten sich nur in sehr vornehmer Gesellschaft.

Den einfachen Besuchern auf nur kurze Zeit aus der Nachbarschaft und den fremden ritterlichen Reisenden, welche gleich wieder weiterziehen wollten, wurden Wein und Süßigkeiten, auch Kuchen und Brod dargereicht. In vornehmen Burgen hatte man schön gearbeitete Becher und Schalen aus edlem Metalle zu solcher Bewirtung. Herzog Albrecht von Oesterreich beschenkte 1377 am Ende seines Kreuzzuges gegen die Preussen, welchen er unternommen hatte, um den Ritterschlag zu erwerben, zehn Herren mit goldenen Humpen und silbernen Schalen.

Einladung zum Feste.

Wenn ein vornehmer Burgherr ein Fest mit zahlreichen Gästen veranstalten wollte, so ließ er durch eigene Boten dazu einladen. Würde und Ansehen der Boten richtete sich nach dem Range des Einzuladenden; je vornehmer dieser war, desto höher musste die Stellung sein, welche der Abgesandte bei seinem Herrn einnahm. Solche ritterbürtige Boten wurden nicht als Diener, sondern als Gäste aufgenommen und bewirtet. Sie trugen ihren Auftrag gewöhnlich stehend vor, und setzten sich erst dann zum weiteren Gespräche nieder. Beim Entlassen erhielten sie das „Botenbrod“, bestehend in Kleidern, oder Geld oder Schmuck. Ohne Bewirtung und Gabe wurde auch der einfachste Bote oder Herold nicht entlassen.

Vorbereitungen.

Den Eingeladenen lag es nun vor allem daran, sich und ihre Begleiter im Aeusseren auf das stattlichste und prächtigste herauszuputzen. Es wurden neue Kleider angefertigt, mit Borten belegt und mit Edelsteinen und Perlen verziert; es mussten Waffen und Rüstungen geputzt, die Farben der Schilder und Helme aufgefrischt, das Gezeug der Pferde in neuen und glänzenden Stand gesetzt werden.

Größer waren die vorbereitenden Anstrengungen des Wirtes, denn er hatte sich selbst wie seine Gäste zu ehren und es durfte in keiner Sache fehlen. Zunächst lag ihm die gleiche Pflicht ob, alles, was zum Hause gehörte, von der eigenen Person an bis zum untersten Diener herab, nach Verhältnis des Ranges auf das beste zu kleiden; die Besorgung dieser wichtigen Angelegenheit war den Frauen überlassen. Eine größere Sorge machte die Unterbringung zahlreicher Gäste. Allerdings waren diese damals nicht anspruchsvoll, und ließen es sich gerne gefallen, wenn ihnen zur Nachtzeit im Rittersaale mit Kissen, Polstern und Decken auf den Bänken und auf bloßer Erde ein Lager bereitet wurde. Wenn das nicht genügte, erbaute man Hütten und schlug Zelte im Grünen auf, welche letztere ohnehin bei allen größeren mittelalterlichen Festlichkeiten nothwendig waren.

Ferner musste die Burg im Inneren und von aussen in ein festliches Gewand gekleidet werden. Die Höfe und Wege wurden ausgefegt und mit frischem Gras, Binsen und Blumen bestreut, zuweilen auch mit Decken belegt; die Thore und Zinnen verziert; die besseren Wohngebäude mit bunten Teppichen behängt, und im Inneren mit all' den schönen Gegenständen und Sachen ausgeschmückt, von denen bereits bei Schilderung der Einrichtung des Palas gesprochen wurde. Endlich steckte man neue Kerzen auf die verschiedenen Leuchter, und wenn die Gäste nahten, zündete man, falls es eben kühle Jahreszeit war, in den Kaminen ein helles Feuer von trockenem Holze, das nicht rauchte, an, und durchräucherte den Saal und die Zimmer mit Wohlgerüchen. Dass in Küche und Keller die angestrengteste Thätigkeit herrschte, ist selbstverständlich.

Feierlicher Empfang.

Näherten sich die Erwarteten der Burg, so ritten ihnen der Burgherr und seine Gemahlin mit Männer- und Frauengefolge entgegen, oft auf eine weitere Strecke, oder schickten wenigstens ihre Stellvertreter aus den Ersten ihrer Umgebung. Die Frauen ritten gewöhnlich nur dann den Gästen entgegen, wenn sich auch Frauen unter diesen befanden. Zuweilen aber gingen der Wirt und die Wirtin nur bis vor das Thor hinaus, und begrüßten hier die Ankommenden. Sollte der Empfang in weiterer Ferne stattfinden, so war nicht selten dort bei schöner milder Witterung an einem passenden Platze auf grünem Anger oder im Schatten der Bäume ein prächtiges Zelt oder mehrere aufgeschlagen worden. Das Zelt wurde wie ein Saal hergerichtet, der Rasen mit Decken überbreitet, Bänke und Tische aufgestellt und Polster und Kissen ringsum gelegt. War man einander nahegekommen, so stieg man von den Pferden, die Damen mit Hilfe der Herren, umarmte und küsste sich, worauf dann im Zelte zur Erfrischung die erste Bewirtung stattfand, welche manchmal mit allerlei Unterhaltungen und Spielen verknüpft war. Kamen keine Festlichkeiten am Empfangsplatze vor, so ritten Gäste und Wirte nach kurzer Begrüßung sofort in einem Zuge nach der Burg, wo die Junkherren und Knappen die Pferde in Empfang nahmen, und die Herrschaften Hand in Hand in den Palas traten. Hierauf wurde je nach Umständen eine Erfrischung genommen, oder ausgeruht, gebadet oder Toilette gemacht.

Messe.

Jeder Fest- und Gesellschaftstag begann mit dem Besuche der Messe, die um 9 Uhr gelesen wurde. Der Zug dahin bewegte sich unter Trompeten- und Paukenschall nach einer bestimmten Reihenfolge, die jedoch nicht zu allen Zeiten und Orten gleich war. Gewöhnlich gingen die unverheirateten Frauen voran, dann die verheirateten und im Besonderen die Burgfrau oder die vornehmste der Gesellschaft, hierauf die Männer und hinter ihnen die Jünglinge.

Vergnügungen vor Tische.

Nach der Rückkunft von der Messe setzte man sich zum Frühmahl, machte dann einzelne Besuche auf den Zimmern, verhandelte etwaige Geschäfte, und ging hierauf zu allerlei gesellschaftlichen Unterhaltungen. Es wurde getanzt, oder die Männer hielten allerlei ritterliche Uebungen, auch ein kleines Turnier ab, wobei die Frauen zuschauten. Manchmal zog man gemeinschaftlich auf die Jagd, und wählte dazu solche Jagdarten, an denen auch die Damen theilnehmen konnten, nämlich mit dem Falken, dem Sperber und dem Habicht, und die Jagd auf den Hirsch. Manche Dame that es den Rittern gleich an Geschicklichkeit im Wurfe des Vogels oder im Lenken des Rosses und in der Schnelligkeit, wenn es galt, dem enteilenden Hirsche nahe zu bleiben. Nach diesen Vergnügungen folgte das Spätmahl.

Die beiden Mahlzeiten wurden in einem und demselben Locale eingenommen, gewöhnlich in dem geschmückten Rittersaale, wenn nicht die schöne Sommerzeit in das Freie hinauslockte, und die Tafel draussen im beschatteten Grün oder im luftigen Zelte, wo das Terrain es erlaubte, dicht vor der Burg aufgeschlagen wurde.

Die Tische standen an den Wänden entlang, und ließen in der Mitte des Saales einen großen Raum frei, zur Aufnahme der Credenz, zur Bewegung der Diener und zur Aufführung verschiedener Unterhaltungen. Oben befand sich der Ehrenplatz, ein kleinerer Tisch und Stuhl mit einem Himmel darüber. Anordnung der Tafel.

Das Tischtuch bestand gewöhnlich aus Linnen. Auf Bildern des 14. Jahrhunderts sieht man zwei Tischtücher; das obere, hier und da gelb gestreift, bedeckt nur die Tischplatte, das zweite ist an Ringen rings um den Rand des Tisches aufgehängt und kunstreich gefaltet, es reicht bis zur Erde. Auch die einfachen Tischtücher waren so lang. Bei jedem Sitze stand ein Fußschemel. Tischgeräth.

Das Verfahren, die Speisen zu sich zu nehmen, war im Mittelalter sehr verschieden von jenem, welches heute üblich ist; dieses ist jünger, als mancher glauben möchte. Teller für jeden einzelnen Gast wurden in älterer Zeit selten auf den Tisch gestellt, und waren dann gewöhnlich aus Holz, später aus Zinn verfertigt. Häufig legte man und zerschnitt die Fleischspeisen auf Brodscheiben oder flachen Kuchen, die dann vom Safte durchzogen, nachdem man das Fleisch genossen, ebenfalls verzehrt wurden. Diese Sitte kam noch im 15. Jahrhundert vor. Teller aus Steingut sind erst am Ende des Mittelalters eingeführt worden. Die Messer waren von verschiedener Gestalt, weil zu verschiedenen Zwecken, und viele hatten an den Spitzen kleine Häkchen, um damit die Speisen aus der Schüssel zu nehmen und die zerschnittenen Fleischstücke zum Munde zu führen. Die Messer für das Fleisch wurden nie an den Fasttagen in Gebrauch genommen. Eine Art Gabel lässt sich zwar schon am Ende des 11. Jahrhunderts bei den Griechen und in Venedig nachweisen, aber eben nur als seltener Luxusartikel. Die eigentliche Gabel entstand aber erst aus den kleinen Bratspießen, an welchen Lerchen und anderes derartiges Geflügel zubereitet wurde, welches man von diesem gleich aß. So waren die ersten Gabeln einzinkig, die späteren zweizinkig. Das germanische Museum in Nürnberg besitzt welche aus dem 15. Jahrhundert. Es dauerte sehr lange, bis die Gabel in allgemeinen Gebrauch kam. In einer gedruckten Anweisung zur guten Lebensart bei Tische, noch aus dem Jahre 1645, wird von der Annahme ausgegangen, dass man die Speisen mit den Fingern anfasse. Löffel waren im Gebrauche, denn es wird ihrer erwähnt und ohne Anwendung derselben ist der Genuss flüssiger, dünner und kleinkörniger Speisen nicht denkbar, zumal es als unanständig galt, die Suppe aus der Schüssel zu trinken. Dass die Löffel auf mittelalterlichen Bildern so selten vorkommen, mag darin seine Ursache haben, dass sich nur jene Speisen am besten bildlich darstellen lassen, bei deren Genuss der Löffel nicht nöthig ist. Das Essgeräth wurde nicht immer für jeden einzelnen Gast auf den Tisch gelegt, die Gesellschaft begnügte sich mit einer geringeren Zahl desselben. Uebrigens war es so ziemlich allgemein Sitte, dass jeder, auch die geladenen Gäste, sein Essgeräth mitbrachte und deshalb immer bei sich trug; die Männer oft in einem Seitengehäuse ihrer Schwertscheiden, die Frauen neben anderem Geräthe an lang herabhängenden Gürtelbändern. Auch ein eigener Becher wurde nicht immer jedem Gaste hingestellt. Da diese Gefäße in der Regel größere Gestalt hatten, als heute, so war es nicht selten, dass sich mehrere Personen desselben Bechers bedienten, oder am Familientische ein einziger für alle ausreichte. Man verfertigte sie anfänglich aus Holz, später gerne aus edleren Stoffen und es kamen nicht nur in den Burgen, sondern auch auf den Rathstuben in den Städten und selbst in Dorfwirtshäusern silberne oder goldene Humpen, oft mit Edelsteinen geschmückt, in Gebrauch. Aeneas Sylvius, der nachmalige Papst Pius II., gestorben 1464, welcher 1445 Pfarrer zu Aspach im Innkreise war und viele Jahre in Deutschland gelebt hatte, sagte, es gäbe daselbst kein Wirtshaus, wo man nicht aus silbernen Bechern trinke. Servietten waren nicht allenthalben üblich, dafür wurden vor und nach Tische und manchmal auch wiederholt während des Gastmahls Wasser und Handtücher herumgereicht. Mitten auf dem Tische standen das Salz- und Pfefferfass und um dasselbe her waren Brod und Kuchen gelegt. Tafelaufsätze kamen selten vor, die dazu passenden Gegenstände prangten auf der Credenz. Doch wurden viele Speisen so eingerichtet, dass sie zugleich zum Schmucke der Tafel dienten. Das verschiedene Wild und zahme Geflügel war so zubereitet, dass es noch mit einem Theile seines Gefieders prunken konnte; es wurde an besonderen Stellen der Tische aufgestellt. Aus Gebackenem und Zuckerteig errichtete man allerlei wundersame Bauten, auch Thürme und Burgen. Dergleichen seltsame Liebhabereien gehörten aber meist dem späteren Mittelalter an. Eine hübsche Sitte war es, die Tafel mit Blumen zu bestreuen und solche, besonders Rosen als Symbole der Verschwiegenheit, über dem Speisetische aufzuhängen, woher die Redensart *sub rosa* stammt.

In der Mitte des Speiselocales stand die Credenz, manchmal auch mehrere, wo tranchiert und von wo aus serviert wurde.

Vor Beginn des Festmahles war mit den Edeldienern alles auf das Genaueste verabredet worden, damit Wirt und Wirtin in keiner Weise in Anspruch genommen würden, sondern sich ganz der Unterhaltung ihrer Gäste widmen könnten. Jeder Edeldiener hatte seine bestimmte Verrichtung, seinen angewiesenen Posten; einer tranchierte, der andere besorgte die Getränke, die übrigen gingen mit dem Waschwasser oder trugen die Speisen auf, schenkten ein und bedienten sonst die Gäste; jeder hatte seinen angewiesenen Tisch. Je zahlreicher die Dienerschaft, desto glanzvoller erschien damals das Gastmahl.

Beim Auftragen bediente man sich der Schüsseln und Tafelbretter, beim Einschenken der Krüge und Kannen. Der Stoff dieser Gefäße richtete sich nach dem Vermögen der Besitzer und bestand aus Thon, Zinn, Messing und Bronce; bei reichen waren sie schon zeitig aus kostbarem Metalle. Die Krüge und Kannen aus Thon waren im Mittelalter sehr einfach. Im 14. und 15. Jahrhundert hatten die Zinn- und Messingkannen schlanke, elegante Formen, mit verziertem Deckel, Henkel und Ausguss, letzterer zuweilen in Gestalt eines geflügelten Thieres oder eines männlichen Kopfes, an dessen Stirne eine Röhre angefügt war. Die Schüsseln hatten, je kostbarer ihr Stoff, desto reichere Ornament-Darstellungen.

Sobald die Zeit zum Spätmahle, welches das Hauptessen war, herankam, ward ein Zeichen gegeben; gewöhnlich wurde zu Tische geblasen.

Tafel-Ordnung.

Im früheren Mittelalter speisten Männer und Frauen in verschiedenen Localen, und es kam höchstens die Wirtin zu den Männern, ihren Gästen zu Liebe, und um ihnen gegenüber ihre Pflichten wahrzunehmen. Etwas später erscheint die Einrichtung, dass die Geschlechter zwar in einem Raume, aber an verschiedenen Tischen aßen — die Damen an der einen Wand, die Herren an der anderen — und jene sich von Jungfrauen, diese von Knappen bedienen ließen. Aber schon im

12. Jahrhundert kam die französische Sitte, dass Herren und Damen nebeneinander an der Tafel Platz nahmen, in Deutschland zur Geltung. Um eine anscheinend parteiliche Vertheilung der Frauen zu vermeiden, wurden die Paare oft zusammengelost, und führte jeder Herr die ihm zugewiesene Dame in den Saal an den ihm vom Kämmerer bezeichneten Platz; während dem spielte die Musik.

Ehe man sich setzte, kamen die Knappen mit Becken und Wasserkannen; ihnen folgten Junkherren, die Handtücher über die Schulter gelegt; die Frauen wuschen sich zuerst die Hände, hierauf die Männer nach ihrem Range. Auch war es Sitte, dass man sich nicht zum Essen niedersetzte, ohne das „Gesegne uns Jesus Christus“ zu sprechen. War ein hochgestellter Priester eingeladen, so wurde er zum Segnen des Brotes aufgefordert.

Einem Jeden war sein Platz streng nach dem Range angewiesen. Bei kleineren Festen, die einen mehr häuslichen und Familiencharakter trugen, gab wohl der Hausherr selbst die Plätze an. Wer sich im Kampfe besonders ausgezeichnet, oder im Turnier den ersten Preis errungen hatte, bekam gewöhnlich einen bevorzugten Sitz an der Festtafel. Der oberösterreichische Standesherr Hans von Traun wurde, nachdem er in der Schlacht bei Poitiers 1356 das Heerbanner Englands getragen, und jenes von Frankreich mit eigener Hand erobert hatte, bei dem darauffolgenden Mahle zur Belohnung für seine Heldenthaten zwischen den gefangen genommenen französischen König und den schwarzen Prinzen, Feldherrn der Engländer, gesetzt, worüber der begeisterte Krieger ausrief: „Nie würdiger saß mein Geschlecht, das sag' ich euch, als ich sitze an diesem Tage.“

Die Gäste pflegten nur an der gegen die Wand zugekehrten Langseite der Tische zu sitzen, so dass sie das Gesicht der Mitte des Saales zukehrten; die andere Langseite wurde nicht besetzt, damit die Gäste eine freie Aussicht hatten und die Diener unbehindert vorlegen konnten. Bei solcher Anordnung hatte man zum Sitze, die Ehrenplätze ausgenommen, Bänke mit und ohne Lehne, die mit Decken und Polstern belegt waren, daher auch das Wort Bankett für Festschmaus. Bilder aus dem 14. Jahrhundert stellen uns einen ringförmigen Tisch dar, an dessen äusserer Seite man herumsaß, und der eine Oeffnung hatte, wo hinein die Diener mit den Speisen gingen, um von der inneren Seite aus zu bedienen.

Bei besonders festlichen Gelegenheiten wurden die Speisen in feierlichem Zuge unter schallender Musik herbeigetragen. Am Ausgange der Küche standen die Diener, welche sie vom Küchenpersonal in Empfang nahmen; diese überbrachten sie anderen von höherem Range, die an den Thüren des Saales ihrer harrten und die Speisen in den Saal trugen. Hier wurden die imposanteren zuerst auf die Tische, dann auf die Credenz gestellt, wo sich die Vorschneider ihrer bemächtigten. Die einfachen Braten, insbesondere das gewöhnliche Geflügel, wurden in der Regel an dem Spieße herumgetragen, an welchem sie gebraten worden waren; in vornehmen und reichen Burgen bestanden diese Spieße wohl aus Silber. Wenn ein Streit bei der Tafel entstand, und es wird das einigemal erzählt, war es das erste, dass die Männer die Braten liegen ließen, und sich der Spieße zu bemächtigen suchten, um sie als Waffen zu gebrauchen.

Dass es während des Tafelns, namentlich wenn nur Männer anwesend waren, nicht selten zu blutigen Auftritten kam, ersieht man aus einem Vorfalle, der sich 1256 im Stifte St. Florian zutrug. Im dortigen Refectorium tafelten Ortolf, Herr der benachbarten Burg Volkerstorf, sein Bruder Dietrich und sein Neffe Otto von Ror mit Witigo, Landschreiber ob der Enns und Liebling des damaligen Landesherrn Otakar von Böhmen. Sie geriethen in heftigen Streit, wobei Ortolf das Messer ergriff, nach Witigo stach und ihn dann mit dem Schwerte tödtete. Zur Strafe verloren Ortolf und seine Genossen ihre Güter und mussten das Land verlassen; die Burg Volkerstorf wurde niedergerissen. Unter Rudolf von Habsburg kehrten sie wieder zurück und erhielten die Erlaubnis zum Wiederaufbau dieser Burg.

Was die Art der Speisen anbelangt, so ist darüber schon Speisen. früher bei Erwähnung der mittelalterlichen Kochkunst gesprochen worden. Hier mögen nur einige Gerichte angeführt werden, wie sie in dem Küchenzettel der damaligen Festmahle vorkommen. Am Ende des 13. Jahrhunderts und Anfang des 14. Jahrhunderts: Fette Schweinebraten, Würste, Schafgehirn, Gänse, Hühner, gesottene Kapaune, Tauben und Fasane. — Geröstete Ochsennieren, Schweinsfüße, Magen, die mit gehackten Eiern, Petersilie und Saffran gefüllt sind; Würste mit Muskat und Nägelein, Sulze, Gänse, Speckkuchen, Salmen, Hausenwammen, Hechte, Aale und Forellen, ein jähriger Stier mit Petersilie und Saffran gebraten. Im Jahre 1303: Am ersten Tage als erste Tracht: Eiersuppe mit Saffran, Pfefferkörner mit Honig, ein Hirsegemüse, Schaffleisch mit Zwiebeln, ein gebratenes Huhn mit Zwetschken; als zweite Tracht: Stockfisch mit Oel und Rosinen, in Oel gebackene Bleie, gesottener Aal mit Pfeffer, gerösteter Bückling mit Senf; als dritte Tracht: Sauer gesottene Speisefische, gebackene Barbe, kleine Vögel in Schmalz, hart gebacken mit Rettig, eine Schweinskeule mit Gurken. Am zweiten Tage gab man als erste Tracht: Schweinefleisch, Eierkuchen mit Honig und Weinbeeren, gebratenen Häring; als zweite Tracht: kleine Fische mit Rosinen, aufgebratene Bleie und eine gebackene Gans mit rothen Rüben; als dritte Tracht: gesalzene Hechte mit Petersilie, Salat mit Eier und Gallert mit Mandeln belegt. Alles das kostete 8 fl. 15 gr. 9 pf. Im Jahre 1345: Enten in Pfeffer, Fische in Reis, Hähne, und als Nachtisch Birnen, Nüsse und Käse. Im Jahre 1445: Rindsbruststücke, junger Hammelbraten, Schinken, Wildpret in Pfefferbrühe, Kapaun, wilde Ente; zum Nachtisch Käse und Obst. Die Deutschen liebten namentlich Nüsse zum Nachtisch, wozu sie fleißig tranken.

Getränke. Als Getränk diente das Bier, welches aber nur bis in das 13. Jahrhundert auf den Tafeln vornehmer Burgen erscheint. Neben dem Biere war der Meth ein uraltes Getränke; er wurde aus Wasser und Honig, später mit Zuthaten von Kräutern und Gewürz bereitet und stand in Deutschland im 11. und 12. Jahrhundert im gleichen Ansehen wie der Wein. Später als Bier und Meth kam der Obstwein in Gebrauch. Wir finden ihn im Mittelalter schon in den Bauernhöfen Oberösterreichs. Auf vornehmen Tafeln war der Wein vorherrschend.

Der Weinbau wurde stark betrieben und war im Norden und Osten mehr verbreitet als jetzt, aber der schlesische und märkische Wein wurde meist nur, nachdem er mit Gewürz und Honig gesotten war, als eine Art Meth und Sekt getrunken. Rhein- und Moselwein, ebenso der Frankenwein und Oesterreicher werden wohl gelobt, allein man zog die feurigen Süd- und Ostweine vor. Ungarwein, Italiener- und Cyperwein waren die erkorenen Arten, an deren einfachem Verbrauche, so süß und hitzig sie auch sind, man sich nicht begnügte. Sie wurden noch mit allerlei Gewürzen und Kräutern angemacht und zuweilen auch gekocht und heiß als Wurzwein getrunken. Die Namen dieser künstlichen Weine waren: Pigment, Claret, Sinopel, Hippokras und Lautertrank. Bei der künstlichen Versetzung der Weine waren die Frauen geschäftig. Mit den betrügerischen Weinfälschern nahm man es damals so ernst, wie mit einem Attentat auf die jungfräuliche Ehre oder mit einer Majestätsbeleidigung; man verwies sie einige Jahre aus dem Lande und bedrohte sie sogar mit dem Tode. Der Wein- und Obstbau genossen eines so ausgezeichneten Schutzes, dass derjenige, welcher z. B. einen Obstbaum umhieb, den zwölfjährigen Ertrag bezahlen, einen anderen Baum liefern musste nnd noch ausserdem bestraft wurde. Auf das Zerstören der Weinberge stand Acht, Bann und dieselbe Strafe wie auf Brandstiftung.

Für die Weise, wie man essen und trinken sollte, hatte sich eine bestimmte Anzahl von Regeln und Vorschriften herausgebildet. Eine dieser Tischregeln, welche der aus dem salzburgisch-bairischen Gebiete stammende Dichter Tanhauser im 13. Jahrhundert niederschrieb, lautete also: Man soll die Hände äusserst sauber zum Essen halten, die Nägel vorher schneiden, aber allein und nicht in Gesellschaft. Man soll die oberste Stelle nur mit Sträuben annehmen, gerade sitzen, nicht viel Bewegung mit dem Körper machen und nicht herumwandern. Wer oben sitzt, soll den Anfang machen; wären aber Frauen da, so solle man diese beginnen lassen. Man soll das Brot nicht eher anrühren, als bis die erste Speise gebracht ist; nicht mit beiden Backen essen, die Zähne nicht mit dem Messer stochern, nicht mit dem Finger die Speise auf den Löffel schieben. Das aufgeschnittene Ei ist mit einem Stück Brot umzurühren, nicht mit dem Messer, Salz nicht mit den Fingern zu nehmen, sondern mit dem Messer und auf ein Tellerchen von Brot zu legen. Man soll das Brot zum Schneiden nicht an die Brust stemmen, die Suppe nicht aus der Schüssel trinken, nicht mit dem Munde schmatzen, sich nicht in das Tischtuch schnäuzen, den Gürtel nicht bei Tische erweitern u. s. w. Speiseregeln.

Die Zeit bei Tische wurde durch heitere Gespräche, Minnereden und Kriegserzählungen verkürzt; in den Pausen lasen Dichter die beliebteren epischen Gedichte vor oder sangen lyrische Lieder; Spielleute wurden vorgelassen und ergötzten durch Saitenspiel, Pantomimen und Tänze. Die Tänzer von Profession gehörten damals mehr in die Gattung der Kunstspringer; sie verrenkten die Glieder, wirbelten herum, schlugen Purzelbäume und tanzten auf den Händen. Der Burgherr, dem Unterhaltung bei Tische.

es allein gestattet war, ging bei größerem Mahle von einem Gaste zum anderen und ermunterte ihn mit freundlichen Reden.

Zum Schlusse des Mahles wurden noch einmal Süßigkeiten herumgereicht, dann wusch man die Hände, stand auf, sprach das Dankgebet und begab sich einstweilen in andere Zimmer. Die Diener leerten sofort die Tische, hoben die Tischtücher ab und trugen die Tische, wenn man nicht zum weiteren Trinken aufgelegt war, aus dem Saale hinaus, um Platz für den Tanz und die anderen Vergnügungen zu machen.

Unterhaltung nach Tische.

Nach dem Essen gab man sich der mannigfachsten Unterhaltung hin, im Saale oder im Freien, je nachdem Wetter und Jahreszeit es erlaubten oder verboten. Es war Sitte, dass sich die Gesellschaft mit einem Tänzchen amüsierte, das etwa eine Stunde dauerte. Der höfische Tanz, wobei jeder Herr eine oder zwei Damen bei der Hand nahm, bestand in einem Umgang im Saale, mit schleifenden, leisen Schritten unter dem Getöne von Saiteninstrumenten und Tanzliedern, welche letztere eigens zu diesem Zwecke gedichtet waren und von dem voranschreitenden Vorsänger oder der Vorsängerin angestimmt wurden; die Gesellschaft sang mit und stellte den Inhalt des Gesanges durch irgend eine einfache Handlung äusserlich dar, nachdem sie einen Kreis geschlossen hatte. Ein anderer Tanz war der Reigen, welcher mehr im Freien aufgeführt und nicht geschritten wurde, sondern sich durch weite und hohe Sprünge auszuzeichnen suchte und ebenfalls nach Saitenspiel oder Gesang regelte. Nach dem Tanze, wenn man im Saale blieb, wurde die Unterhaltung ganz frei gegeben, und ein jeder ergötzte sich mit dem, was ihm gerade lieb war und Vergnügen machte. Einige setzten sich zu dem nicht selten kostbar ausgestatteten Schachbrett, dessen Figuren gewöhnlich Reiter und Trabanten von beträchtlicher Größe waren. Andere spielten mit Würfeln oder Karten. Das Kartenspiel kommt im Abendlande seit Ende des 14. Jahrhunderts vor, ist eine Erfindung der Chinesen, und wurde wahrscheinlich durch die Araber in Italien und Spanien eingeführt. Ein Theil der übrigen Gäste sah entweder den Spielern zu oder unterhielt sich mit Musik, sang Lieder oder horchte auf das Spiel und den Gesang der Jungfrauen, welche die Burgfrau zu ihrem Hofstaat hielt und auf deren musikalische Ausbildung zu eigenem und zum Vergnügen der Gäste sie Bedacht genommen hatte.

Man theilte sich auch die Neuigkeiten des Tages mit, was man auf der Reise erlebt und erfahren; was das Gerücht Sicheres und Unsicheres umhertrug; oder lagerte und gruppierte sich um den Kamin, und hörte den Vorlesern und Erzählern zu und vernahm von geschichtlichen Dingen, welche die Chroniken berichten, von selbsterlebten und durchgekämpften Abenteuern oder jenen der Dichtung. Was noch jung war, die Tänzer zumal, setzte sich zu den Damen an den Wänden herum zum Geplauder oder zu vertrauterem Selbander in die Fensternischen. Wenn die Witterung und die Jahreszeit es erlaubten, genoss man die Vergnügungen im Freien; darüber wurde bereits bei Erwähnung der Burggärten gesprochen. War es Nacht geworden, und wurde von den Dienern der sogenannte Schlaftrunk herumgereicht, so war dies ein Zeichen zum Aufbruche und Schlafengehen. Der Schlaftrunk wurde zuweilen auch den Gästen zu ihrem Bette getragen; er bestand in verschiedenem Wein oder in Hippokras, einem gemischten Getränke, wie schon erwähnt wurde, mit Hinzufügung von Süßigkeiten oder Obst.

Der Abschied selbst war viel einfacher, als der Empfang, gewöhnlich so, wie er bei der Weiterreise eines einzelnen werten Gastes geschildert worden ist.

Ton der Unterhaltung.

Der Ton der Unterhaltung war im früheren Mittelalter anständig und züchtig, wenn auch bei den rauhen Männern derb, bei den einfachen Frauen ungeniert. In der höfischen Zeit, seit dem Ende des 11. bis ins 13. Jahrhundert, gewann der Adel an Feinheit und äusserem Glanze; aber seit der zweiten Hälfte des 13. Jahrhunderts begann im Verkehr der Frauen mit den Männern ein Ton, der nach und nach im ausserordentlichen Grade frei war. Die feinen Umgangsformen wurden immer mehr vergessen oder geradezu verachtet, und dafür ein schmutziger Ton eingeführt, die Begriffe von Schicklichkeit und Sittlichkeit lax, die Manieren mit Frivolität stark versetzt. Man kann sich keine hohe Vorstellung machen von der Züchtigkeit einer Zeit, wo auch die Frauen dem Genusse stark gewürzter Weine durchaus nicht abhold waren, wo bei festlichen Mahlzeiten das Zuckerwerk in obscönen Formen aufgetragen wurde, wo auf den Trinkgeschirren lascive Gruppen abgebildet waren, wo die Tänze zu einem wüsten und wilden Gewirbel und Getobe und frechen Sprüngen ausarteten. Die Gesellschaft verwilderte im 14. und 15. Jahrhunderte unsäglich. Die Frauen ergaben sich grobsinnlicher Ausschweifung oder einer überspannten Frömmelei, die Männer der rohesten Jagd-, Trink- und Rauflust. Der Adel war infolge des übermäßigen Aufwandes, welchen er bei Turnieren, häuslichen und öffentlichen Festen und Versammlungen aller Art, in Speise und Trank, Hausgeräth und Kleidung, in Dienerschaft und Pferden entwickelt hatte, vielfach so verarmt, dass er zur Wegelagerung griff, um das Leben zu fristen. Ein wildes Räuberwesen wurde auf vielen Burgen heimisch, ein Krieg Aller gegen Alle begann, und brachte eine Missachtung aller göttlichen und menschlichen Gesetze mit sich. In diesen brutalen Zeiten verfiel die ritterliche Poesie; der Dichter sank zum schmarotzenden Zotenreißer herab, welcher mit den gewerbsmäßigen Hofnarren um ein kärgliches Stück Brot kämpfen musste. An die Stelle höfischer Kurzweil mit ihrer Freude an zierlicher Rede, Musik und Liederstreit traten unsaubere Possen, ruinierende Spielwuth, ein stupides Raufboldwesen und Saufgelage mit unflätigem Gespräche. Es blieben zwar noch viele Formen der ritterlichen Sitte, aber es neigte sich doch alles dem Rohen und Gemeinen zu.

Trinkgelage. Vieles im Trinken ertragen zu können, war ein Ruhm; ja es war damals soweit gekommen, dass es nicht mehr für ein Laster, sondern für eine Ehre gehalten worden war, wenn einer recht viel trinken konnte, und wer es oft bis zum frühen Morgen nicht mitmachte, wurde ausgelacht. Ein Ritter war auf den Ruf eines großen Trinkers ebenso stolz, als auf den Ruhm der Tapferkeit. Die Frauen nahmen an diesen Trinkgelagen theil, und zwar nicht bloß mit verschämtem Nippen. Sie saßen dabei fast immer gepaart, und tranken mit ihren Genossen aus einem Becher. So kam es, dass die Prediger gegen die Trinksucht der Frauen zu eifern hatten, die oft den Schleier vom Haupte vertranken, während der Mann das Schwert verzechte. Auch noch später im 16. Jahrhundert verstanden die Frauen den Becher zu leeren; das bezeugen die Trinkbücher, welche auf manchen Burgen gehalten wurden. In dem Trinkbuche der Burg Ambras in Tirol eröffnete Philippine Welser 1567 die Reihe der Frauen, und bis 1577 folgen nicht wenige nach, welche den drei Maß haltenden Humpen handhabten.

Um den Trinkgelagen einen entschuldigenden Grund zu unterschieben, ergriff man jede Veranlassung, Waffenübungen,

Turniere, Jagden, eben gemeinsam bestandene Gefechte oder Fehden; ferner alle wichtigen Angelegenheiten des Familienlebens, Eheverlöbnisse, letztwillige Anordnungen, Schenkungen, Käufe und ähnliche Verträge und selbst wichtige öffentliche Verhandlungen wurden bei Trinkgelagen vorgenommen. Da die größeren Burgen in der Regel den ersten Geschlechtern des Landes gehörten, so wurden in ihren Mauern die wichtigsten Angelegenheiten des Landes, Zuzüge zum Heere des Landesfürsten, Widerstand gegen seine Befehle, Bündnisse für und wider denselben u. s. w. verabredet. Daher sind so viele Urkunden aus Burgen datiert und oft von einer großen Zahl von Zeugen bestätigt. Stürmisch genug mag es oft bei solchen Gelegenheiten zugegangen sein. Bis die strittigen Ansichten vereinigt waren, bis der Burgkaplan oder Notar die auszufertigende Urkunde entworfen, und, da sie oft in lateinischer Sprache verfasst wurde, ihren Inhalt den Versammelten gedolmetscht hatte, wurde mancher Humpen geleert, Wein und Tinte und nicht selten Blut floß zu gleicher Zeit, und mancher Fehdehandschuh wurde hingeworfen und aufgehoben.

Somit wären die Wehr- und Wohnbauten einer Dynastenburg und die Einrichtung und das Leben darin geschildert, so weit es das schriftliche, noch ziemlich spärliche Material und die Erforschung burglicher Baudenkmäler gestatteten.

Jetzt haben wir noch die kleine Ritterveste, welche auch Burgstall hieß, zu schildern.

II. Das Burgstall.

Der niedere Adel konnte solch große Burgen und stattliche Bauten, wie sie eben dargestellt worden sind, nicht aufführen. Die kleinen Verhältnisse, in denen der einfache Ritter lebte, bemüssigten ihn, bei Erbauung seines Wohnsitzes die Kosten möglichst zu sparen, und bei der Befestigung darauf bedacht zu sein, dass er die Vertheidigung mit wenigen Armen führen konnte, weil sie gewöhnlich nur auf die Faust des Ritters und seiner Angehörigen angewiesen war.

Daher galt es bei Anlage von befestigten Rittersitzen als Regel, sich auf so wenig Raum als thunlich zu beschränken, und den Bau womöglich auf einen schwer zugänglichen Punkt zu stellen. Es konnte dabei keineswegs eine längere Widerstandsfähigkeit gegen förmliche Belagerungen, sondern bloß die Sicherung gegen feindliche Ueberfälle, plötzliche Angriffe und kurze Berennungen zum Ziele genommen werden. Ein solcher Rittersitz stellt sich uns mehr oder weniger als ein festes Haus dar, während die Burg ein fester Platz war.

Dieser kleine wehrhafte Wohnbau des niederen Adels hieß gewöhnlich das Burgstall, manchmal auch Burg. Im Jahre 1316 hatte Herzog Friedrich von Oesterreich der Elisabeth, Hausfrau des Schenken Dietrich von Dobra, „das Burgstall Trateneck“ zum Lehen gegeben. Manchmal baute auch der hohe Adel auf seinen Gütern solche Burgstalle; so begann 1386 Heinrich von Schaunberg das „Burgstall“ am rechten Donauufer, seiner Burg Neuhaus gegenüber, aufzuführen, um den Strom sperren und die herabfahrenden Schiffe anhalten zu können.

Das Burgstall ist wohl von Burgstadl herzuleiten. Der Burgstall wird für den Ort, wo ehemals eine Burg gestanden — Burgstelle — oder für eine verfallene Burg genommen; so heißt die Stelle auf dem hohen Berge bei Pollheim, wo früher die Stammburg der Pollheimer gestanden, der Burgstall, seit nämlich dieses Adelsgeschlecht seinen Sitz nach Wels verlegte und die Burg verfallen ließ.

Das Burgstall hatte keine Zwinger oder Vorwerke, bestand gewöhnlich nur aus einem Bergfried, in ihm die Wohnung für den Herrn, seine Familie und Diener, und aus einem schmalen Hofe, der entweder durch eine mit Thor- und oft auch eine mit einem Mordgange versehene, anderthalb bis drei Fuß dicke Ringmauer, die man zuweilen Mantel nannte, oder durch einen Erdwall mit Graben umfasst war; jenseits des letzteren befand sich dann gewöhnlich eine starke Wand aus Spitzpfählen. Hatte der Burghof einen Eingang gleich der Erde, so waren im Innern an die Ringmauer die Stallungen angebaut, wo dann die Knechte wohnten. Diese nicht besonders starke Umfassung diente nur zum Schutze gegen plötzliche Ueberfälle. Wehrbau.

Der Bergfried als Wehrbau ist bereits geschildert worden; dieselbe Anlage hatte er ebenfalls im Burgstall. Wir wollen jetzt nur noch beschreiben, wie sein Inneres beschaffen war, wenn er auch noch als einzige Familienwohnstätte diente.

Das unterste Geschoß enthielt in der Regel einen Brunnen oder eine Cisterne, und wurde übrigens als Keller, Speisegewölbe oder auch als Gefängnis je nach Umständen benützt. Im ersten Stockwerke, wo der Eingang in den Thurm angebracht war, befand sich die Küche mit nur schmalen Schartenöffnungen, und hier wohnte auch das weibliche Hausgesinde und waren zu diesem Zwecke in der dicken Mauer tiefe Wandschränke und verschließbare Bettstellen angebracht. Wohnräume.

Den ganzen Raum im zweiten Stockwerke verwendete man als Wohn-, Speise- und Schlafzimmer des Burgherrn und der sämmtlichen Familienglieder. Es waren da ein Kamin, ebenfalls Schränke in der Wand, in welcher die Geräthschaften der Bewohner des Zimmers und die Kostbarkeiten derselben bewahrt wurden und auch verschließbare Bettstellen. Nebstdem stand hier das mächtige Ehebett und an seiner Seite oder an seinem Fußende schliefen die kleineren Kinder in Wiegen und Bettchen. Am Tage diente es auch als Ruhesitz. Bei den kleinen, auf die Vertheidigung berechneten Fensteröffnungen bildete die große Dicke der Mauer Cabinete, welche die mit Kissen und Rücklacken wohl versehenen Arbeitsplätzchen der Frauen des Hauses waren. An manchen Thürmen wurden zu diesem Zwecke Erker vorgekragt, welche so wie die Fensternischen die Frauengemächer ersetzen mussten. Man sperrte die Nischen, namentlich wenn Fremde zugegen waren, durch Vorhänge ab, und benützte sie auch als Toilettezimmer, in denen man sich ungesehen aus- und anziehen und auch schlafen konnte. Dass alles dies ganz gut möglich war, kann

Neuhaus (Fig. 83).

Falkenstein (Fig. 84).

man in dem sehr interessanten fünfeckigen Bergfried zu Neuhaus an der Donau ersehen. (Fig. 83.) Die im zweiten Stockwerke dieses Thurmes befindlichen fünf Fensternischen haben eine Tiefe von 9 und eine Breite von 6 Fuß, welche sich nach Innen etwas erweitert. Jede der beiden Mauerwandbänke ist $20^1/_2$'', der Raum zwischen ihnen 30 Zoll breit. Im dritten Stockwerke sind zehn Nischen von 6' 8'' Tiefe und 4' 11'' Breite. Neun Nischen sind ebenfalls mit je zwei

Mauerbänken versehen. Die Fensteröffnungen haben eine Höhe von 4′ 10″, bei einer Breite von 10″. Jene im zweiten Stocke sind 5 Fuß hoch und 18 Zoll breit. Aehnliche Nischen sind in Falkenstein (Fig. 84), kleinere in Krämpelstein. Jedes Stockwerk bildete in der Regel nur einen einzigen großen Raum; die Zertheilung desselben in Zimmerchen durch feste Wände kam in Deutschland sehr selten vor.

Wenn die Gegend zu ihrer Uebersicht nicht zu hohe Baue verlangte, so schoben sich solche Bergfriede auch niedriger zusammen, indem sie umso mehr in die Breite wuchsen, und nun als thurmartige Steinhäuser erschienen. (Fig. 85.)

Pranthoff (Fig. 85).

Aus dem Gesagten ist ersichtlich, dass man sich in den gewöhnlichen Rittersitzen in kleinliche, ja ärmliche Verhältnisse fügen und mit wenigem behelfen musste. In der Häuslichkeit, Ausstattung und an Schmuck des Lebens war dem kleinen Adel der wohlhabende Bürger des späteren Mittelalters voraus. Darum konnte auch in dem Burgstalle bei Empfang von Gästen und Fremden die Etikette keine Anwendung finden, die Augen mussten mancherlei ertragen können, und der Anstand durfte wenig Ansprüche erheben. Der Gast ward mit einem Kusse freundlich empfangen, von den Frauen bedient und gepflegt, zum Geplauder auf die Bank vor dem Kamin geführt und schlief auch mit der Familie in demselben Zimmer. War er ein dem Wirte durch gemeinsame Waffenthaten und Abenteuer, oder durch besondere Zuneigung verbrüderter Freund, so schlief er entweder mit dem Haus-

Häusliches und geselliges Leben.

herrn im Ehebette, während sich die Hausfrau an einer anderen Stelle ihr Lager bereitete, oder es wurde ihm das ganze Ehebett allein zur Verfügung gestellt.

Oft half man sich auch damit, dass man während der nächtlichen Beherbergung des Fremden im Zimmer kleinere, abgeschlossene Räume schuf, indem man die Betten mit Teppichen umschloss.

Hatte der Thurm noch ein drittes Stockwerk, so wurde es hin und wieder als Frauengemach benützt; gewöhnlicher aber verlegte man hieher das Prunkzimmer oder den Rittersaal, in welchem die besonderen Besuche empfangen, die werteren Fremden beherbergt und die Gastmähler abgehalten wurden. Es stand daselbst ein Kamin, die Wände waren weniger dick und mit mehr breiteren Fenstern, hie und da wohl auch mit einem Erker versehen.

Ganz oben auf der Plattform des Thurmes, die mit einem Dachstuhle oder kegelförmigen Steindache gedeckt wurde, war noch Platz für den Wächter und die männliche Dienerschaft.

Umbau des Burgstalles zu einer grösseren Veste.

Wenn sich mit der Familie auch ihr Wohlstand und Ansehen mehrten, das Leben sich reicher gestaltete, die Bedürfnisse wuchsen, das dienende Personale zahlreicher wurde, musste auch der Wohnsitz den gesteigerten Anforderungen nachkommen.

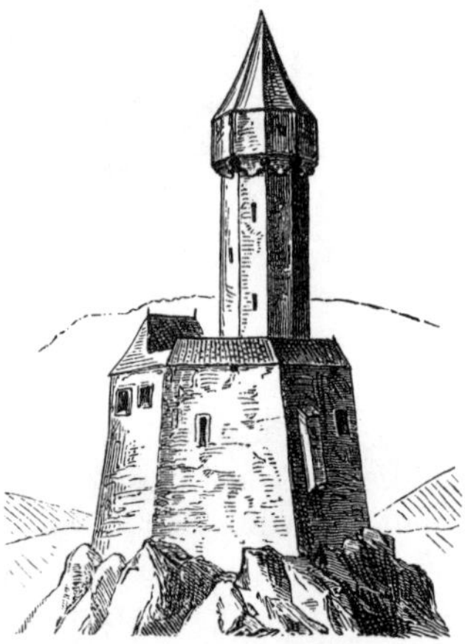

Lobenstein (Fig. 86).

Es entstand dann ein neues, oft mehrstöckiges Wohnhaus, welches sich gewöhnlich an den Thurm lehnte. Wo aber der Bergfried schon ein thurmartiges Steinhaus war, wurde dieses nun zu einem mehrgliederigen Gebäude erweitert, und noch ein besonderer Bergfried, oft nur mit dem Verließ und der Wächterwohnung erbaut. Zur Vertheidigung des Zuganges in der Ringmauer wurde nöthigenfalls ein Thorthurm vorgeschoben und überhaupt die Sicherheit auf die Stärke und Haltbarkeit der Umfassung verlegt. Das Aufblühen des Geschlechtes machte aus manchem Burgstall eine Veste (Fig. 86) und endlich eine Herrenburg.

Im späteren Mittelalter, wahrscheinlich erst im 15. Jahrhundert, gerieth man, übrigens nur in einzelnen Fällen, auf den Gedanken, ein hölzernes Wohnhaus oben auf den massiven steinernen Thurm zu setzen, und, da es in der Regel breiter und länger war, die auf allen vier Seiten oder doch auf einigen, über die Mauerfläche vertretenden Theile desselben, durch hölzerne Büge (Sprießen) zu stützen und als Umgang zu brauchen. Solche Häuser waren aus Backstein, mit hölzernem Riegelwerke und durch ihre erhöhte Lage wohl nur gegen das plötzliche Einbrechen kleiner, umherstreifender Banden geschützt. Diese Einrichtung finden wir besonders in der deutschen Schweiz.

Wohnhaus auf der Höhe des Thurmes.

Ende der mittelalterlichen Burgen.

Verfall. Im 16. Jahrhundert baute man keine Burgen mehr. Die Einführung des Landfriedens und der geworbenen Heere hob die ritterliche Selbständigkeit, das Faustrecht und die Selbsthilfe auf. Die Ueberreste des alten Faustrechtes in Oberösterreich wurden im Jahre 1521 unterdrückt. Es waren Räuber zu Pferde, welche Reisende und Kaufleute, auch ruhige Bewohner plünderten; an ihrer Spitze stand der noch sehr junge Bernhard Zeller von Schwertberg; seine Genossen waren Ottmar und Matthäus von Marspach, Bernhard Trautmannsdorf, Leo von Hoheneck, Ebner von Rab u. a. m. Bisweilen half auch Wolf von Losenstein mit. Der Schauplatz ihrer Gewaltthätigkeiten war bei Klamm und gegen die mährische Grenze, dann im Mühl- und Machlandviertel und gegen das Passauische Gebiet, welchem Ottmar von Marspach die Fehde angekündigt hatte. Den Raub theilten sie gewöhnlich zu Marspach, oder zu Weiteneck bei einer Frau von Trautmannsdorf und zu Schwertberg. Hier besonders hatten sie ihren Aufenthalt und Schutz. Zeller wurde endlich gefangen genommen und, nachdem auch mehrere seiner Gehilfen in Haft gebracht waren, zu Linz enthauptet.

Die allgemeine Anwendung des Schießpulvers mit seiner ungeheuren Zerstörungskraft und die Ausbreitung der Feuerwaffen, welche eine regelmäßige Beschießung ermöglichten, und die Burgen der Vernichtung ziemlich wehrlos preisgaben, machten sie unhaltbar. Die mittelalterlichen Burgen waren für die kleinen Fehden, nicht aber auch für die größeren Kriege geschaffen, und da sie jetzt keinen erfolgreichen Widerstand leisten konnten, verloren sie ihre Bedeutung als Waffenplätze, mit Ausnahme jener, deren Lage eine militärische Wichtigkeit hatte, oder die in vorübergehender Feindesnoth als Asyl für die Umgegend dienen konnten. Als man 1594 in

Oberösterreich einen Einfall der Türken befürchtete, wurden nebst den Städten und damals noch befestigten Stiften die nachbenannten Burgen als Zufluchtsorte bestimmt. Im Machlande: Greinburg, Klamm, Klingenberg, Kreuzen, Luftenberg, Prandegg, Reichenau, Reichenstein, Riedeck, Ruttenstein, Spielberg, Steyeregg, Waldenfels, Weinberg, Wildberg, Windeck, Windhaag. Im oberen Mühlviertel: Eschelberg, Falkenstein, Lichtenau, Marspach, Neuhaus, Ottensheim, Piberstein, Pührnstein, Ranarigl, Wachsenberg. Im Traunkreise: Gschwendt, Klaus, Weißenberg. Im Hausruckkreise: Efferding, Kammer, Kogl, Puchheim, Schaunberg, Starhemberg, Wartenberg. Es mussten demnach diese Burgen noch widerstandsfähig, daher in ihren fortificatorischen Anlagen ziemlich wohl erhalten, und manche von ihnen auch schon mit neuartigen Befestigungen verstärkt gewesen sein. Ueber das Innviertel kann in dieser Beziehung keine Auskunft gegeben werden, weil es zu jener Zeit noch nicht zu Oberösterreich gehörte.

Jene Burgen nun, welche den Städten fern, oder auf zu hohen Bergen und Felsen lagen, oder in ihrer Unbedeutendheit und Einrichtung den steigenden Anforderungen des Luxus nicht bequeme Befriedigung boten, wurden verlassen. Man fand es angenehmer, in der Ebene oder in Städten mehr unter Menschen zu wohnen, als auf einsamen, beschwerlich zu besteigenden Bergen und Felsen zu nisten. Die für immer verlassenen Burgen wurden Schlosswärtern, Jägern, oft auch einer armen Bauernfamilie zur Beaufsichtigung übergeben, die nicht ersprießlich sein konnte, weil man wenig oder nichts zur Erhaltung der Burg verwendete. Dies geschah um so früher, wenn das Adelsgeschlecht, welches die Burg erbaut hatte, ausgestorben war, und sie in fremde Hände kam. Trat dann ein Brand durch Blitzstrahl oder Unvorsichtigkeit dazu, so sank die dachlose, unbewohnte und unbewachte Burg für alle Zeit in Trümmer. Es geschah auch, dass man eine Burg abdachte, um mit dem gewonnenen Materiale einen Meierhof neu zu decken.

Endlich kam der ultra-ökonomische Vandalismus, welcher die alten Burgen, oft noch ziemlich erhaltene Kunstbauten und historisch denkwürdig, um oder unter dem Materialwerte zum Abbruche verschacherte. Von den indolenten Nachkommen ihrer Erbauer, oder von den nur auf Gelderwerb sinnenden neuen Eigenthümern verachtet, dienten sie nun als billige und ergiebige Steinbrüche. Besonders wurden die Werkstücke, mit denen die Mauern und Thürme verkleidet waren, abgeschält. Die Steinmetzarbeiten, z. B. Thür- und Fensterstöcke, Gewölberippen und Schlußsteine, Säulen, Pfeiler, Fensterrosen u. s. w. wurden als die am besten zu verwertenden Baustoffe ausgebrochen und kommen daher selten noch in Ruinen vor.

An dem letzten Verfalle der Ruinen hatten auch die Schatzgräber, welche den Boden durchwühlten und die Mauer durchlöcherten, dann die in dem Mauerwerke und im Burgboden aufkeimende Pflanzen- und Waldvegetation ihren Antheil. Die Wurzeln der Waldbäume drängen das alte Gestein auseinander, der Regen und Schnee dringt in die Spalten und macht die Mauer mürbe. Die Stürme rütteln an dem morschen Baue und schaukeln die langen Bäume hin und her, welche nun gleich ebenso vielen Hebeln und Brecheisen an der Zerklüftung der Mauer arbeiten. Die Zeit ist nicht mehr ferne, wo auch die letzten charakteristischen Burgüberreste eingestürzt und verschwunden sein werden.

Und doch wäre eine Conservierung der Ruinen nicht sehr kostspielig gewesen. Mit einigen Schließen und der Ueberdachung der wichtigsten Burgpartien, wozu das Holz oft in und bei der Burg wächst, mit Ausrottung der Vegetation, möglichstem Absperren und zeitweiligem Nachsehen durch die Förster und Beamten des Gutsherrn wäre das Nothwendigste gethan worden.

Zwar geschah es in neuester Zeit, dass man einige Ruinen restaurieren ließ, allein dies geschah gewöhnlich in einer dem Charakter des Mittelalters und der damaligen Bauweise in Deutschland so fremden Art, dass die Ruinen gerade durch diese Restauration vernichtet worden sind. Es wurden dazu Architekten berufen, welche sich über die Formbildung und Kriegsbaukunst des deutschen Mittelalters keine eingehenden Kenntnisse erworben hatten, wenn sie auch in anderen Sphären der Baukunst sehr tüchtig waren. Wie gesagt, die Burgruinen liegen seit Jahren in den letzten Zügen, und oft, wo ein Arzt gerufen wird, um sie herzustellen, gehen sie an seiner Behandlung zugrunde.

Als Beispiel der bereits erwähnten Indolenz und des Vandalismus, mit welchem man selbst bei Burgen von hoher Berühmtheit und architektonischer Schönheit verfuhr, mag noch die Zerstörung der Burg Vianden angeführt werden.

Sie liegt im Großherzogthum Luxemburg und war in der zweiten Hälfte des 14. Jahrhunderts der Sitz Otto's von Nassau, Stammvaters der Könige von Holland. Ueber sie sagt der ausgezeichnete Alterthumskenner A. Reichensperger, das Schloss Windsor und die Papstburg zu Avignon, die großartigsten Burgpaläste des Mittelalters, seien zwar in einem noch großartigeren Maßstabe angelegt, als Vianden; allein beide ständen in Bezug auf stilistische Durchbildung, überhaupt auf künstlerischen Reiz eben so weit hinter Vianden zurück, wie etwa die Kathedrale von York und Chartres hinter dem Dome zu Köln. Man brauche, um sich von der Größe und Genialität der mittelalterlichen Architektur zu überzeugen, nur die Bauwerke von Vianden zu studieren. Das 11. und 13. Jahrhundert, also die Zeit der schönsten Blüte der romanischen und des Knospens der gothischen Baukunst, habe die kolossale Burg gestaltet, und ihre Glieder mit der ihr eigenthümlichen keuschen Anmuth geschmückt in der Art, dass man unschlüssig bleibe, ob man mehr die imposante Würde der Gesammt-Anlage bewundern solle, oder die aus der Construction mit organischer Lebendigkeit sich entwickelnde sinnvolle Eleganz des Ornamentes.

Und was war das Endschicksal dieser herrlichen Burg?

Nach Reichensperger's Bericht fand sie das Jahr 1820 noch durchaus bewohnbar und unter Dach und Fach. Als sich aber ergab, dass die Reparatur des Dachwerkes die Summe von 400 fl. erheische, beschloss die Behörde, die Burg auf den Abbruch zu verkaufen, und König Wilhelm unterzeichnete die über die herrliche Wiege seiner Ahnen gefällte Sentenz.

Die Burg Vianden wurde nebst den anliegenden Gärten, Wiesen und sonstigen Dependenzien durch den Auctionshammer einem gewissen Koster & Comp. für die Summe von 1400 Kronthalern zugeschlagen. Alsbald gingen Pickel und Brecheisen eifrig an's Werk: die Schiefer und Nägel wanderten von den Dächern herab; das Blei wurde aus den größtentheils gemalten Fenstern, die Klammern aus den Mauern gerissen, nicht eines Groschen Wert entging dem Späherblicke der neuen Herren von Vianden. Die reichste Ernte aber ergab das Holzwerk; ein ganzer Wald von kerngesunden mächtigen Eichen ward bergab geschleift, um zu Mehlfässern für Luxemburger Magazine verarbeitet zu werden. Darauf wurde im Jahre 1827 die Burg als Ruine ohne die dazu gehörig gewesenen Ländereien durch den König von Holland für 110 fl. zurückgekauft und seitdem haben Sturm und Regen es unternommen, das Zerstörungswerk von Koster & Comp. fortzusetzen.

Entkleidung des mittelalterlichen Charakters.

Die in bequemerer Lage befindlichen und nicht verlassenen Burgen wurden seit dem zweiten Viertel des 16. Jahrhunderts wohnlicher umgebaut, und dabei ihres mittelalterlichen Charakters meistentheils entkleidet, und auch später noch änderte und baute man an vielen Burgen so lange, bis sie in gewöhnliche große Wohnhäuser umgewandelt waren.

Jene Adelsgeschlechter, welche ihre Burgen für immer verlassen hatten, errichteten nun in Thal und Ebene neue Schlösser. Diese erhielten einen symmetrischen, von runden oder viereckigen Thürmen flankierten Grundriss, geschnörkelte Giebeln, Treppenthüren, Schießscharten von der mannigfaltigsten Gestalt für die Feuerwaffen und einen Graben. Dies jedoch nicht zum eigenen Kriegführen, daran dachte Niemand mehr, sondern man war froh, wenn man herumziehende Schnapphähne durch eine aufgezogene Brücke und einige Schüsse abhalten konnte. Jetzt wurde der Krieg nur noch von den Fürsten geführt, und zwar mit Hilfe einheimischer und ausländischer Söldner, die man nur für die Dauer des Feldzuges anwarb. Nach demselben entlassen, oft ohne dass ihnen der Sold ganz ausgezahlt worden wäre, durchzogen sie plündernd das Land, bis sie gewöhnlich ein Landesaufgebot nach manchen Kämpfen vertrieb oder vertilgte.

Dies war auch eine der Ursachen, warum viele vom Adel sich Häuser in den wohlbefestigten und vertheidigten Städten, in Oberösterreich besonders zu Linz, Ens und Wels, bauten. Sie hatten hier in unruhigen Zeiten mehr Sicherheit, im Frieden mehr Comfort und alle Annehmlichkeiten eines geselligen Lebens. Ihre Häuser wurden gewöhnlich mit Eckthürmchen geschmückt, um anzuzeigen, dass ihre Besitzer dem Adel oder Patriciat angehören; denn diesen allein stand damals das Recht zu, solche Baue aufzuführen.

Der wesentliche Unterschied zwischen den Bauten in den neuen Schlössern und jenen der mittelalterlichen Burg bestand darin, dass Ziegel statt Bruchsteinen, platte statt rinnenförmige Dachziegel, Pflasterziegel statt Estrich oder Steinpflaster, hohe Dächer auf allen Gebäuden, zwiebelförmige Thurmbedachung, zahlreichere Windfahnen; symmetrische und räumliche Eintheilung der Gemächer, Fenster und Thüren; breitere und freiere

Mühlgrueb. (Fig. 87.)

Stiegen und Gänge, statt der früher oft in der Mauerdicke versteckten Treppen; Vordächer über den Eingängen, gerade, längere Fronten, geräumige Höfe, kasernartige Bauten eingeführt wurden. Ein viereckig geschlossener Bau mit Eck- und manchmal auch Mittelthürmen, oder ein Thurm in der Mitte der Hauptfront war im 17. Jahrhundert sehr beliebt. (Fig. 87.)

Klingenberg. (Fig. 88.)

Größere Burgen, die nicht zu hoch oder zu entfernt von Städten lagen, oder jene, deren Stelle militärische Wichtigkeit hatte, verwandelte man in neueren Befestigungsweisen zu Bergschlössern. Die Zinnen wurden entfernt, die Ringmauer, sowie auch die an ihr stehenden Thürme niedriger gemacht (Neuhaus). Erstere bekam einen neuen, mit einem Ziegeldache bedeckten, aus Riegelwerk erbauten, über die Mauerfläche vortretenden Gang (Fig. 88), der mit Fenstern, die Laden von Brettern hatten, versehen war. Statt der flankierenden Thürme setzte man in den Gräben an die Mauer Streichwehren oder Rondellen an, niedrige Thürme, meistens Halbthürme, welche mit fein profilierten Scharten für Geschütze und Wallbüchsen durchbrochen waren.

Wachsenberg. (Fig. 89.)

Bald darauf, um das Jahr 1524, begann man die Ringmauer durch angeschüttete Erdwälle zu verstärken, ihr ein möglichst freies Schussfeld zu bereiten, und sie auf diese Weise zum Geschützgebrauch und Geschützwiderstand tauglicher zu machen. Gegen die Mitte des 16. Jahrhunderts baute man neue Streichwehren, nicht mehr rund, sondern in der Form von Bastionen, mit vertieften Flanken und gewölbt, und mit zahlreichen Scharten für Kanonen und kleineres Schießgewehr. Der Graben wurde erweitert. Vor dem Thore, dessen Zugbrücke man mit Wagebalken versah, legte man jenseits des Grabens Vorthürme oder gemauerte Bastionen an. (Fig. 89.)

Diese Uebergangszeit der mittelalterlichen Befestigungsweisen in die neuere, dem Geschützwesen entsprechendere, erstreckte sich in Deutschland bis in den 30jährigen Krieg, während welchem noch die großen Bergschlösser zur Vertheidigung viel beitrugen.

In neuerer Zeit aber verschwand auch ihre militärische Wichtigkeit. Man ließ nun die Vertheidigungswerke verfallen oder abtragen, und wandelte die Gräben in Gemüsegärten um, oder füllte sie aus.

So hörten auch die citadellartigen Schlösser auf.

Literatur.

Cohausen von: Die Bergfriede; im 28. Hefte der Jahrbücher des Vereines von Alterthumsfreunden im Rheinlande. — Essenwein: Schloss Pernstein; in den Mittheilungen der k. k. Central-Commission VII. 1862. — Essenwein: Die mittelalterlichen Baudenkmale von Friesach; in Mittheilungen VIII. 1863. — Feil: Einleitendes über Burgen im Lande unter der Ens; im Berichte des Alterthums-Vereines zu Wien I. 1856. — Frommer: Ruine Stahremberg in Niederösterreich; in Mittheilungen der k. k. Central-Commission XV. 1870. — Gradt: Die Burgruine Gösting; in Mittheilungen XVI. 1871. — Grueber: Die Kaiserburg zu Eger; Prag 1864. — Hefner und Wolf: Burg Tannenberg und ihre Ausgrabungen; Frankfurt 1849. — Krieg von Hochfelden: Geschichte der Militär-Architektur des früheren Mittelalters; Stuttgart 1859. — Leber: Die Ritterburgen Rauheneck, Scharfeneck und Rauhenstein; Wien 1844. — Leber: Beschreibungen einiger Burgen im Kreise unter dem Wienerwald; Alterthums-Verein zu Wien I. 1856. — Leo: Der Burgenbau vom 11. bis 14. Jahrhundert; in Raumer's historischem Taschenbuche; Leipzig 1837. — Mutzel: Die römischen Wartthürme; in den Abhandlungen der königl. bair. Akademie der Wissenschaften VI. Bd. II. Abth. 383—405. — Perger: Baubeschreibung der Veste Aggstein; Alterthums-Verein zu Wien VII. 1864. — Scheiger: Ueber Burgen und Schlösser im Lande unter der Ens; Wien 1837. — Scheiger: Andeutungen über Erhaltung und Herstellung alter Burgen; Graz 1858. — Schuitz Alwin: Ueber den Bau der Hofburgen des 12. und 13. Jahrhunderts; Berlin 1862. — Schulcz Ferencz: Studien über Befestigungsbauten des Mittelalters; Mittheilungen der k. k. Central-Commission XIII. 1868 und XIV. 1869. — Weininger: Mittelalterliche Burgen; in Westermann's illustrierten Monatsheften 1860. — Vischer: Abbildung aller Stätt, Clöster und Schlösser dess Erz-Herzogthums Oesterreich ob der Ens 1674. (Topographia Archiducatus Austriae Superioris.)

Demmin: Die Kriegswaffen; Leipzig 1869. — Falke: Die Gastlichkeit im Mittelalter; in Raumer's historischem Taschenbuche; Leipzig 1862. — Falke: Die irrende Ritterschaft; Taschenbuch; Leipzig 1863. — Falke: Ueber Fensterverglasung; Mittheilungen der k. k. Central-Commission VIII. 1863. — Funke: Das Ritterthum; Meyer's Geschichts-Bibliothek III. 1. — Riewel: Studien über Schmiede- und Schlosser-Arbeiten in Oesterreich; Mittheilungen der k. k. Central-Commission XV. 1870. — Scherr: Die ritterlich-romantische Gesellschaft; Meyer's Geschichts-Bibliothek XIII. 2. — Weinhold: Die deutschen Frauen im Mittelalter; Wien 1851. — Die Sammlungen des germanischen Museums zu Nürnberg 1868. — Der Katalog der daselbst befindlichen Bautheile und Baumaterialien 1868 und der Gewebe, Stickereien etc. 1869.

Inhalt.

Einleitung.

I. Die Herrenburg.

1. Vorburg.

2. Die Hauptburg.

a) Umfassung.

b) Bergfried.

Kriegerisches Leben in der Burg.

c) Der Palas.

d) Kapelle.

e) Weiberhaus.

f) Die übrigen baulichen Einrichtungen.

Häusliches und geselliges Leben in der Burg.

Verzeichnis der Abbildungen.

Aus J. N. Cori's Nachlass.

Sechs Donauburgen

Krämpelstein — Vichtenstein
Wesen — Falkenstein — Ranarigl — Marsbach

und Wildberg bei Linz.

Aus dem Nachlasse des Verfassers herausgegeben von

Albin Czerny.

Mit acht Abbildungen.

Krämpelstein.[1]

Am rechten Donauufer auf einem vom Strome aus unzugänglichen Felsen etwa halben Weges zwischen Passau und Vichtenstein (Abbildung S. 65).

Krämpelstein war nie der Sitz eines bedeutenderen Adelsgeschlechtes, sondern bloß der Burghüter, später Pfleger, welche der Bischof von Passau bestellte, in dessen Territorium die Burg immer lag. Sie gebot über keine ansehnlichen Besitzungen; es gehörte zu ihr nur eine Hofmark.

Dies ist die Ursache, dass Krämpelstein eine kleine Veste, ein Burgstall blieb, nie in der Geschichte handelnd auftrat und wir demnach nur weniges über sie wissen.

Schon die Zeit ihrer Entstehung ist uns gänzlich unbekannt. In den oftmaligen Processen und Fehden 1221-1245 zwischen den Passauer Bischöfen und dem Grafen Konrad von Wasserburg, Herrn auf Vichtenstein, von welcher Burg Krämpelstein nur eine Stunde entfernt ist, wird es nie genannt, so auch nicht in den Aufzeichnungen über die Besitzungen und Einkünfte des Passauer Bisthums vom Jahre 1254-1264. Es mochte also damals noch nicht existiert haben.

Die Meinung, dass Chramaeressteine, welches als Besitzung Dietmars um das Jahr 1200 genannt wird, mit Krämpelstein identisch sei, lässt sich nicht annehmen. Dietmar schrieb sich nicht bloß de Chramaeressteine, sondern auch de Chramerstain und de Kramerstein. Zudem ist die Bedeutung der Wurzel-

---

[1]) Der Verfasser ist bei diesem und den folgenden Aufsätzen mit ängstlicher Genauigkeit den Quellen nachgegangen. Fast jeder Satz der geschichtlichen Darstellung wurde mit Nachweisen belegt. Um die Zerschneidung des Textes durch kleine, den Leser beständig unterbrechende Noten zu verhüten, geben wir hier und im Folgenden summarisch die Fundgruben an, welche er für seine Arbeit ausnützte

Quellen: Monum Boica. — Urkundenbuch des Landes ob der Ens. — Lamprecht, Historisch-topographische Matrikel des Landes ob der Ens. — Pillwein, Geschichte, Geographie und Statistik von Oesterreich ob der Ens, Innkreis. — Buchinger, Geschichte des Fürstenthums Passau. — Erhard, Geschichte der Stadt Passau — Hundt, Metrop. Salisb. — Hansiz, Germania sacra. I.

worte dieser beiden Burgnamen, nämlich Krämer und Krämpel ganz verschieden. Letzteres Wort bedeutet den Brechkamm der Tuchmacher und der Flachsarbeiter und mochte der Felsen, auf welchem Krämpelstein erbaut worden ist, ursprünglich

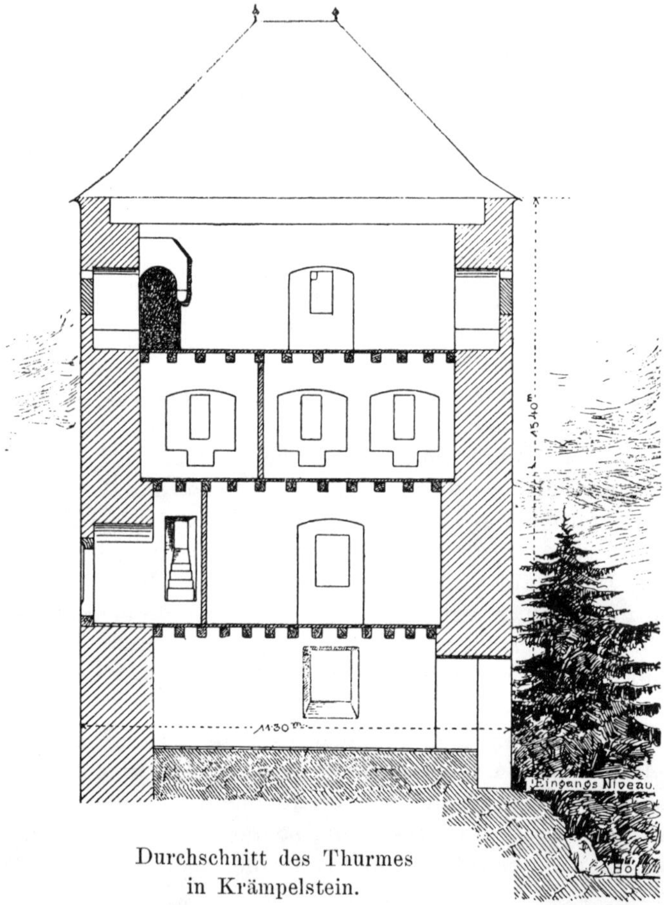

Durchschnitt des Thurmes
in Krämpelstein.

gewisse Aehnlichkeit mit einer solchen Krämpel gehabt und davon den Namen bekommen haben.

Krämpelstein wird zum erstenmal im Jahre 1337 genannt, wo daselbst unter Bischof Albert II. ein Gütertausch vorkam.

Allem Anscheine nach ist diese Veste in der ersten Hälfte des 14. Jahrhunderts als Mautstation erbaut worden, um das Zoll- und Gleitrecht auszuüben, und bestand ursprünglich nur aus dem wohnlich eingerichteten Zollthurm und aus einer Umfassungsmauer. Es reisten die böhmischen Salzhändler über Obernzell und Krämpelstein nach Schärding, wo die Baiern eine große Salzniederlage hatten und auch die Schärdinger verfrachteten gerne das Salz auf dieser Straße nach Prachatitz in Böhmen. Die Passauer Bürger protestierten oft dagegen, so im Jahre 1435 und 1510, weil dadurch ihre Stadt, welche für den Salzhandel nach Prachatitz ein Privilegium hatte, umgangen wurde.

In Krämpelstein mochte später auch das Wohnhaus deshalb zugebaut worden sein, um als eine kurze Ruhestation für die Passauer Bischöfe zu dienen, wenn diese aus Oesterreich, welches bis an die ungarische Grenze zu ihrer Diecöse gehörte, heimkehrten. Die Reise dahin geschah wohl meistens zu Schiffe. Man sagt, dass die Passauer Bischöfe bis nach Wien in eigenen Burgen und Häusern übernachten konnten.

Als Burghüter von Krämpelstein wird zuerst 1370-1380 der passauische Ministerial Janes Thyrmayr oder Thitmayr genannt. 1397 wurden unter Bischof Georg, Grafen von Hohenlohe, abermals einige Krämpelsteiner Güter getauscht, wahrscheinlich um die Hofmark besser zu arrondieren und in der Nähe der Veste zu concentrieren.

1406 übernahm das bairische Adelsgeschlecht der Raspen mittelst Contracts die Burghut von Krämpelstein, behielt dieselbe jedoch nicht lange, denn circa 1421 wurde die Veste an Ulrich Kastenmayer übergeben, der sie noch 1424 besaß.

1424 war Hans Zenger Pfleger zu Krämpelstein. Ihm waren, als Bischof Georg die Burg Griesbach baute, einige Häuser demoliert worden, wofür man ihn mit Geld und vermuthlich auch mit dieser Pflegschaft entschädigte.

1473 kommt Heinrich Hevraus als Pfleger vor. Dieser Name ist böhmisch und sein Träger mochte einer jener vielen Böhmen gewesen sein, die damals als gutgeschulte Krieger in fremde Dienste traten.

1495 bekam Georg Pernpeck, welcher bairischer Pfleger auf Neuhaus war, vom Bischof Christoph die Pflege in Krämpelstein lebenslänglich und ließ sie durch seinen Sohn verwalten.

1505-1510 war Krämpelstein sammt Zugehör im Besitze des Burghart von Messenbeck, dem es der Bischof Viguleus, sein Verwandter, auf Lebenszeit verliehen hatte. Das Gut wurde durch den Rentmeister Joseph Schiechl verwaltet.

Der Sage nach starb hier der Prälat Dr. Rupert von Moosheim als Gefangener. Sein Kerker wird noch heutzutage das „Pfaffenstübl“ genannt. Rupert war von 1522 bis 1539 Domdechant in Passau, und stand damals in so hohem Ansehen, dass er zum Coadjutor des Bisthumsadministrators Herzog Ernst vorgeschlagen wurde. Im Jahre 1537 begann er die katholische Kirche auf das heftigste anzugreifen, verwarf auch die reformierte und lutherische Lehre und wollte eine neue Religion begründen, von der er behauptete, dass sie ihm von Gott selbst geoffenbart worden sei. Seine unklare Doctrin veröffentlichte er in mehreren Abhandlungen und Werken und wurde in Folge dessen 1539 seines Amtes und seiner Würden entsetzt und aus Passau verwiesen. Nachdem er sich früher schon persönlich an den deutschen König Ferdinand und an den päpstlichen Legaten gewendet hatte, wurde er nun 1540 vor eine kaiserliche Prüfungscommission nach Hagenau berufen. Diese, sowie auch der Erzbischof von Mainz, welcher Ruperts Hauptwerk über die Monarchie und Wiedergeburt des christlichen Glaubens prüfen ließ, erklärten ihn für einen verstockten Ketzer. Da man Ursache hatte, ihn für geistesirr zu halten, wurde er zu lebenslänglicher Haft verurtheilt. Er starb 1545 im Gefängnisse, wie Einige angeben, als Selbstmörder.

1549 erhielt Baiern die Landeshoheit, der Bischof die Hofmarkgerichtsbarkeit über Krämpelstein, welche anfänglich durch den Pfleger von Vichtenstein ausgeübt wurde. Die übrigen Geschäfte, sowohl in Krämpelstein als Pührawang, besorgte ein eigener Verwalter. Die Streitigkeiten zwischen den bischöflichen Beamten und dem bairischen Landgerichte zu Schärding wegen der Jurisdiction wiederholten sich oft und dies mag dazu beigetragen haben, dass gegen Ende des 16. Jahrhunderts Krämpelstein von Vichtenstein abgetrennt und dem Pfleger von Obernzell zugewiesen wurde. Georg Ritter von Khöleburg und Schwangau, fürstbischöflicher Rath, kommt als Pfleger zu Obernzell, Griesbach, Krämpelstein und Pührawang vor. 1601 mussten jedoch die Krämpelsteiner und Pührawanger zu Schärding an Baiern den Unterthanseid leisten und 1690 wurde dem Bisthum Passau die völlige hofmärkische Gerichtsbarkeit über Krämpelstein und Zugehör, d. i. Diezendorf, Esterberg und Kirchberg nebst der Reschauermühle, dem sogenannten Lederhofe und zwei Gütern zu Schacha, zugesprochen aber ohne höheres Malefiz- oder Territorialrecht und ohne Befreiung von den landesherrlichen Steuern.

Seitdem wissen wir nichts mehr über Krämpelstein zu berichten, ausser dass es wieder der Herrschaft Vichtenstein incorporiert wurde, nach und nach verfiel und endlich als Wohnstätte für arme Familien diente und noch dient. Einstens soll darin ein armer Schneider gehaust haben, welcher bei Wegschaffung seiner todten Geiß in die Donau fiel und ertrank. Seitdem heisst Krämpelstein bei den Schiffern das Schneiderschlösschen. Seine bewohnten Trümmer schweben wie ein lockerer Hut auf dem Haupte oben am Felsen; der Vorüberfahrende an der Donau zittert, wenn er denkt, dass ein bloßes Lüftchen das gefährliche Mauerwerk auf das Schiff hinabschleudern könnte.

Vichtenstein.[1]

Weitläufige, auf hohem Berge gegenüber dem bairischen Markte Hafnerzell gelegene Veste.

Das Gebiet von Vichtenstein gehörte im 11. Jahrhundert den reichsunmittelbaren, mit Landeshoheit begabten Grafen von Formbach, deren Besitzungen an beiden Seiten des Inns in breiter Ausdehnung von Schärding bis gegen Passau, dann im rechtsseitigen Donauthale südlich bis über Peuerbach und Erlach, östlich bis in die Nähe von Linz und endlich weitausgebreitet auch in Niederösterreich lagen. Am linken Ufer des Inns erhoben sich die Stammburg Formbach und nicht weit davon der spätere Dynastensitz Neuburg.

In der zweiten Hälfte des 11. Jahrhunderts theilte sich das Geschlecht in vier Linien, und zwar in jene von Neuburg-Püten, letzteres an der ungarischen Grenze, von Formbach-Vichtenstein, von Ratelnberg bei Göttweig in Niederösterreich und von Windberg mit Gütern am Inn und bei Göttweig.

Der Gründer der Linie Vichtenstein, Graf Heinrich II., besaß an der linken Seite des Inns die Burgen Griesbach, Formbach und einen Antheil an Neuburg, das auch seinem älteren Bruder Eckbert von Püten gehörte. Jenseits des Inns gebot Heinrich über einen großen Theil des Landstriches, welcher in dem Dreiecke liegt, dessen längere Seite von der Donau, die kürzere von dem einmündenden Inn gebildet wird. Im Osten reichten seine Güter bis Natternbach und Kopfing,

---

[1]) Quellen: Moriz, Geschichte der Grafen von Formbach. — Strnad, Peuerbach. — Monum. Boica. — Urk.-Buch des Landes ob der Ens. — Monum. Germaniae. — Kurz, Beiträge zur Gesch. Oesterreichs ob der Ens. — Kurz, Albrecht III. Kurz, Albrecht IV. — Pritz, Gesch. des Landes ob der Ens — Stülz, Gesch. des Stiftes St. Florian. — Lang, Baierns Grafschaften. — Hormayr's Werke III. — Abhandlungen der k. baierischen Akademie der Wissenschaften. — Böhmer, Fontes rerum german. II. — Ried, Codex diplom. Ratisbon. — Buchinger, Gesch. Passau. Buchner, Gesch. Baierns. — Oefele, Script. rerum boic. — Meischelbeck, Histor. Frising. — Palacky, Gesch. von Böhmen.

im Süden bis Rab, Enzenkirchen und Sigharting. Nebstdem besaß Heinrich die Herrschaft Kreuzenstein in Niederösterreich, die Gerichte an beiden Seiten des Inns und seit 1067 die Schirmvogtei über die in Baiern liegenden Güter des Augustinerstiftes St. Nikola bei Passau.

Ueber die Zeit, wann die Grafenburg Vichtenstein erbaut worden ist, fehlen alle Nachrichten. Sie mochte im Anfange des 12. Jahrhunderts entstanden sein. Dafür sprechen folgende Thatsachen.

Heinrich II., † um 1090, führte nie das Prädicat von Vichtenstein. Auch sein Sohn Dietrich, der als Schirmvogt oft in

Vichtenstein.

den Urkunden vorkommt, nannte sich in der ersten Zeit nur Graf von Formbach, oder bloß Graf Dietrich, Schirmvogt. Sein älterer Bruder Gebhard wird in zwei Urkunden circa 1090 und 1120 angeführt, jedoch nur als Graf ohne den Beinamen von Vichtenstein. Es wird zwar ein Gebhard von Vichtenstein um das Jahr 1070 genannt, allein die beiden Urkunden, auf welche man sich dabei beruft, sind nicht echt. Erst im Jahre 1116 erscheint Dietrich als Graf von Vichtenstein und führt diesen Titel seitdem öfter als jenen von Formbach. Die neue Grafenburg Vichtenstein, für welche wahrscheinlich er selbst den Platz ausgesucht und die er nach seinem Geschmacke erbaut hatte, mag ihm viel besser als die alte Stammburg Formbach gefallen haben, denn er verkaufte diese um das Jahr 1125 an das Benedictinerstift, welches seine Vorfahren im Orte Formbach gegründet hatten, ohne jedoch das Prädicat Formbach gänzlich aufzugeben. Die Ursache, warum der Burgbau von Vichtenstein erst später vorgenommen wurde, dürfte darin zu suchen sein, dass beim Entstehen dieser Grafschaft unter Heinrich II. die dortige Gegend noch vom Walde bedeckt war und vorerst einigermaßen gelichtet und colonisiert werden musste. Dieser Wald hieß der Passauerwald und erstreckte sich von St. Willibald bei Rab bis Wesenufer und von da bis Passau hin.

Dietrich starb um das Jahr 1145 als der Letzte seiner Linie. Er hinterließ von seiner Gattin Adelheid eine einzige Tochter namens Hedwig, die mit dem reichsunmittelbaren Hallgrafen Engelbert vermählt war und seinem Geschlechte nun die Grafschaft Vichtenstein sammt den anderen Gütern zubrachte. Nur die Schirmvogtei über St. Nikola kam theils an die Grafen von Ortenburg, theils an die formbachische Linie Neuburg-Püten.

Engelbert stammte von den salzburgischen Hallgrafen, d. i. Salzgrafen von Plain, ab und gebot an beiden Seiten des mittleren Inns in Oberbaiern über große Besitzungen, welche sich im Südosten über den Chiemsee bis ins Salzburgische ausdehnten und nun durch die Erwerbung der vichtenstein'schen Erbschaft bedeutend vermehrt wurden.

Die Hallgrafen hatten einen fürstlichen Hofstaat und zahlreiche Ministerialen. Die Ministerialen, welche die Mittelstufe zwischen den Zinsbauern und den vollkommen freien, niemand verpflichteten Rittern und Edlen bildeten, mussten bei ihren Herren verschiedene Dienste verrichten und besaßen dafür Dienstländereien, über die sie bisweilen frei verfügen konnten. Höher als sie standen die Vasallen, welche bloß zum Besatzungs- und Kriegsdienst verpflichtet waren. Später hörte die strenge Sonderung der Vasallen von den Dienstmannen auf, indem manches Hofamt wichtiger als der Kriegsdienst erschien und vielen Dienstmannen auch die Kriegsfolge zur Pflicht gemacht wurde. Die Ministerialen eines Herrn bildeten gewöhnlich eine Genossenschaft, hielten besondere Versammlungen, wurden von ihren Dienstherren über wichtige Gegenstände befragt, legten Zeugenschaft ab, unterfertigten Urkunden und hatten in allen Dingen, die nicht auf die Dienstverhältnisse sich bezogen, ihren besonderen Gerichtsstand. Da sie die Inhaber der wichtigeren Aemter waren, so kam ein großer Theil der Verwaltung in ihre Hände. Die übergebenen Aemter wurden sehr oft in erbliche verwandelt.

Unter Engelberts Nachkommen, Dietrich und Konrad, 1169-1255, kommen die nachbenannten Ritter- und Edelgeschlechter als Ministerialen von Wasserburg und Vichtenstein urkundlich vor: Die Planck von Aschheim als Marschälle, die von Aiglingen, Glafbach, Ettlingen, Gauvaltsheim, Goggelingen, Grantperg, Gravendorf, Griestett, Gutteling, Hademarsah, Hafenheim, Haienheim, Heimingen, Hochausen, Holzenhausen, Hugenberg, Inningen, Iselvingen, Karvingen als Truchsesse, Katz, Katzbach, Kersdorf, Laimingen als Kämmerer, Neuenhofen, Neuvertingen, Nodernbach, Nuzingern, Perchah, Prambach, Prukk, Pusenberg, Pyrchenvanch, Rechpochingen, Reut als Schenke, Rotenberg, Rotenbach, Rumting, Sachsenheim, Schalechdorf, Schönstedt, Sebruck, Seckbach, Spielmannsperg, Steinhart, Steinhausen, Steringen, Sundermaringen, Vichtenstein als Burgverwalter daselbst, Waldeck, Wernberg, Zell.

Graf Engelbert führte nie den Titel von Vichtenstein, vielleicht deshalb nicht, weil seine Gemahlin Hedwig die eigentliche Herrin dieser Grafschaft war. Aber auch sie hieß nur die Hallgräfin; erst ihre beiden Söhne bedienten sich zeitweilig des Prädicats von Vichtenstein und zwar noch bei Lebzeiten ihres Vaters. Wahrscheinlich bekamen sie die mütterlichen Erbgüter als Apanage und Vichtenstein als Wohnsitz zugewiesen. Das geschah um das Jahr 1151.

Nach 1145 schenkte Engelbert, gewiss mit Einverständnis seiner Gemahlin, den Burgzehent von Vichtenstein dem Benedictinerstifte Atl, welches er an der Stelle seines von ihm niedergerissenen Stammsitzes Lintburg neu gegründet hatte. Seit dieser Zeit verlegte er seinen Dynastensitz nach der nicht weit von Atl am linken Ufer des Inns auf einer Landzunge gelegenen Stadt Wasserburg. Erst sein Sohn Dietrich nahm um 1170 den zeitweiligen Titel eines Grafen von Wasserburg an.

Die Hallgräfin Hedwig bezeigte sich gegen das Stift Formbach freigebig, besonders geneigt aber war sie dem Augustinerstifte Reichersberg, wohin sie sich kurz nach dem im Jahre 1169 erfolgten Tode ihres Gatten mit ihrem ältesten Sohne Gebhard und mit ihren Töchtern Alheidis und Richkardis zurückzog. Sie wohnte hier in dem neben dem Augustinerstifte errichteten Frauenstifte, starb aber schon im Anfange 1170 und wurde als Hallgräfin feierlich in der Capitelhalle des Stiftes beigesetzt. Ihre Töchter waren Nonnen geworden.

Ihr ältester Sohn Gebhard, der als ein edler Herr von schöner und ansehnlicher Gestalt geschildert wird, kommt schon 1140 neben seinem Vater, 1151 und dann noch einigemal als Graf von Vichtenstein, sonst aber als Hallgraf vor. Am Feste Mariä Geburt 1169 legte er in der Stiftskirche zu Reichersberg die Waffen und den Kriegsgürtel feierlich ab und zog das Ordenskleid an. Auch er lebte nicht lange mehr und starb bereits 1175 als Subdiacon und Chorherr.

Sein Bruder Dietrich, dessen schon 1150 erwähnt wird, hatte 1169 die sämmtlichen Besitzungen seines Hauses übernommen und trat schon früher, 1160 mit dem Titel eines Grafen von Vichtenstein auf, den er auch in der Folgezeit sehr oft beibehielt. Nebstdem nannte er sich mehrmals Hallgraf, einigemal Graf von Wasserburg und während seines Aufenthaltes am herzoglichen Hofe zu Wien auch Graf von Griezzenstein (Kreuzenstein). Es herrschte damals noch die Sitte, sich bald von dieser, bald von jener eigenen Burg, in der man eben wohnte, zu benennen.

Weil nun Graf Dietrich öfters das Prädicat von Vichtenstein gebrauchte, so ist die Vermuthung annehmbar, dass er gern und oft in der Burg verweilte. Sie bot auch viel Unterhaltungsstoff. War ja das Donauthal damals eine stark besuchte Weltstraße, die der Burg Vichtenstein immer neue und oft sehr interessante Gäste und der vichtenstein'schen Mautstation zu Kasten fortwährend frische Neuigkeiten zuführte. Man brachte auf dieser Straße nach Constantinopel, welches die wichtigste Handelsstadt im Morgenlande war, Waffen, Sattlerarbeit, wollene Zeuge, Leinwand und Metalle, während man von dort Wein, Oel, seidene Stoffe, scharlachene Tücher und die griechischen Natur- und Kunsterzeugnisse holte. Der Donauweg sowohl zu Land als zu Wasser wurde auch noch durch die Kreuzfahrer und durch die Kaufleute, welche nach oder aus Russland zogen, lebhafter gemacht.

Ein anderer Grund für den in früherer Zeit ständigen Aufenthalt Dietrichs in Vichtenstein liegt darin, dass der Graf sich bald und noch bei Lebzeiten seines Vaters vermählte, und somit einen eigenen Haushalt gründete. Diesen konnte er aber in Vichtenstein unbehinderter durchführen, als in Wasserburg, wo der Vater bis 1169 seinen Wohnsitz und Hofstaat hatte.

Daraus folgt weiter, dass Dietrichs Töchter, welche sämmtlich in der ersten Zeit seiner Ehe geboren worden sind, noch in Vichtenstein aufwuchsen und dort zumeist ihre Erziehung erhielten. Und so kann man sagen, dass aus Vichtenstein die Ahnfrau der heutigen Könige von Baiern hervorgegangen sei. Dietrichs älteste Tochter Agnes heiratete nämlich Otto, den ersten Herzog aus dem Hause Wittelsbach.[1]) In Vichtenstein zumeist wuchs auch Dietrichs dritte Tochter Mathilde heran. Sie wurde Markgräfin von Hohenburg und Mutter von vier Söhnen, welche am Hofe des Hohenstaufen Konrad IV. in hohem Ansehen standen, nach dessen Tode in Neapel eine große Rolle spielten und endlich, von König Manfred besiegt, 1256 zu lebenslänglichem Gefängnis verurtheilt wurden.

Vichtenstein hatte unter dem Hallgrafen Dietrich seine Glanzperiode erreicht, aber auch beendigt. Da er im Jahre 1205 zum letztenmal urkundlich erscheint, so dürfte sein Tod in diese Zeit zu setzen sein.

Sein einziger Sohn Konrad, der 1201 zum erstenmal vorkommt, gebrauchte den Beinamen von Vichtenstein nie. Ein einzigesmal 1226 nennt er sich, jedoch nicht in der Aufschrift, sondern nur im Context der Urkunde Graf von Vichtenstein. Er wählte, wie es nun allgemein gebräuchlich wurde, einen ständigen Titel und nannte sich nach seinem eigentlichen Stammsitze anfänglich Hallgraf von Wasserburg, später nur Graf von Wasserburg und schrieb sich auch zuweilen Konrad von Gottes Gnaden Graf von Wasserburg.

Im Herbste 1217 hatte König Andreas von Ungarn einen Kreuzzug unternommen; mit ihm zog eine zahlreiche deutsche Ritterschaft, auch aus der Nachbarschaft des Grafen Konrad, nach dem gelobten Lande. Doch das Unternehmen misslang. Der König kehrte nach Ungarn heim, nur ein großer Theil der Deutschen blieb noch zurück. Sie zogen nach Aegypten, wohl einsehend, dass der Besitz dieses Landes ein wesentliches Erfordernis sei, um das gelobte Land behaupten zu können. Sollte jedoch diese Expedition von Erfolg gekrönt werden, so

---

[1]) Nach der aus archivalischen Quellen gezogenen Genealogie des Hauses Baiern von Zotmayr, Archiv-Secretär im k. b. Hausarchive, war Agnes die einzige Gattin des Herzogs. Der Archivar Doctor Huschberg und der k. Hausarchivar Döllinger behaupten aber, Otto hätte noch früher eine Gattin, Agnes von Loss, gehabt und diese sei die Mutter des Thronfolgers Ludwig I. gewesen. Soviel ist gewiss, dass Dietrichs Tochter die Erzieherin des frühzeitig vaterlos gewordenen Kronprinzen war und diese ihre Aufgabe vorzüglich löste, von 1183—1190.

mussten zahlreiche Verstärkungen aus Europa eintreffen. Dies bewog den Grafen Konrad von Wasserburg, das Kreuz zu nehmen. Um die für diese Kriegsfahrt nöthigen Geldmittel beizuschaffen, lieh er vom Passauer Bischof Ulrich 1000 Mark Silber und verpfändete dafür dem Hochstifte seine Burg Vichtenstein mit allen dazu gehörigen Ministerialen, Unterthanen, Dörfern, Feldern, Weideplätzen, Forsten u. s. w. mit dem Beisatze, dass er im Falle seines kinderlosen Ablebens die Burg dem Passauer Bisthum ins volle Eigenthum gebe. Ferner wurde bestimmt, dass wenn der Graf heimkehren sollte, er die Burg nur aus eigenen Mitteln wieder einlösen und wenn er sie auf diese Weise übernommen haben würde, nur zu eigenem und nicht anderer Gebrauch verpfänden dürfe, damit das Bisthum durch Fremde nicht in der erwähnten Schenkung übervortheilt werden könnte. Dieser Vertrag wurde am 22. October 1218 zu Nürnberg vom Kaiser Friedrich II. bestätigt und von 2 Erzbischöfen, 3 Bischöfen, 2 Herzogen, 1 Pfalzgrafen und 3 Grafen bekräftigt.

Trotzdem schenkte Graf Konrad, als er sich bald darauf verheiratete, seiner Frau die Burg Vichtenstein. Dazu mochte ihn die damals viel verbreitete Meinung verleitet haben, dass die Kreuzfahrer von ihren Verpflichtungen befreit seien und mit ihrem Eigenthume unter dem besonderen Schutz des Papstes ständen.

Gegen Ende des Jahres 1218 zog Gräf Konrad an der Spitze einer Heeresabtheilung der Kreuzfahrer nach Aegypten, und kam dort im Sommer 1219 an. Die ungemein starke ägyptische Festung Damiette wurde nach langer Belagerung erstürmt. Allein später gerieth das Heer der Christen in immer größere Uneinigkeit und wurde, als es unvorsichtig in das Innere des Landes eindrang, zwischen den Nilcanälen, deren Dämme die Moslemin durchstachen, großentheils vernichtet. Der Rest bekam freien Abzug (Herbst 1221). Auf der Heimreise starb am 30. October 1221 der Bischof Ulrich von Passau, welcher im Frühjahr dieses Jahres nach Aegypten gekommen war. Graf Konrad von Wasserburg kehrte wohlbehalten zurück.

In Passau war bereits zu Ende 1221 Gebhard aus dem Geschlechte der Grafen von Plain zum Nachfolger des Bischofs Ulrich erwählt worden, und hatte einen schlimmen Regierungsantritt. Es wurde nämlich zu Passau die Uebergabe von Vichtenstein an die Gemahlin des Grafen als eine Verletzung des dem Bisthum zugesicherten Rechtes auf diese Burg behandelt; ferner das Testament, in welchem Walchun von Cham die ihm von Passau zu Lehen gegebene Burg Rotenberg seinen Vettern Allram und Albert von Hals und Bernhard von Uttendorf ohne Zustimmung des Hochstiftes heimlicher Weise vermacht hatte, verworfen. Dies führte zu großen Zerwürfnissen und endlich zu einer wüthenden Fehde. Die Herren von Hals, deren gleichnamige Burg oberhalb Passau lag und die Rotenberg in Besitz genommen hatten, verbanden sich mit anderen Adeligen und mit den Vasallen und Burgmannen von Vichtenstein und fielen die bischöflichen Besitzungen so heftig an, dass sie dem Hochstifte einen Schaden von beiläufig 6000 Mark Silber zufügten. Darüber erhob Bischof Gebhard seine Klage vor dem deutschen Könige Heinrich VII. zu Worms, als er wegen seiner Investitur dorthin gekommen war. Der König erklärte hierauf am 13. März 1222 die Herren von Hals und 63 ihrer Helfer und 7 Burgen als dem Reiche verfallen, darunter auch Vichtenstein. Zu den Geächteten gehörten die vichtensteinischen Vasallen: Hartmann und Dieter von Vichtenstein, Ortolf und Ulrich von Rultingen, Albert von Grantperg, Ruger von Nyndlingen und Hermann Ponsider.

Des Grafen Konrad von Wasserburg wird dabei nicht erwähnt. Das lässt vermuthen, dass er daran persönlich noch nicht betheiligt und wahrscheinlich von seinem Kreuzzug nicht zurückgekehrt war. Man reiste in jener Zeit sehr langsam, wenn man nicht besondere Ursache zur Eile hatte, wie z. B. der Bote, welcher die Nachricht von dem Tode des Bischofs Ulrich überbringen sollte.

Nach seiner Rückkehr betheiligte sich Graf Konrad an den Angriffen auf das Bisthum und erst am 1. August 1224 sah er sich gezwungen zu Passau vor einer großen Versammlung hoher Herren und verschiedener Adeligen eidlich zu geloben, er werde niemals mehr von seiner Burg Vichtenstein aus weder selbst noch durch seine Dienstmannen und Burgsassen den Reisenden und Schiffern auf der Donau feindlich begegnen. Zur Sicherstellung dieses Gelöbnisses musste er die Burg Vichtenstein an den Bischof Gebhard und an den Herzog Leopold von Oesterreich für 1000 Mark Silber in der Weise verpfänden, dass sich seine Burgmannen Heinrich von Waldeck, Albert von Grantperg, Heinrich von Gravendorf, Sifrid von Hademarsah, Otto von Glafbach und der Burgverwalter Dieter eidlich verpflichteten, wenn der Graf dennoch jemanden beschädigt hätte, ohne dafür nachträglich Vergütung zu leisten, sie die Burg Vichtenstein an den benannten Bischof und den Herzog in vollen Pfandbesitz übergeben und dies auch dann thun werden, wenn der Graf binnen Jahresfrist die Bestätigung dieser Verbindlichkeiten von Seiten seiner Gattin nicht beibringen sollte.

Doch auch diesmal hielt der Graf sein Wort nicht für die Dauer. Noch im Sommer 1225 betheiligte er sich an der Versammlung der Großen Baierns zu Straubing, wo über den Landfrieden berathen wurde, als aber trotzdem das nächste Jahr mit großen Gewaltthätigkeiten begann, ließ sich auch Graf Konrad dazu hinreissen. Er erneuerte seine Fehde mit Passau wegen Vichtenstein und muss es arg getrieben haben, weil man diesesmal alle Rücksicht gegen ihn fallen ließ. Obgleich er eine hohe Rangstufe einnahm, bei den Hoftagen seinen Platz gleich nach den Herzogen und Pfalzgrafen, der erste vor allen anderen Grafen, einnahm und mit den höchsten Geschlechtern Baierns verwandt war, wurde er mehrmals excommuniciert und endlich sogar geächtet. Die Rechtlosigkeit, in welcher er sich nun nach allen Seiten hin befand, zwang ihn zu Ende des Jahres 1226 um Frieden zu bitten, der ihm aber unter härteren Bedingungen als früher zugestanden wurde.

Er sowohl als auch seine Gemahlin Kunigunde mussten die Burg Vichtenstein sammt Zugehör und allen Gütern, die sie zwischen der Salza und Enns und von der Isar bis zum Böhmerwalde besaßen, dem Bischof von Passau ins Eigenthum überlassen; bekamen es aber wieder für sich und ihre etwaigen Kinder zu Lehen.

Als sichtbares Zeichen des Eigenthumsrechtes auf Vichtenstein soll der Bischof den Burgthurm sammt den beiden anliegenden und dazu gehörigen Lehensgütern des Ortolf von Nodernbach und Albert von Grantperg sogleich übernehmen und fortwährend in Besitz halten. Den übrigen Theil der Burg behält der Graf.

Die Burgsassen schwören, dass sie Vichtenstein sowohl für den Bischof als für den Grafen hüten und bewahren werden. Die Wächter und Pförtner sind auf Kosten des Bischofs beizustellen und müssen sich beiden Herren zu treuem Wachtdienst eidlich verpflichten. Auch wurde bestimmt, dass die Burgmannen niemanden, er mag zu Land oder zu Wasser reisen, bedrängen; würden sie es aber dennoch thun, dann soll ihre Entlassung auf Beschluss beider Herren erfolgen.

In Bezug auf die Gräfin wurde, falls sie Witwe werden sollte, folgendes festgesetzt: Würde sie Kinder haben, so besitzt sie zugleich mit diesen die Burg Vichtenstein. Sollte sie sich wieder verehelichen, oder bliebe sie kinderlos, dann wird ihr das Hochstift 300 Mark Pass. Gw. auszahlen, worauf sie allen ihren Ansprüchen auf Vichtenstein zu entsagen hat.

Für Vichtenstein sammt Zugehör und Ministerialen bekommt der Graf vom Bischof 1200 Mark Pass. Gw., in zwei Terminen, dann 100 Mark sogleich ausbezahlt und ein Haus in Passau zu Lehen.

Der Graf erklärte auch, dass seine Schwestern auf Vichtenstein verzichtet haben und verpflichtete sich, sie zu bestimmen, dies noch einmal vor dem Bischofe persönlich zu thun.

Diesem Vertrage hingen viele Zeugen der höheren Geistlichkeit und des Adels ihre Siegel bei.

In einer besonderen Urkunde machte sich noch der Graf mit elf seiner Vasallen verbindlich, alles zu erfüllen, und wenn er es bis zu dem festgesetzten Termin nicht gethan hätte, mit den Vasallen nach Passau zu kommen und dort so lange interniert zu bleiben, bis alle Bedenklichkeiten des Bischofs behoben sein würden.

Als Salaman, d. h. als solcher, welcher Vichtenstein vom seitherigen Besitzer übernehmen und an den Bischof rechtskräftig zu übergeben hatte, wurde vom Grafen und seiner Gemahlin der Pfalzgraf von Baiern, Rapoto von Ortenberg, gewählt. Er vollzog dieses Geschäft am 19. April 1227.

Graf Konrad konnte den Verlust des vollfreien Besitzes von Vichtenstein nicht verschmerzen; doch wusste er den tiefen Groll darüber gut zu verbergen. In der Burg schien er sich nie recht gefallen zu haben; jetzt, wo er nicht mehr der alleinige Gebieter darin war, und die Bischöflichen im Thurme ihn gleichsam beaufsichtigten, war ihm der Aufenthalt daselbst vollständig verleidet. Er mied die Burg und ließ sie durch seinen bereits erwähnten Ministerialen Dieter verwalten.[1])

---

[1]) Dieter's Geschlecht bekleidete dieses Amt und führte das Prädicat von Vichtenstein schon lange. 1170 kommt ein Dietrich von Vichtenstein vor, 1200 Dietrich von Vichtenstein und sein Sohn Pabo, 1202 Dietrich von Vichtenstein. Ein zweiter Sohn Dietrich's mochte jener Ulrich von Vichtenstein gewesen sein, welchen wir im Jahre 1233 als Propst des Stiftes Reichersberg finden. Er stand im grossen Ansehen und war sehr beliebt. Unter ihm wurde das Stift vom

In der damals tief aufgewühlten Zeit bedurfte es nicht viel, um die Rachsucht des ohnehin sehr ungestümen und eigenmächtigen Grafen aufzustacheln und ihn mit Hintansetzung aller Rücksichten zu feindseligen Handlungen gegen den Bischof von Passau und dessen Parteigenossen zu bestimmen. Die Gelegenheit dazu bot der bald offene, bald geheime Kampf zwischen der kirchlichen und weltlichen Macht. Während die Bischöfe von Passau mehr dem Kaiser anhingen, trat der Graf auf die Seite des Papstes. In dieser Gesinnung wurde er durch einen Mann berathen und geleitet, der in Passau, wo der Graf ein eigenes Haus zeitweilig bewohnte, die Interessen Roms mit großem Eifer betrieb. Es war dies Magister Albert der Böhme, später Archidiacon und Domherr zu Passau, ein gelehrter und in allen diplomatischen Künsten gewandter Mann, welcher bereits seit Jahren in Passau lebte und in letzter Zeit das Domcapitel gegen den Bischof aufregte.

Manche der nun folgenden Schilderungen berühren zwar nicht immer Vichtenstein, aber weil sie sich doch auf den Besitzer dieser Burg beziehen, mag dieser Umstand es entschuldigen, dass sie hier vorkommen.

Im Jahre 1228 hatte Papst Gregor IX. den Kaiser Friedrich II. in den Bann gethan und einen Cardinal nach Deutschland entsendet, um die geistlichen und weltlichen Fürsten für sich zu gewinnen. Der Reichsverweser Herzog Ludwig von Baiern gewährte dem päpstlichen Legaten eine bereitwillige Unterstützung, wurde aber dafür von des Kaisers jugendlichem Sohne König Heinrich mit großer Heeresmacht angegriffen und gezwungen sich zu unterwerfen. Als im Frühjahr 1230 auf Einladung des Kaisers mehrere Erzbischöfe, Bischöfe und Herzöge aus Süddeutschland nach Italien zogen, um eine Versöhnung zwischen dem Papste und dem Kaiser herbeizuführen, suchte Herzog Ludwig bei dem letzteren durch ein Entschuldigungsschreiben, das Bischof Gebhard von Passau überbringen sollte, Verzeihung zu erlangen.

Mit des Herzogs sicherem Geleite war Gebhard bis Wasserburg gekommen. Dort befürchtete man keine Gefahr, weil

Kaiser Friedrich II. und vom Erzbischofe von Salzburg mit Privilegien bedacht und vom Grafen Konrad von Wasserburg mit Grundstücken beschenkt. Ulrich starb 1250 zu Wien und wurde dort im Dominikanerkloster beigesetzt. Von den noch früheren Burgverwaltern kommt 1145 Gerung von Vichtenstein und 1165 Gottfried von Vichtenstein vor. Vielleicht waren auch diese Vorfahren der Dietriche von Vichtenstein, welche jedenfalls ihren Vornamen zu Ehren der Grafen Dietrich bekommen hatten.

der Herr dieses Gebietes im Lehensverband zu Passau und zum Herzog Ludwig in naher Verwandtschaft stand. Allein Graf Konrad meinte, jetzt sei der geeignete Augenblick gekommen, sich sowohl an dem Bischof zu rächen, als auch der päpstlichen Partei einen großen Dienst zu leisten; denn eine Versöhnung des Kaisers mit dem Herzoge konnte ihr nicht zum Vortheil gereichen. Er nahm also den Bischof sammt dessen ganzem Gefolge gefangen, beraubte ihn der Briefe und aller Sachen, die Gebhard mit sich führte, zwang ihn, des Herzogs Gegnern sich anzuschließen und gab ihn erst gegen Zusicherung eines Lösegeldes von 300 Mark Silber frei. Im nächsten Jahre versöhnte er sich wieder mit Ludwig und belagerte mit großer Macht, aber fruchtlos, die Burg Fallai, welche dem Herzog vom Bruder des Bischofs von Freising durch nächtlichen Ueberfall weggenommen worden war.

In Passau hatte mittlerweile der Erzdiacon Albert die gereizte Stimmung des päpstlich gestimmten Domcapitels gegen den auch in seinem Lebenswandel und in seiner Regierung nicht lobenswerten Bischof Gebhard sehr entflammt. Einer der älteren Domherren, Eberhart von Jahenstorf, ein Mann von altrömischem Charakter, ausgezeichnet durch Freimüthigkeit und ritterlichen Sinn, unternahm es, dem Bischof in öffentlicher Sitzung die bittersten Vorwürfe zu machen. Eberhart war auch Inhaber der Pfarre von Esternberg, in deren Sprengel damals Vichtenstein lag. Als er am 6. Mai 1231 eine Reise unternahm, wurde er in der Nähe von Passau überfallen und auf grässliche Weise ermordet, indem man ihn der Augen, Nase und Ohren beraubte, die Arme und Füße abhieb und die Haut abzog. Das darüber entsetzte Domcapitel schickte eine Deputation mit dem Erzdiacon Albert an der Spitze nach Rom und klagte dort den Bischof an, dass er diese blutige Schandthat veranlasst habe, und Gebhard sah sich genöthigt, im Anfange des Jahres 1232 zu resignieren, um der Schmach der Absetzung zu entgehen. Er starb schon am 11. October 1232.

Graf Konrad von Wasserburg, dem der Sturz seines Gegners Gebhard gewiss sehr willkommen war, ließ sich bald darauf von seinem Ungestüm zu einer neuen Gewaltthat gegen einen andern Bischof hinreissen. Der Kaiser hatte nämlich den ihm so anhänglichen bairischen Bischöfen verschiedene Privilegien verliehen, durch welche mehrere Rechte der weltlichen Fürsten theils beschränkt, theils aufgehoben wurden. Dies erzeugte unter den Großen in Baiern den höchsten Unwillen, der sich bei Konrad von Wasserburg so steigerte, dass er den Entschluss fasste, sich unverweilt an dem Urheber dieser Verordnungen zu rächen. Man schrieb sie dem Bischofe Sigfrid von Regensburg zu, welcher damals des Kaisers Kanzler und allmächtiger Günstling war. Der Graf ritt nun mit 13 Rittern und Vasallen nach Italien. Sie trafen den Bischof in der Nähe von Ravenna, misshandelten ihn mit Wort und That, beraubten ihn seiner Habe, doch schonten sie sein Leben. Auf die Klage des Bischofs wurde der Graf sammt seinem Gefolge vom Kaiser im Mai 1232 geächtet. Doch blieb die Acht ohne Vollzug, weil derjenige, welcher sie ins Werk setzen sollte, Herzog Otto von Baiern, heimlich mit dem Grafen einverstanden war.

Im Jahre 1234 versöhnte sich Konrad wieder mit dem Bischof Sigfrid, wahrscheinlich bei der Versammlung zu Straubing, wo sich die bairischen Fürsten versammelten, um gegen den drohenden Einfall des österreichischen Herzogs Vorkehrungen zu treffen. Damals übergab Bischof Sigfrid seine am Inn und am Chiemsee gelegenen Burgen und Besitzungen in den Schutz des Grafen Konrad.

In Vichtenstein hatte der Graf 1233 einen neuen Oberlehensherrn bekommen. Es war dies Rudiger, früher Bischof von Chiemsee. Er stammte aus dem salzburgischen Geschlechte der Herren von Radeck ab und wurde durch päpstliche Anordnung auf Empfehlung des Erzdiacons Albert nach Passau berufen. Als er jedoch die Partei des Kaisers ergriff und sich mehr in der Waffenrüstung als im Priesterkleide gefiel, kam es zwischen ihm und Albert zu argen Zerwürfnissen, die vorläufig damit endeten, dass Albert 1237 seiner Aemter entsetzt und aus Passau verbannt wurde.

Er ging nach Rom und kam, nachdem 1239 über Friedrich II. der große Kirchenbann ausgesprochen worden war, nach Deutschland zurück und zwar als päpstlicher Legat, um in Baiern, Oesterreich und Böhmen die Bannbulle zu verkündigen und zur Geltung zu bringen. Albert wurde vom Herzog Otto von Baiern in Landshut gastfreundlich aufgenommen. Es war nämlich der päpstlichen Partei am bairischen Hofe mit Hilfe der Herzogin und des Grafen Konrad von Wasserburg gelungen, den Herzog vom Kaiser abzuwenden und für den Papst günstig zu stimmen. Allein in der Synode zu Straubing erklärten sich sämmtliche Bischöfe und die meisten Aebte und

Prälaten Baierns gegen die Verkündigung der Bannbulle. Der Herzog und der Graf Konrad blieben jedoch anderer Meinung und ließen Albert und seine Boten frei schalten und walten. Als aber im Jahre 1242 die bairischen Stände, deren Sprecher der Erzbischof von Salzburg war, eine Wiederversöhnung des Herzogs mit dem Kaiser herbeiführten, wurde Albert des Landes verwiesen. Er blieb jedoch heimlich in Baiern, hielt sich in verschiedenen Burgen, zuletzt durch ein halbes Jahr in Wasserburg auf.

Vermöge der ihm vom Papste verliehenen Vollmacht hatte er früher schon den Zehent und andere Einkünfte vieler kaiserlich gesinnten, kirchlichen Anstalten seinen adeligen Parteigenossen zugewiesen. Diese nahmen nun die Kirchenrenten für sich in Anspruch und maßten sich dieselben gewaltsam an, was allenthalben grimmige Fehden zur Folge hatte. An diesen betheiligten sich besonders der Graf von Wasserburg und die Herren von Schaunberg, welche Nachbarn von Vichtenstein waren. Sie verwüsteten in dem angrenzenden bairischen und passauischen Gebiete die Güter jener Geistlichen, welche dem Papste nicht willfährig sein wollten; Klöster, Kirchen und die Wohnungen der geistlichen Unterthanen loderten in Flammen auf.

Graf Konrad benützte diese Gelegenheit auch dazu, um verschiedene Streithändel zwischen ihm und Passau wegen Vichtenstein mit dem Schwerte auszukämpfen. In der darüber ausgebrochenen Fehde standen 1240 an der Seite Rudigers seine Vasallen, die Herren von Wesen, von Falkenstein, von Lonsdorf, von Waldeck und von Tannberg, und im Sommer 1243 gelang es dem Bischof mit dem Herzog von Oesterreich ein Schutzbündnis abzuschließen, dem auch die Herren von Schaunberg beistimmten. Die ganze Burg Vichtenstein fiel in die Gewalt der Bischöflichen und als im Juli 1244 auf dem Reichstage zu Regensburg der Herzog Otto von Baiern und alle bairischen geistlichen Fürsten und die meisten Grafen und Edelleute einen dreijährigen Frieden beschworen hatten, musste sich Graf Konrad mit dem Bischof Rudiger ausgleichen. Die hauptsächlichsten Verhandlungen wurden 1244 und 1245 zum Abschluss gebracht; später folgten einige unbedeutendere Erkenntnisse. Ueber diese Angelegenheit sind nur drei Urkunden vorhanden. Aus ihnen ersehen wir, dass der Graf einen zweiten Verkaufscontract abschloss, in welchem er sich der Burg und Herrschaft Vichtenstein gänzlich entäusserte. Um darüber einen zusammenhängenden, besser übersichtlichen Bericht zu geben, wollen wir die drei Urkunden nicht einzeln anführen, sondern in ein Ganzes zusammenfassen.[1])

Der Graf Konrad von Wasserburg verkauft die Burg Vichtenstein sammt Zugehör an den Bischof Rudiger und an das Hochstift ins immerwährende Eigenthum um 1100 Mark Silber. Davon sollen ihm 300 Mark aus der bischöflichen Kammer, 400 Mark von den Bürgern der Stadt Passau und 400 Mark von den bischöflichen Beamten aus den Erträgnissen der Münze und der Maut in Passau bezahlt werden. 100 Mark davon kommen der St. Marienkirche in Passau zu Gute, auf Ermahnung des Bischofs und in Berücksichtigung, dass der Graf dem Hochstifte an Menschen und Sachen schwere Schäden zugefügt hatte.

Ausserdem löst der Bischof dem Grafen alle zur Burg gehörigen Erträgnisse, die einen pr. 1 Pfund um 15 Pfd., die andern pr. 1 Pfund um 13 Pfd., so auch die dem Grafen vom Hochstifte verliehenen Lehen, auf welche dieser verzichtet, dergestalt ab, dass ihm für 1 Pfund derselben 10 Pfd. entrichtet werden.

Wenn die Ministerialen des Grafen ihre Besitzungen oder passauischen Lehen verkaufen wollten, so ist der Bischof verpflichtet, diese Güter, ebenso wie es bei den gräflichen festgesetzt worden ist, zu kaufen, und sie bis zum vollzogenen Verkauf nach Kräften in Schutz zu nehmen. Für jene Ministerialen aber, welche auf der Herrschaft Vichtenstein bleiben wollen, hat der Bischof eine anständige und gemäße Summe dem Grafen zu zahlen.

Die Zinsbauern kauft der Bischof nach Bestimmung des Herrn Gerhoh von Salzburg und des Herrn Sifrid von Vrowinberg mit Ausnahme jener Bauern, die bei der Einnahme der Burg gegenwärtig waren.[2])

---

[1]) Cod. Patav. M. b. XXVIII. II. 303 und 306, XXIX., II. 91. — Von diesen Urkunden ist nur eine einzige und zwar mit 28. Juli 1244 datiert; die zweite hat kein Datum; der dritten ist die Jahreszahl 1255 vorgedruckt. Gegen die letzte Bezeichnung erheben sich jedoch einige Bedenken und es hat allen Anschein, dass diese Urkunde c. 1250 ausgestellt worden sei. Für den Abschluss der eigentlichen Verkaufsverträge im Jahre 1245 spricht die Aeusserung des Grafen im Jahre 1255, dass ihm seit 10 Jahren das Hochstift eine bedeutende Summe schuldig sei. (Altenhohenau. Dipl. M. b. XVII. 15)

[2]) Dieser Verkauf bezog sich nicht auf die Person der Ministerialen, sondern blos auf die Ueberlassung ihrer Zinsen und Leistungen an den Bischof. — Die Zinsbauern erfreuten sich in Hinsicht ihrer persönlichen Verhältnisse einer grösseren

Das Recht der Gerichtshaltung und die Gebüren dafür, wie sie Graf Dietrich für sich in Anspruch genommen hatte, muss der Bischof dem Grafen Konrad nach Schätzung der Herren Gerhoh von Salzburg, Sifrid von Vrowinberg, Ulrich von Mämingen und Heinrich von Merswanch vergüten; die eigenen Gerichtseinkünfte aber mit 15 Pfund pr. 1 Pfd. ablösen.

Was der Graf vom passauischen Lehen verpfändet hat, soll von der ihm zu entrichtenden Kaufsumme durch den Bischof ausgelöst werden.

Die 6000 Mark Silber, welche Bischof Gebhard für den ersten Kauf der Burg Vichtenstein entrichtet hatte, verbleiben dem Grafen. Dieser verspricht, seine Gattin zur Verzichtleistung auf die ihr beim ersten Kaufe vom Bischof Gebhard zugesicherten 300 Mark zu bewegen und verpflichtet sich, alle vichtensteinischen Güter, welche er nach diesem ersten Kaufe veräussert, verpfändet oder in Lehen gegeben hatte, dem Hochstifte wieder zurückzuführen.

Wegen der Gefangennehmung des Bischofs Gebhard und der Bezahlung des Lösegeldes für ihn an den Grafen im Betrage von 300 Mark Silber, sowie wegen Vorenthaltung der Nutznießung der gräflichen Güter soll nach dem Versprechen des Grafen alle Klage und Untersuchung ruhen und nie mehr stattfinden. Die über diese Sache ehemals ausgefertigten Urkunden sollen keine Rechtskraft mehr haben.

Dietmar von Hohenberg und alle Unterstützer und Helfer beider Parteien sollen wieder in Gnaden und Sicherheit aufgenommen werden, die nach Bestimmung des Grafen festzustellen ist.

In der letzten Verhandlung bekennt der Graf, dass er über den an das Hochstift abgetretenen Besitz, er mag in Lehen oder Eigengütern bestehen, keinerlei Verleihungsrecht

Freiheit als die Leibeigenen und waren ihren Herren zu gewissen bestimmten Zahlungen und Verrichtungen verpflichtet. Die Zahlungen bestanden aus Getreide, Hülsenfrüchten, Heu, Stroh, Gänsen, Hühnern, Kapaunen, Schweinen, Butter, Käse, Eiern, Wachs, Honig, Brombeeren und anderen Naturalabgaben; die Leistungen aus Hand- und Zugrobot, aus Wache und niederem Kriegsdienst in der Burg. Im 13. Jahrhundert schon kam es öfter vor, dass man einige dieser Abgaben und Leistungen in Geld abtrug oder für immer in eine Geldsteuer verwandelte. Kriegsgefangene und Personen niederer Geburt und Stellung, die man in eroberten Plätzen vorfand, wurden gewöhnlich zu Leibeigenen gemacht. Die Leibeigenen waren mit ihren Verrichtungen oder ihnen überlassenen Grundstücken und mit ihren Familien von dem Willen ihrer Herren gänzlich abhängig. Seit der zweiten Hälfte des 13. Jahrhunderts wurde ihr Verhältnis immer drückender und härter.

mehr habe und nennt alle jene, welche er widerrechtlich vergeben hatte, und dann jene, die er nicht verlieh, obgleich es ihre Besitzer behaupten. Endlich sagt der Graf, er habe dem Dietmar von Hugenberg eine halbe Hube zu Grizbach nächst Vichtenstein, weil er es rechtlich thun konnte, gegeben und darin wolle er ihn schützen. Ferner habe er versprochen und sei gehalten, den Heinrich von Aiglingen für den Verlust, welchen dieser in Vichtenstein (vermuthlich bei der Eroberung) erlitten, zu entschädigen. Endlich habe der Nodernbacher auf einen Burgsitz in Vichtenstein und auf den Pvel gar kein Recht.

Wenn auch der Graf Dietmar die Herrschaft Vichtenstein vollständig verkaufte, ohne sich, wie früher, deren Lehenbesitz ausbedungen zu haben, so trat er sie doch nicht gleich und vollständig an das Hochstift ab. Die Uebergabe wurde allmählich nach Maßgabe der nach und nach erfolgten Entrichtung des Kaufschillings und der langsam stattgefundenen Ablösungen vollzogen. So kam es, dass der Graf im Jahre 1246 die Burg noch nicht geräumt hatte, und seinen dortigen Mautbeamten befehlen konnte, von dem Kloster Raitenhaslach keine Gebüren zu erheben.

Es dürfte nicht uninteressant sein, wenn wir einiges noch über die weiteren Schicksale des Grafen Konrad, des letzten Grafen von Vichtenstein, beifügen. Sein Leben blieb bis an das Ende viel bewegt.

Wie wir bereits erwähnten, lebte bei dem Grafen in Wasserburg der päpstliche Abgesandte Albert. Nach den Beschlüssen von Regensburg 1244 konnte er dort nicht lange mehr verweilen. Er reiste nun über Böhmen nach Lyon, wo Papst Innocenz IV. ein Concil abhielt, welches die Absetzung des excommunicierten Kaisers Friedrich II. aussprach. Hier wurde Albert auf Befehl des Papstes in seinen passauischen Kirchenwürden bestätigt, und vom Papste mit neuen Vollmachten zurückgeschickt. Von Passau wieder vertrieben, flüchtete er sich nicht ohne große Gefahren nach Wasserburg, wo ihn 1247 Graf Konrad in Schutz nahm. Da aber Albert im Auftrage des Papstes den Kirchenbann über den kaisertreuen Herzog Otto verkündigte, verlangte dieser vom Grafen Konrad die Auslieferung des päpstlichen Abgesandten, und griff, als er eine abschlägige Antwort bekam, zum Schwerte. An der Seite des Grafen standen der Herzog von Meran und die in der Nachbarschaft von Wasserburg reich begüterten Grafen von Falkenstein. Für den Herzog kämpften der Pfalzgraf Rapoto, der Markgraf von Hohenburg und 14 Herren und Ritter aus jener Gegend. Es entstand ein grässliches Raufen, Morden und Brennen; Graf Konrad wurde nach Wasserburg zurückgedrängt und daselbst von des Herzogs ältestem Sohne Ludwig belagert. Er vertheidigte sich monatelang mit großer Tapferkeit. Als aber die Hoffnung, sich der Feinde zu erwehren, verschwunden war, musste der Graf auf seine und seines Schützlings Albert persönliche Sicherheit bedacht sein. Es gelang beiden mit genauer Noth während einer finsteren Nacht zu entkommen; jedoch ganz allein, ohne alle Begleitung. Wasserburg wurde hierauf, nachdem es durch 119 Tage Widerstand geleistet hatte, erstürmt und sammt allen wasserburgischen Gütern vom Herzog und seinen Kampfgenossen im Herbst 1247 in Besitz genommen.

Der Graf und Albert flohen nach Böhmen und eilten dann 1248 nach Lyon, wo sie vor dem Papste ihre Klagen erhoben. Innocenz IV. trug nun den mit ihm mittlerweile versöhnten bairischen Bischöfen auf, den Herzog, seine Familie und seine Kampfgenossen zur Zurückgabe der Besitzungen des Grafen und zum ruhigen Verhalten gegen denselben zu ermahnen. Im Weigerungsfalle aber sollten sie über alle genannten Personen den Kirchenbann aussprechen, ihre Besitzungen mit dem Interdict belegen und dies alle Sonn- und Feiertage feierlich verkündigen.

Dass der Graf darauf wieder zu seinen bairischen Gütern gelangt wäre, ist zu bezweifeln, weil Herzog Otto bis zu seinem Tode im Kirchenbanne verblieb, sich dort noch im Jahre 1253 aufhielt und volle Herrenrechte ausübte.

Graf Konrad war bald wieder nach Deutschland zurückgekehrt und verweilte bereits am 9. Jänner 1249 bei dem Erzbischof von Salzburg. Zu Anfang December 1251 betheiligte er sich an dem feierlichen Empfange, welchen mehrere österreichische Grafen und Herren dem zum Herzog von Oesterreich erwählten böhmischen Kronprinzen Otakar an der Landesgrenze bereiteten, zog mit ihm nach Wien, war an dessen Hof zu Neuburg und auch im Jahre 1252 zu Hainburg, wo Otakars Vermählung mit Margarethe von Oesterreich prachtvoll gefeiert wurde. Am 20. April 1253 finden wir den Grafen in Passau, wo er in einer bischöflichen Urkunde als Zeuge auftritt; überall nimmt er den ersten Rang unter dem Adel ein. Aus dem Gesagten kann man schließen, dass Graf Konrad zumeist auf seinen und seiner Frau Besitzungen in Niederösterreich lebte; die letzteren waren ihm zum Nutzgenuss vermacht worden.

Erst nach dem 1253 erfolgten Tode des Herzogs Otto von Baiern, als dessen Familie in der Versammlung zu Straubing mit den Bischöfen und mehreren Herren des Landes sich aussöhnte und alles that, um vom Interdict und Kirchenbann befreit zu werden, kam auch ein Ausgleich zwischen ihr und dem Grafen von Wasserburg zustande, worauf er wieder in Baiern lebte. Dass ihm nun Wasserburg wieder zurückgegeben wurde, ist sehr wahrscheinlich, den nur unter dieser Bedingung konnte die herzogliche Familie vom Kirchenbanne losgesprochen werden. Als „Konrad von Gottes Gnaden Graf von Wasserburg" schenkte er nun am 8. September 1255 die Burg Gritschinesstein (Kreuzenstein in Niederösterreich) sammt den dazu gehörigen Leuten dem in der Nähe von Wasserburg gelegenen, von ihm 1235 gestifteten Nonnenkloster Altenhohenau; so auch am selben Tage noch 1000 Pfund Pfg., in Silber 502 Mark, die ihm das Hochstift Passau noch schuldig geblieben war. Beide Schenkungsurkunden wurden von nur oberbairischen, zumeist in der Nähe von Wasserburg an beiden Seiten des Inns sesshaften Geistlichen und Edelleuten bezeuget und sind demnach auch dort ausgestellt worden. In demselben Jahre übergab Graf Konrad als Salamann drei Maierhöfe und eine Mühle als Geschenk des Otto von Steinhart an das Benedictinerstift Rott ins rechtmäßige Eigenthum. Auch hier kommen nur oberbairische Zeugen vor, von denen die meisten Vasallen der Herrschaft Wasserburg waren. Rott lag in der Nähe von Wasserburg und stand seit lange unter der Schirmvogtei des Grafen.

Graf Konrad ist also nicht, wie die älteren baierischen Geschichtsschreiber berichten, in der Fremde im Elende, auch nicht, wie man später vermuthete, im Jahre 1254, sondern wahrscheinlich zu Ende des Jahres 1255 gestorben. Seit dieser Zeit wird seiner nicht mehr erwähnt. Seine Gattin Kunigunde scheint ihm bereits im Jahre 1249 in den Tod vorangegangen zu sein. Im Februar dieses Jahres machte sie zu Freising ihr Testament, worin sie alle ihre Güter in Oesterreich: Ragz, Wikartslage, Heidenreichstein, Landenstein, Degenperg und

Piurgen dem Freisinger Bisthum nach ihrem Tode vermachte, jedoch mit der ausdrücklichen Bestimmung, dass die Nutznießung dieser Besitzungen ihrem theuren Konrad verbleiben solle.

Da der Graf der Letzte seines Stammes und ein naher Verwandter der herzoglichen Familie war, so nahm nun Ludwig II. von Baiern die wasserburgischen Güter in Besitz.

Die Herrschaft Vichtenstein war großentheils vom Hochstifte Passau eingelöst worden. Bischof Rudiger hatte sich eifrig bemüht, den Kaufschilling und die Ablösungsgelder, zum Theil durch Verpfändung verschiedener Bisthumseinkünfte beizuschaffen, und es war bereits das Meiste bezahlt, als darin durch die stürmische Zeit, welche nun über Passau hereinbrach, eine Unterbrechung eintrat.

Rudiger wurde nämlich auf Antrieb des Erzdiacon Albert vom Papste im Jahre 1250 seiner bischöflichen und priesterlichen Würde entsetzt; in Passau herrschte jetzt Zwietracht und Parteienhass, das Gewerbe und der Handel litten dabei ungemein. Der neue Bischof Konrad legte schon nach drei Monaten die Regierung nieder und sein Nachfolger Berthold musste mit den Bürgern von Passau und mit dem Herzoge Otto von Baiern viele Kämpfe bestehen, wobei der nach Passau zurückgekehrte Erzdiacon Albert einen gewaltsamen Tod fand. Er soll auf Befehl des Herzogs Otto hingerichtet worden sein; andere erzählen, dass er auf dieselbe grässliche Weise, die man an den Domherrn Eberhard von Jahensdorf verübt hatte, gelyncht wurde.[1]) Unter diesen Umständen ist es erklärlich, wenn in Passau die Mittel und oft auch der Wille fehlten, den Rest der Schuld an den Grafen Konrad von Wasserburg abzutragen und dieser im Jahre 1255 noch 502 Mark Silber zu fordern hatte.

Erst als Otto von Lonsdorf den Bischofstuhl in Passau bestieg, und das Land unter seiner milden Regierung sich erholte, wurden auch die letzten Geldangelegenheiten wegen Vichtenstein ausgeglichen.

Was die Burg Vichtenstein anbelangt, so ist es sehr wahrscheinlich, dass die Bischöflichen sie nach deren Eroberung

---

[1]) Nach den neueren Forschungen beruhen diese Angaben eines gewaltsamen Todes auf haltlosen Sagen. Der zurückgekehrte Erzdiacon gerieth auch mit dem Nachfolger Bertholds, dem Bischof Otto in verschiedene Conflicte und beschloss Ende 1259 oder Anfangs 1260 sein vielbewegtes Leben. Siehe über ihn „Herder's Kirchenlexikon", 2. Auflage, sub Albert von Behaim. Dort auch die Angabe der Literatur. — (Note des Herausgebers des Anhanges.)

nicht wieder räumten und sich auch nicht wie früher mit der alleinigen Besetzung des Thurmes begnügten. Die Erfahrungen, welche die Bischöfe seither an dem Grafen gemacht hatten, erheischten es dringend, sich gegen ihn durch ein ausgedehnteres Besatzungs- und Wohnrecht sicher zu stellen. Nähere Nachrichten darüber finden wir erst in der Zeit des Bischofs Otto, welcher im Anfange des Jahres 1254 erwählt worden war und eine Sammlung der wichtigsten Urkunden und Aufzeichnungen des passauischen Hochstiftes hatte anlegen lassen. Laut diesen gehörten zur bischöflichen Burghut zu Vichtenstein im Jahre 1254: Dietmar von Hugenberg, Wulfing von Prukk, Heinrich von Weinhartsheim, Albert von Ebergozsperg, Ulrich im Thurme und die Brüder von Glafpach; im Jahre 1255 nebst den Vorgenannten auch der Schwiegersohn Ulrichs im Thurme, der Pfeilschütz Heinrich, ein Pförtner und 6 Wächter. Die Besoldung betrug 2 bis 10 Pfd. Pfennig für das ganze Jahr; das Meiste bekam Ulrich im Thurme. Uebrigens scheint es, dass die Burg schon damals, als der größte Theil des Kaufschillings und der Ablösungsgelder entrichtet worden war, an den Bischof übergeben wurde; denn im Sommer 1254 diente sie dem Bischof Otto zur Wohnung.

Seit 1256 kommen keine näheren und namentlichen Aufzeichnungen über die Besatzung von Vichtenstein vor, wohl deshalb, weil der Bischof jetzt als alleiniger Herr der Burg und nach dem erfolgten Tode des Grafen nichts mehr zu befürchten hatte und auch von aussen keine Gefahr drohte. Otto gehörte zu den ausgezeichnetsten Bischöfen, welche Passau je gehabt. Es gelang ihm, den Frieden im ganzen Lande wiederherzustellen und zu erhalten. Da waren für die Sicherheit von Vichtenstein nur wenige Burgsassen und einige Wächter und Pförtner hinreichend.

Das Hochstift hatte durch die Erwerbung sämmtlicher vichtensteinischen Besitzungen seine am rechten Donauufer herab zerstreut liegenden Güter zu einem Ganzen vereinigt. Die Landeshoheit über das angekaufte Gebiet aber, welches die Grafen von Formbach und von Wasserburg besessen hatten, konnten die Bischöfe nicht behaupten, da sie einerseits von dem Herzog von Baiern, andererseits von dem von Schaunberg angesprochen wurde. Erst am 4. November 1367 erlangte Bischof Albrecht von Ulrich und Heinrich von Schaunberg im Tauschwege für Efferding das Gericht in der Niedern

Kessla.[1]) Dagegen führte der Streit mit Baiern lange zu keinem Resultate; nur ausnahmsweise verlieh Herzog Heinrich 1288 dem Bischof Wernhart die Gerichtsbarkeit über die Güter und Eigenleute in Vichtenstein und in Schertenperg auf 8 Jahre, reservierte aber ausdrücklich den Blutbann in Fällen des Diebstahles, Mordes und der Nothzucht seinen Richtern. Erst im Jahre 1410 wurde bairischerseits die Landeshoheit des Hochstiftes über die Burg Vichtenstein anerkannt, jedoch auf deren nächste Umgebung am Nord- und Südabhange des Berges, darunter Kasten, beschränkt, wogegen die übrigen Unterthanen in Esternberg, Pührawang und Schertenperg der Hoheit der bairischen Herzoge unterworfen blieben. Vichtenstein und die Niedere Kessla bildeten fortan das passauische Landgericht Vichtenstein.

Vichtenstein hatte nach seiner Uebergabe an das Hochstift für immer aufgehört eine Grafenburg und ein zeitweiliger Dynastensitz zu sein. Es sank in seiner nunmehrigen Bedeutung sehr herab, namentlich in friedlichen Zeiten. Da der Burg in der ersten Zeit die Gerichtsbarkeit entzogen war, so wurde sie nur die Ablieferungs- und Aufbewahrungsstätte für die Naturalerzeugnisse und Abgaben der Herrschaft und der Wohnsitz einiger Ministerialen als Burghüter und der Oekonomiepächter. Diese entrichteten an den Bischof eine gewisse Anzahl Fuder Heu und Metzen Hafer, sowie auch die üblichen Jahresgaben, welche die Grundherren zu fordern hatten; auch mussten sie die Burgwächter und Pförtner in Betreff des Soldes zufriedenstellen. Als solche Pächter der Oekonomiekammer *(officinae)* sind aus der Zeit des Bischofs Otto bekannt: H. v. Puchling und H. v. Haekindorf.

Als Vichtenstein 1288 die niedere Gerichtsbarkeit auf 8 Jahre erhielt, musste wohl daselbst ein Burggraf eingesetzt werden, welcher im Namen des Bischofs das Gericht verwaltete und nebstbei den Befehl in der Burg führte und die Oekonomiegeschäfte leitete.

Im Jahre 1299 schenkte Bischof Bernhard dem von ihm gestifteten Kloster Engelszell alle Bäume, die in den zur Burg und Hofmark Vichtenstein gehörigen Wäldern vom Sturmwind niedergebrochen werden.

---

[1]) So hiess die alte Pfarre Engelhartszell; noch jetzt ist der volksübliche Ausdruck für die Gegend um Aegidi „in der Kessl“

Von Anfang des 14. Jahrhunderts an wurde Vichtenstein bald an das Domcapitel in Passau, bald an Adelige verpfändet, oder durch Burggrafen, später Pfleger, verwaltet. Im Jahre 1317 war Ortolf von Waldeck Burggraf zu Vichtenstein.

Als 1332 Hadamar von Waldeck seine lehnbare Doppelburg zu Wesen sammt allem Zugehör dem Hochstifte zurückgab, erhielt er dafür auf Lebensdauer die Burg Vichtenstein und mehrere Güter, ließ sich aber 1339 mit einem jährlichen Bezug von 120 Pfd. Pfg. aus der Passauer Maut abfinden.

Vor dem Jahre 1367 wurde die Pflege von Vichtenstein an Andreas Haller verpfändet. Er war Stadtrichter von Passau und reich. Als der demokratische Theil der Bürger von Passau 1367 sich gegen den Bischof Albrecht erhob, um die Stadt von der geistlichen Herrschaft zu befreien, wurde Haller zum Hauptmann erwählt. Ihn hatte nicht die Liebe zur Freiheit, sondern der Hass und Neid gegen die mächtigeren und reicheren Bürger zur Anstiftung dieses Aufstandes, an welchem sich nach und nach die ganze Stadt betheiligen musste, bewogen. Nachdem aber die Bürger in der Schlacht bei Obernzell eine gänzliche Niederlage erlitten hatten, wobei viele Bürger erschlagen worden waren, und große Geldstrafen und sonst auch viel Jammer über die Stadt kamen, wandte sich der Grimm des Volkes gegen Haller. Er wurde von den vornehmeren Bürgern überfallen, erwürgt, in einen Sack gesteckt und ins Wasser geworfen

Vichtenstein war in den Besitz des mächtigen Ritters Friedrich von Puchberg gekommen, welchem Haller, als die Empörung ein schlechtes Ende nahm, auch seine übrigen passauischen Lehngüter überlassen hatte. Darüber gerieth Friedrich mit dem Bischof, der Hallers Besitzungen einziehen wollte, in Fehde, welche erst nach zweijähriger Dauer nicht zu Ungunsten des Puchbergers ausgeglichen wurde.

Diese Kriege nahmen große Geldsummen in Anspruch, zerrütteten die Finanzen des Bischofes und nöthigten ihn, beträchtliche Güter zu veräussern oder zu verpfänden. Er verkaufte 1367 Efferding an die Grafen von Schaunberg und verpfändete ihnen nach dem Jahre 1370 mehrere Donauburgen. Darunter war auch Vichtenstein, welches nun durch schaunbergische Pfleger verwaltet wurde.

Als Graf Heinrich von Schaunberg 1380 zu den Waffen griff, um seine Unabhängigkeit gegen den Herzog Albrecht von

Oesterreich zu behaupten, wurde gewiss Vichtenstein in seinen Befestigungswerken widerstandsfähiger gemacht und mit hinreichender Mannschaft besetzt. Dies um so mehr, als der neue Bischof Johann von Passau 1381 an die Seite des Herzogs trat und von Passau aus den Krieg führte, um wieder in den Besitz seiner Donauburgen zu gelangen.

Das Kriegsglück war dem Grafen nie günstig; er sah sich 1381 genöthigt, einen Waffenstillstand einzugehen und zu geloben, dass er sich dem Schiedsgerichte unterwerfen werde. Hiefür musste er sich mit 12.000 Pfd. Pfg. verbürgen und für diese Summe Vichtenstein nebst drei anderen Burgen zu Pfand setzen und von seinen dortigen Pflegern, in Vichtenstein vom Ritter Peter von Hag, einen Revers ausstellen lassen, laut welchem diese sich verpflichteten, die Burgen an den Herzog auszuliefern, wenn der Graf seinem Gelöbnisse nicht nachkommen würde.

Da er trotzdem sein Wort nicht hielt, wurden 1382 die vier Burgen als verfallen erklärt und dem Herzog übergeben. In Vichtenstein blieb Peter von Hag als Pfleger.

Endlich kam am 28. Februar 1383 der Friede zustande. Unter den Bestimmungen desselben war auch die, dass dem Grafen freigestellt wurde, entweder die Strafsumme von 12.000 Pfd. zu erlegen, wonach ihm der Herzog Vichtenstein und Velden zurückstellen sollte, oder die passauischen Pfandgüter sammt den Pfandbriefen auszuliefern. Graf Heinrich entschied sich am 13. October 1383 das Letztere zu thun. Der Herzog übergab nun Vichtenstein und die anderen an Schaunberg verpfändet gewesenen Burgen dem Bischofe Johann von Passau, welcher dagegen gelobte, sie entweder nicht mehr oder nur dem Herzoge oder dessen Getreuen zu verpfänden und den Herzogen von Oesterreich stets offen zu halten. Dieses Gelöbnis wurde von Johann's Nachfolger Georg 1389 und 1391 erneuert.

Seit dieser Zeit versiegen die Geschichtsquellen über Vichtensteins ältere Geschichte fast gänzlich. Sie geben nur noch einige kärgliche Nachrichten über Jurisdictions- und Grenzstreitigkeiten und über die Namen etlicher Pfleger, deren amtliche Stellung erst seit dem Jahre 1410, wo Vichtenstein der Sitz eines Landgerichtes wurde, an Bedeutung gewann. Später gehörten dazu die Aemter Perg, Gipering, Ober- und Niederkessla und nach der Mitte des 16. Jahrhunderts Pührawang und Krämpelstein. Früher übte Vichtenstein auch die Vogtei über das Kloster Engelszell vom Tode eines Abtes bis zur Wahl eines neuen aus.

Im Jahre 1510 wollte Bischof Wigileus auf einer Tagsatzung zu Braunau vor neun Räthen des Herzogs Wilhelm von Baiern die Sache wegen Harnischbeschau, Musterung, Steuer, Grundgerichtsbarkeit in der Herrschaft Vichtenstein zum Austrag bringen, allein es kam nichts zustande, weil die bairischen Räthe ausblieben.

Die Grenzstreitigkeiten mit Baiern, welche bereits 1400 begonnen hatten, wurden 1549, 1579, 1690 und 1691 ausgeglichen.

Gemäß Vertrags von 1690 zwischen dem Hochstifte Passau und dem Abte Amand von Engelszell blieb dem Landgerichte Vichtenstein auch im Amte Niederkessla die hohe und niedere Gerichtsbarkeit und das Kloster durfte nur im Markte Engelhartszell und im Burgfrieden desselben die niedere Gerichtsbarkeit ausüben.

Im Jahre 1779 wurde infolge des Teschener Friedens das Innviertel von Baiern an Oesterreich übergeben, worauf das Hochstift Passau im Linzer Vertrage vom 27. Juni 1782 die Landeshoheit über seine im Innviertel gelegenen reichsunmittelbaren Herrschaften, darunter auch Vichtenstein, gegen eine Jahresrente, jedoch mit Vorbehalt aller Privat- und Landsassenrechte, abtrat.

Am 13. März 1783 starb Bischof Leopold von Passau. Kaum hatte er die Augen geschlossen, so ließ Kaiser Josef II. dem Domcapitel erklären, dass Oberösterreich nebst dem Innviertel von der passauischen Diöcese getrennt sei, und einen eigenen Bischof erwarte, zu dessen Dotation die Passauer bischöflichen und domcapitelischen Herrschaften und Güter in Oesterreich verwendet werden sollen. Es erschienen nun daselbst, also auch in Vichtenstein, österreichische Commissäre, welche die Güter sammt allen Cassen in Besitz, die passauischen Beamten in österreichische Pflicht nahmen und ihnen bei Cassationsstrafe befahlen, alle Einkünfte an den österreichischen Religionsfond abzuliefern und mit Passau allen Amtsverkehr abzubrechen. Der am 19. Mai 1783 neu gewählte Bischof Josef Franz, Graf von Auersperg, schloss am 4. Juli 1784 mit dem Kaiser einen Vergleich ab, durch welchen die Trennung Oberösterreichs von der Passauer Diöcese nicht nur festgestellt, sondern dem Hochstifte auch noch ein Dotierungsbeitrag von 400.000 fl. für das neue Bisthum Linz aufgebürdet ward, wogegen die meisten in Beschlag genommenen Herrschaften und Güter, darunter auch Vichtenstein, an Passau wieder übergeben wurden.

Infolge des zu Lüneville am 9. Februar 1801 geschlossenen Friedens hörte das passauische bischöfliche Fürstenthum auf und wurde als Entschädigung zwischen Baiern, Oesterreich und den Grossherzog von Toscana, nunmehrigen Kurfürsten von Salzburg, getheilt. Vichtenstein kam am 24. Jänner 1803 als Cameralherrschaft an Oesterreich und wurde dahin im Pressburger Frieden am 31. Jänner 1806 neu incameriert, und blieb bis in die neueste Zeit eine Staatsdomäne. Das Summarium der Staatsherrschaft und des Pfleggerichtes Vichtenstein bezeichnet 1843 in seinem Umkreise 109 Dörfer, 1290 Häuser, 9462 Einwohner, 7 Pfarren und Schulen, 30 Steuergemeinden. Die 7 Pfarren waren Esternberg, Freinberg, Kopfing, Münzkirchen, St. Roman, Schärdenberg und Vichtenstein.

In neuerer Zeit wurde die Herrschaft an die österreichische Nationalbank verpfändet. Diese verkaufte Vichtenstein am 7. Februar 1861 mit Genehmigung des k. k. Finanzministeriums an den Fabrikanten Laurenz Fölser in Lichtenau, welcher davon 117 Joch 710 Quadratklafter Waldungen veräusserte. Am 3. September 1861 wurde die Herrschaft von Julius Grafen von Falkenhayn und am 1. September 1868 von Robert Grafen von Pachta gekauft. Letztere Familie ist noch gegenwärtig in ihrem Besitze, so wie von dem kleinen Krämpelstein.

* * *

Der Vorüberschiffende hat keine Ahnung von den weitläufigen Gemächern, den gewaltigen Mauern und Bastionen, welche die noch jetzt bewohnte Burg gegen Norden und Westen schützen.

Ingenieur Spanitz, dem wir Ansichten und Aufnahmen aus den Jahren 1873 und 1874 verdanken, beschreibt den damaligen Zustand in gedrängter Kürze folgendermaßen:

Der Unterbau des jetzigen Hauptthorgebäudes hat eine Eckverfestigung von größeren Bruchsteinen, die nur mit dem Hammer bearbeitet sind. Das übrige Mauerwerk ist ohne horizontale Lagerung. Der Aufbau des Thorgebäudes rührt aus späterer

Zeit. Die Gewandung des Spitzbogenthores ist alt, ohne Steinmetzzeichen, mit Löchern für eine Kettenzugbrücke. Die Balkenjochlöcher sind mit Findlingen gewandet. Dicke der Thormauer $5^1/_2$ Fuß. Die Vorhalle tonnenartig mit Ziegeln eingewölbt. Ueber dem Thor ein Wehrgang sichtbar. Man kommt in einen Zwinger oder Vorhof, rechts und links von Ringmauern eingeschlossen; die im Osten werden von dem vorspringenden Bergfried und einem Wohnthurm flankiert. Es

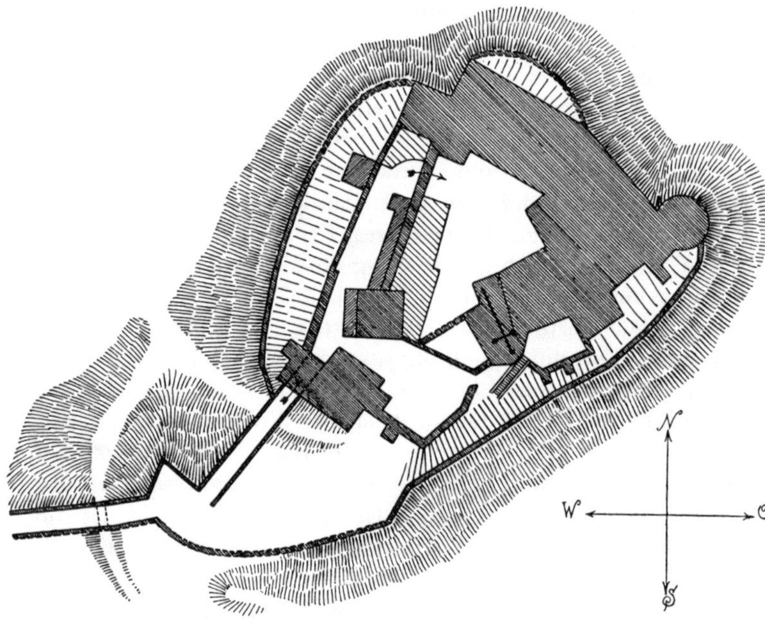

Vichtenstein.

folgt hierauf ein zweites Thor im Spitzbogen ausgeführt. In der Gewandung desselben bemerkt man zwei Riegellöcher für das Schloss des einflügeligen Thores, welches nach aussen zum Aufmachen war; die Angelhaken noch vorhanden. Die würfelförmigen Buckelsteine sind von Gneis, die länglichen aus weicherem Granit. Das Thor war nur durch eine Zugbrücke zugänglich und durch einen darüber befindlichen Thurm vertheidigt.

Man tritt in einen oblongen, unregelmäßigen Hofraum, dessen Nordseite Wohngebäude einnehmen, im Westen von einem viereckigen, im Osten von einem runden Thurm flankiert. Dieser Bau ist wahrscheinlich aus dem Ende des 16. Jahrhunderts.

Im Westen ist eine Ringmauer ohne Zinnen, welche den viereckigen Wohnthurm mit dem quadratischen Bergfried verbindet. An der Ringmauer wurden in späterer Zeit verschiedene Gebäulichkeiten angesetzt. Im Süden liegt wieder eine Ringmauer, im Osten die Kapelle und ein Theil der Burgwohnung. Die Kapelle ist aus dem 15. Jahrhundert.

Der Bergfried: Der Zugang zum Eingang geschah mittelst Gallerie, welche auch längs den Ringmauern lief, wie noch die eingemauerten eichenen Träger zeigen; zwei davon links und rechts vom Eingang. Die Thürgewandung, im Rundbogen geschlossen, besteht aus gemeisselten Werkstücken mit zwei übereinander liegenden Schubriegellöchern. Der Eingang in den Bergfried ist im Rundbogen mit Bruchsteinen überwölbt. Unmittelbar vom Eingang steigt man auf einer Treppe in der Mauerdicke hinan, deren Stufen aus Bruchsteinmauerwerk bestehen. Von der 10. Stufe tritt man durch einen im Rundbogen überwölbten und in der Thür mit einem Eichenbalken horizontal abgeschlossenen Eingang in das Innere des Thurmes, während die weiteren 22 Stufen in der Mauerdicke nach der oberen Etage führen. Der Treppengang wird von zwei länglichen Schartenfenstern, die mit Bruchstein horizontal überdeckt sind und deren Nischen nach innen zu sich erweitern, erhellt.

I. Etage: Kreuzgewölbe aus Bruchsteinen mit reichlicher Mörtelung, welche über Bretterschienen ausgeführt worden ist; die Bretter haften theilweise noch am Gewölbe. Treppengang ähnlich. Boden Balkenlage. Erleuchtet ist dieser Raum durch ein viereckiges Luftloch, dessen mit Bruchsteinen überwölbte Nische sich nach innen zu erweitert, nach unten zu bedeutend verlängert und in der inneren Hälfte mit Hilfe von Bretterschienen eingewölbt war.

II. Etage: Eingang mittelst Fallthür, eingefasst in Holz. Decke Balken. Der Raum wird durch drei schartenartige Oeffnungen von ungleicher Länge erleuchtet; die eine eingewölbt, die andere mit Holz nach der Aussenseite überdeckt, die dritte mit Bruchsteinen überdeckt, nach innen erweitern sie sich wenig. Mit Ausnahme der östlichen Seite sind an jeder Wand Spuren von drei Rundbogennischen, welche aber, schon nach dem Steinverband zu schließen, zeitlich zugemauert worden sind.

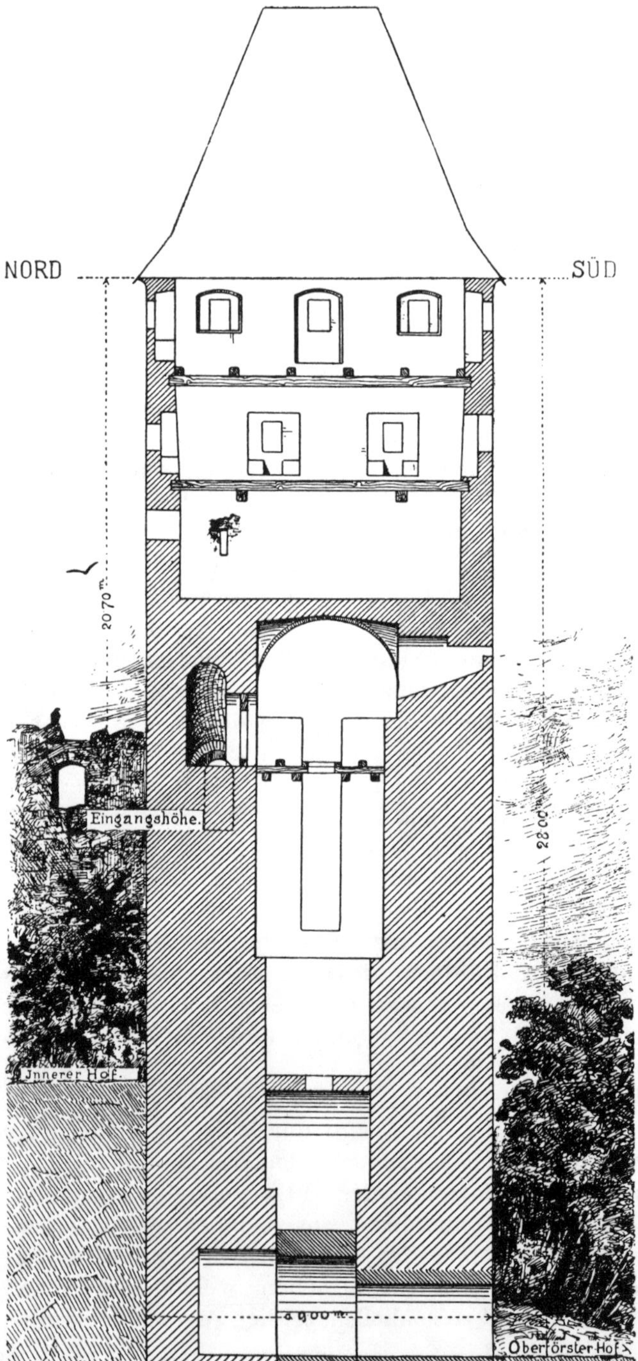

NORD
SÜD
20.70 m
28.00
Eingangshöhe.
Innerer Hof.
9.00 m
Oberförster Hof

III. Etage. Nach Norden ein Fenster mit einer Mauerbank. Nach Osten zwei Fenster mit Doppelbänken, nach der Südseite ein Fenster ohne Bank; alle mit Holz überwölbt. Gegen Westen ein Rundbogenfenster, eingewölbt mit Bruchsteinen ohne Bank. Brandspuren an den Gewölbesteinen.

Plattform: Dieselbe verlor nach einem Brande, dessen Merkmale noch an einzelnen angebrannten in der Mauer befindlichen Brettern sichtbar sind, ihren nach oben offenen Zinnengang. Einzelne Zinnenscharten wurden mittelst Ziegelmauerwerk verengt, im Stichbogen überwölbt, in der Lichte verengt und nur eine gegen Norden (der Donau zu) mit 2 Mauerbänken versehen. Von den 10 Fenstern sind 2 nach Norden, 3 nach Osten, 3 nach Süden, 2 nach Westen gerichtet; 6 davon mit Eintritt versehen, 4 ohne. 2 Etagen und die Plattform zeigen Mörtelverputz; in die Mauer sind Tragbalken eingelassen. Ueber die ganze Plattform breitet sich ein Satteldach. — Die südöstliche Kante des Bergfriedes ist bis zur Mauergleiche 86 Fuß hoch.

Im Rundthurme findet man drei profilierte Schießscharten für Vollgeschosse. Der Kapellenthurm hat horizontales Bruchsteinmauerwerk mit starker Mörtelung; Eckverfestigung mit übergreifenden Werkstücken. Die Ecksteine theilweise Süßwasser-Kalktuff, weil leichter zu bearbeiten.

An der Aussenseite des Palas im Erdgeschoss sind zwei mit Ziegel vermauerte, ganz rohe Schießscharten und zwei sehr rohe eingemauerte Tragsteine. — So weit der kundige Zeichner.

* * *

Von den Castellanen und Pflegern, welche Vichtenstein und Krämpelstein seit dem zweiten Viertel des 13. Jahrhunderts verwalteten, kommen in den verschiedenen Urkunden die Namen der nachstehenden vor:

1226 Ortolfus de Nordernbach, castellanus.
1250-1254 Dietmar von Hugenperge, castellanus.
„ Albert von Ebergozsberge, castellanus.
„ Die Gebrüder von Klafpach, castellani.
1306 Erasmus Aichberger.
1317 Ortolf von Waldeck, Burggraf zu Vichtenstein.
1369 Andreas Haller von Passau, Pfleger.
1375 Friedrich Puchperger, Pfleger.

1370-1380 Hanns Thyrmayr, Burghüter am Krämpelstein.
„ Peter Hager, Ritter, Pfleger zu Vichtenstein.
1390 Wolfher, der Synnczendorfer, Pfleger zu Vichtenstein.
1397 Pilgrim von Rotau, Burghüter zu Vichtenstein.
1399-1401 Stephan der Mautner von Katzenberg, Pfleger zu Vichtenstein; wurde 1406 erschlagen.
1404 Caspar von Starchenberg, Burghüter.
1421 Ulrich Kastenmayer, Burghüter zu Krämpelstein.
1424 Pilgrim von Rotau zu Matau, Pfleger am Vichtenstein.
1426 Hanns Zennger, Pfleger zu Krämpelstein.
1444 Thomas der Siegenhaimer, Pfleger zu Vichtenstein.
1453 Vincenz Frauenberger zum Hubenstein, Pfleger zu Vichtenstein.
1464 Leonhard Nussdorfer zu Prinning.
1473 Heinrich Hewraus, Pfleger zu Krämpelstein.
1495 Georg Pernbeckh, Pfleger zu Krämpelstein.
1500 Georg Nussdorfer, Pfleger zu Vichtenstein.
1509 Rudolf Trauner, Pfleger zu Vichtenstein. (Sein Grabstein, mit der lebensgroßen Figur des Ritters mit geschlossenem Visir, ohne Jahreszahl befindet sich neben dem Marienaltar in der Kirche zu Esternberg.)
1505-1510 Burghart der Messenböck, Burghüter am Krämpelstein.
1540 Erhard von Leonrod, pass. Domherr und Pfleger zu Vichtenstein.
1545-1555 Aurelius Renninger, bischöfl. Kanzler und Pfleger zu Vichtenstein.
1566 Josef Schiechl, Rentmeister und Verwalter der Hofmark Krämpelstein.
1580 Hanns Thomas Velder, Verwalter von Krämpelstein und Pyhrawang.
1600 Johann Joachim (Jac.) Reuter, Dr. U. J., passauischer Rath und Pfleger zu Vichtenstein (dessen Grabstein ohne Jahreszahl an der Seite des Marienaltars).
1610 Ritter Jakob von und zu Kapfing, Pfleger zu Vichtenstein, (dessen Grabmonument mit der lebensgroßen Figur des Ritters rechts beim Eingange der Kirche zu Esternberg).
? Georg Ritter von Khölnburg und Schwangau, fürstbischöfl. pass. Rath, Pfleger zu Obernzell, Griesbach, Krämpelstein und Pyhrawang.

1680 Franz Adam Spindler von Hofegg, fürstl. pass. Rath und Pfleger zu Vichtenstein.

1690 Georg Franz Ebenhöhe, Pfleger zu Vichtenstein.

c. 1730-1740 Ignaz Leopold Schiffenbach, pass. Rath und Pfleger zu Vichtenstein, † 1740 (dessen Leichenstein unter dem Oelberge in Esternberg).

1760 Benedict Stangel, Pfleger zu Obernzell und Vichtenstein.

1775 Ignaz Anton Schöller, Pfleger zu Vichtenstein, fürstl. pass. Hofkammerrath.

1784 Josef Reichbauer, Pflegsbeamter.

1790 Othmar Barthl, Pfleger und Landrichter.

1810 Anton Carl, Pfleger und Landrichter.

1816 Josef Anton von Wagner, Pfleger und Landrichter.

Stammtafel der Grafen von Wasserburg-Vichtenstein.

Engelbert Hallgraf 1130. † 1169	Gm. **Mathilde v. Vichtenstein** † 1170 als Hallgräfin zu Reichersberg im Frauenstifte.

Gebhard 1140 Hallgraf. 1151—1169 Graf von Vichtenstein. 1169 Chorherr u. Diacon im Augustinerstifte zu Reichersberg. † 1175.	**Kunigunde** 1160 Gem. d. Grafen von Urach.	**Dietrich** 1150 Hallgraf. 1160 Graf von Vichtenstein. 1170 Graf von Wasserburg. 1190 Graf von Griezzenstein. † ca. 1205. Gem. Helika (Helena) 1165—1192.	**Adelheid** | **Richkardis** 1170 Nonnen im Frauenstifte zu Reichersberg.

Agnes † 1190. Gem. Otto I., ersten Herzogs von Baiern aus dem Hause Wittelsbach. † 1183. Herzog **Ludwig I.** geb. 1174. † 1231. Herzog **Otto II.** † 1253. Herzog **Ludwig II.** geb. 1229.	**Hedwig** 1192	**Mathilde** 1192 noch ledig. † nach 1237. 1. Gem. Friedrich Markgraf von Hohenburg, † 1205. 2. Gem. Diepold Markgraf v. Cham, später von Hohenburg.	**Konrad** Graf v. Wasserburg 1200. † ca. 1255. Gem. Kunigunde, verm. 1218. † ca. 1249.

Wesen,[1]

auch Wesenstein oder Oberwesen genannt, auf waldiger Höhe gegenüber von Schloss Marsbach; längst nur mehr spärliche Mauerreste, die einen Einblick in die Anlage nicht gestatten.

Die ersten Besitzer dieser Burg, die Ritter, später Herren von Wesen finden wir ursprünglich am Inn ansässig, wo in der nächsten Umgebung von Reichersberg ihre Stammgüter lagen; im Stifte hatten sie ihre Grabstätte.

Als Ahnherr dürfte Richer I. von Ort gelten, der um 1100-1110 in den Urkunden als Zeuge vorkommt.

Seine Söhne und Enkeln führten noch keine ständigen Prädicate; sie nannten sich abwechselnd nach ihren verschiedenen Besitzungen, bald von Wesen, bald von Osternach oder von Aichberg und auch von Mospach. Die Scheidung in streng abgesonderte Linien ging erst im Beginne des 13. Jahrhunderts vor sich.

Die Wesener besaßen übrigens auch Güter um Ebelsberg und um St. Pölten, und obwohl sie passauische Lehensleute und Erbmundschenken waren, hatten sie selbst wieder ansehnliche Ministerialen, und zwar die Edelgeschlechter der Oeder, Aichberger, Orter, Steiner und Huber, welche in der Nähe von Wesen und Reichersberg ihre Stammsitze hatten.

Die Gegend von Wesen bildete ursprünglich den untersten Theil des großen Passauerwaldes und wurde, wahrscheinlich im Anfange des 12. Jahrhunderts, vom Passauer Bischof an die Wesener in Lehen gegeben, welche nun auf dem sogenannten Wesensteine die Burg Wesen erbauten und die Umgebung der Cultur zuführten.

---

[1]) Quellen: Monum. Boica. — Urk.-B. des Landes ob der Ens. — Strnadt, Peuerbach. — Appel, Gesch. von Reichersberg. — Urk.-B. des Stiftes Kremsmünster. — Stülz, Gesch. des Klosters Wilhering. — Buchinger, Gesch. des Fürstenthums Passau. — Buchner, Gesch. Baierns. — Preuenhuber, Annales Styrenses. — Oefele, Script. rerum boic. — Pillwein, Hausruckkreis.

Mit dem Prädicate von Wesen kommt zuerst 1116 Mangold I., der älteste Sohn Richers von Ort, vor.

In einer Abschrift des Stiftsbriefes über die 1067 vom Bischof Altmann erfolgte Gründung des Klosters St. Nikolaus bei Passau wird als Zeuge der bischöfliche Ministerial Gozwert von Wesen genannt. Allein die Richtigkeit dieser Angabe ist stark zu bezweifeln, weil dieses Apograph erst aus dem 15. Jahrhundert stammt, und von der viel älteren und allem Anscheine nach echten Abschrift, die Bischof Otto von Passau zwischen 1254-1265 in seinen Codex aufnahm, wesentlich verschieden ist. Darin kommt Gozwert gar nicht vor.

Mangold I. ist circa 1116, 1125, 1130, 1140, 1144 und 1145 Zeuge in verschiedenen Urkunden und zwar als einer der angesehensten Ministerialen des Passauer Bisthums und ohne Zweifel identisch mit jenem Passauer Ministerialen Mangold, mit welchem Bischof Reginmar (1121-1138) einen Gütertausch schloss, wodurch Mangold einige Ländereien, die seinen Besitzungen in Wesen und Haichenpach nahe lagen, erhielt. Da er seit 1145 nicht mehr genannt wird, dürfte er in dieser Zeit gestorben sein.

Seinen Sohn Marquard I. (Marchwart, Marcward) finden wir von 1140 bis 1151 oft im Hofstaate des Passauer Bischofs, wo er später unter den Ministerialen immer den ersten Rang einnimmt, so 1147 zu Wien, 1151 zu Passau und zu Vöcklabruck. Er starb vor 1154, denn in diesem Jahre stiftete seine Mutter Hemma mit ihrem Sohne Offo zur Seelenerlösung ihres Gatten Mangold und ihres Sohnes Marquard ein Landgut an das Kloster Reichersberg.

Aber auch Offo scheint nicht lange mehr gelebt zu haben, da von nun an seiner keinerlei Erwähnung gemacht wird.

Hingegen tritt Mangolds Bruder Richker II. als Herr von Wesen auf, und zwar schon 1150. Vermuthlich besaß er die Burg mit seinem Neffen gemeinschaftlich. Nebstdem nannte er sich auch von Osternach c. 1140 bis 1166 und von Aichberg c. 1150 und führte seit c. 1162 den Beinamen der „Aeltere“, um sich von seinem Sohne, der den gleichen Taufnamen hatte, zu unterscheiden.

Auch Richker II. nahm unter den Ministerialen den ersten Rang ein, c. 1150 bis 1170, und machte sich um das Stift Reichersberg besonders verdient. Dieses war mit dem processüchtigen Ritter Heinrich von Paumgarten wegen eines Gütertausches in

Streit gerathen. Als er in Folge seiner Treue für den Papst Alexander vom Kaiser in die Acht erklärt worden war, benützte dies Paumgarten, um 1166 das von Reichersberg nicht weit entfernte Klostergut Münsteyer durch Ueberfall in Besitz zu nehmen. Da nahmen sich Richker II. von Wesen und sein Blutsverwandter Rikpoto von Ort des bedrängten Stiftes an, vertrieben die Eindringlinge aus Münsteyer und wehrten wacker dem wilden Treiben Heinrichs, welcher in nächtlichen Ueberfällen wider sie und das Stift mit Raub und Brand wüthete. Am 12. Juli 1167 kam ein Waffenstillstand und dann ein Ausgleich zu Stande.

Um das Jahr 1170 traf Richker II., wahrscheinlich im Vorgefühle seines nahen Lebensendes, die nöthigen Vorkehrungen, um die von ihm an Reichersberg gemachten Stiftungen auch für die Zukunft dem Kloster zu sichern. In seinem Beisein und unter seiner in der bezüglichen Urkunde angeführten Zeugenschaft erklären seine Söhne Richker, Wernhard und Friedrich am Altar der Nikolauskapelle zu Reichersberg, dass sie in die Güterschenkungen ihres Vaters und ihrer Mutter an das Stift einstimmen und allen Ansprüchen darauf für immer entsagen. Dagegen sicherten sie sich das Recht, nach ihrem Ableben, sie mögen wo immer gestorben sein, in der Gruft ihrer Väter zu Reichersberg beigesetzt zu werden. Auch wurden sie auf ihre Bitte in die Fraternität des Klosters aufgenommen. Seit c. 1170 kommt Richker II. nicht mehr vor.

Sein Sohn Richker III. erscheint mit dem Prädicat von Wesen schon 1162 und führte, weil der Vater noch lebte, den Beinamen der „Jüngere“ *(Juvenis)*. Auch er wurde zu den edelsten Rittern gezählt, aber zum ersten Rang unter den passauischen Ministerialen gelangte er erst seit 1196. Der Herrenstand blieb ihm verschlossen.

1204 bekleidete Richker III. das passauische Hofamt eines Schenken, seit 19. Juni 1209 hören alle Nachrichten über ihn auf.

Richkers III. Brüder Wernhard und Friedrich kommen in den Urkunden als Zeugen gewöhnlich im Vereine mit ihrem Bruder, wobei dieser das Prädicat von Wesen allein führt, vor. Erst 1190 schrieben auch sie sich von Wesen. Der erstere wird 1190, der andere 1196 als von Wesen zuletzt genannt.

Richker III. war als Haupt der Familie ihr Repräsentant und besaß die Burg Wesen bis 1196 mit den Brüdern gemeinschaftlich. Wernhard bezog hierauf die Burg Mospach und Friedrich gründete die Linie Wesenberg.

Es kommen um 1170 Otto und um 1190 Dietrich und Konrad von Wesen vor. Allein diese gehörten kaum zu den Wesenern, sondern wahrscheinlich zu deren Dienstmannengeschlecht, welches in Wesen das Burggrafenamt versah, und nach damaliger Sitte den Beinamen von Wesen führen durfte. Otto nimmt in der Urkunde unter den Zeugen, welche alle dem niederen Adel angehören, den vorletzten Rang ein, was nicht thunlich gewesen wäre, wenn er dem ansehnlichen Rittergeschlechte der Wesen angehört hätte. Dietrich und Konrad werden zugleich mit Richker und mit dessen Bruder Wernhard angeführt, aber sie sind in der Zeugenreihe nicht neben ihnen geschrieben, wie dies bei Blutsverwandten gewöhnlich geschah, sondern ziemlich weit hinter ihnen unter den letzten Zeugen.

1209 erscheint Hademar von Wesen. Er war ohne Zweifel ein Sohn Richkers III. und zwar aus dessen zweiter Ehe. Die erste Gattin starb schon 1180 und wurde in Reichersberg beigesetzt. Sie konnte schwerlich Hademars Mutter gewesen sein, weil dieser noch 1250 lebte, und seine Söhne, als er starb, noch Kinder waren.

Hademar I. nahm in den ersten Jahren seines öffentlichen Auftretens unter den passauischen Ministerialen zwar eine der ansehnlicheren Stellungen ein, aber erst seit 1217 erreichte er den obersten Rang, und ging den Geschlechtern an der Donau, den Falkensteinern, Mospachern, Haichenbachern und allen anderen voran. 1220 und 1224 war er Schenk und als solcher der erste unter den anderen obersten Hofbeamten. 1140 wird Hademar I. vor die Ministerialen gesetzt, 1141 Dominus benannt und 1142 gleich hinter die Grafen gestellt. Dies berechtigt zur Annahme, dass er aus dem Ministerialen-Verhältnisse in jenes eines Vasallen und in Folge dessen in den Herrenstand oder hohen Adel erhoben worden sei.

Hademar I. war sehr oft am bischöflichen Hofe zu Passau und auch im Gefolge des Bischofs, wenn dieser eine große und wichtige Reise unternahm. So finden wir ihn 1217 in Nürnberg, 1220 in Efferding, 1241 in Wels, 1245 in Krems, 1247 in Wien.

Auch in anderen Beziehungen bewies sich Hademar I. den Bischöfen von Passau als treu ergeben. Er half ihnen in ihren vielen Fehden, namentlich 1227 gegen die Grafen von Ortenberg und 1240-1244 gegen den Grafen von Wasserburg mit Rath und That, mit Geld und dem Schwerte. Die Zeit um 1240 war für das von allen Seiten hart bedrängte und von manchen seiner Vasallen verlassene Bisthum sehr unheilvoll und da mochte es geschehen sein, dass Bischof Rudiger, theils um Hademar fester an sich zu knüpfen, theils um dessen Verdienste zu belohnen, ihn aus den beengenden und niederen Verhältnissen eines Ministerialen nach und nach in die freieren der Vasallen und in den höheren Adel des Herrenstandes hob.

Zur Zeit Hademars I. wird noch eines Erchangers von Wesen erwähnt, der 1230 und 1231 Landeshauptmann in Oberösterreich gewesen und im Kriege Oesterreichs mit Baiern durch Raub und Brand in der Gegend von Wesen und im Innkreise großen Schaden gethan haben soll. Es ist aber auffallend, dass sich dieser Erchanger urkundlich gar nicht nachweisen lässt und sonst auch nichts über ihn bekannt ist.

Weiter wird erzählt, dass in derselben Zeit ein Muringer von Wesen, Feldhauptmann Friedrich des Streitbaren, von Schärding aus die bairischen Klöster Formbach, Ranshofen und andere Orte geplündert und verwüstet und andere Raubthaten und Erpressungen verübt habe. Allein auch über diesen Muringer von Wesen wissen wir sonst gar nichts. Seine Abstammung von den Wesenern oder deren Burgmannen von Wesen muss jedoch sehr bezweifelt werden, weil Muringer der Name eines eigenen und nicht unansehnlichen passauischen Ministerialen-Geschlechtes war. Uebrigens schreiben Andere die Ausschreitungen in Schärding dem obengenannten Erchanger zu.

Hademar I. starb c. 1252 und hinterließ aus der Ehe mit einer Tochter des Standesherrn Albero von Polheim drei Söhne, Hademar II., Albert und Erchanger, dann eine Tochter Agnes, welche mit Ortolf von Waldeck verehelicht war. Seine Söhne scheinen bei seinem Ableben noch Kinder gewesen zu sein, denn sie erscheinen erst 1273 in einer Urkunde.

Während der Minderjährigkeit der Söhne Hademars nahm ihr Oberlehensherr Bischof Otto die Burg Wesen in einstweiligen Besitz, wahrscheinlich deshalb, damit nicht ein Fremder, z. B. der Oheim der Waisen oder jemand, der dem Bisthume nachtheilig und gefährlich werden könnte, sich in Wesen festsetze. Diese Vorsicht war um so nothwendiger, als seit dem Aussterben der Babenberger 1246 viel Unfriede und Unsicherheit im Lande herrschten. Die Burghut von Wesen übergab Bischof Otto zumeist an wesenerische Ministerialen. Im Jahre 1264 finden wir als solche angeführt: Sifrid von Hugenperg,

H. v. Aichperg, Arnold von Ort, Konrad und Heinrich von Oed, Konrad von Hub. Sie gelobten dafür die Burg durch ein Jahr dem Bischofe zu bewahren und bekamen dafür eine bestimmte Bezahlung.

Aber auch dann, als die Wesener großjährig geworden waren, scheint man sie doch noch als zu jung und schwach erachtet zu haben, um die Burg in sicherem Besitz und zum Nutzen des Bisthums zu halten, zumal, als sich mehrere an der oberen Donau ansässige passauer Vasallen und Ministerialen gegen den Bischof erhoben hatten. Vom 21. März 1282 bis Weihnachten wurde Wesen an Wernhard von Schaunberg übergeben, der auf Begehren des Bischofs Wichart den Schutz der Straße zwischen Passau und Efferding zu Wasser und zu Land übernommen hatte. Er behielt aber Wesen bis 1284, und hatte dort als Pfleger den wesenerischen Ministerialen Erasmus von Aichperg.

Als die Sicherheit wieder hergestellt und durch den neuen Herzog von Oesterreich Albrecht von Habsburg befestigt worden war, traten Hademars Söhne in den vollen gemeinschaftlichen Besitz ihrer Stammburg. Sie scheinen bei ihren mütterlichen Oheimen, den Herren von Polheim, aufgewachsen zu sein und sich auch bei ihnen und in ihrem Gefolge nach erlangter Großjährigkeit und bis zur Uebernahme von Wesen meistens aufgehalten zu haben. In der Gesellschaft der Polheimer treten sie als Zeugen auf, zuerst 1273 und 1279 Hadmar und Albero, später Erchanger, der dritte Bruder. Man hat ihnen wohl nur die Burg Wesen, nicht aber die Familiengüter vorenthalten, denn wir finden, dass sie darüber 1279 und 1282 frei verfügten.

Albero wird seit 1282 nicht mehr genannt und scheint bereits 1287 nicht mehr am Leben gewesen zu sein.

Die Brüder Hadmar und Erchanger hatten an dem Kriege des Erzbischofs von Salzburg und Ottos von Baiern gegen Herzog Albrecht von Oesterreich theilgenommen. Als jedoch 1293 zu Linz der allgemeine Friede abgeschlossen worden war, mussten sie, da ihre Güter auch in Niederösterreich lagen, sich beeilen, die Vergebung des Herzogs zu gewinnen. Zu diesem Zwecke gaben sie ihm zu Wien am 3. März 1294 folgenden Treuerevers: Wir Hadmar und Erchanger, Brüder von Wesen, thun kund: Wenn Herzog Albrecht von Oesterreich und Steyer uns und unseren Dienern gänzlich vergeben hat, was wir ihm und seinem Lande gethan haben, und uns in Gnaden aufnimmt, so geloben wir, durch unsere ganze Lebenszeit ihm und seinen Kindern dienen zu wollen mit der ganzen Treue, wie sie ein Dienstmann seinem Herrn schuldig ist. Damit der Herzog unseres Dienstes und unserer Treue desto sicherer werde, geloben wir, dass wir unseren Thurm zu Wesen dem Herrn Ortolf von Polheim, unserem Oheim, oder einem seiner Brüder, welchen der Herzog dazu bestimmt, übergeben, um diesen Thurm in des Herzogs Namen besetzt zu halten, von den nächsten Ostern an bis über drei Jahre. Sollten wir innerhalb dieser drei Jahre etwas wider den Herzog oder wider sein Land zu Wasser oder zu Land thun, was gegen unsere Treue und Ehre ist, so soll Ortolf oder wer dann den Thurm innehat, denselben in des Herzogs Gewalt einantworten. Wenn wir aber uns nichts gegen unsere Treue zu Schulden kommen ließen, so soll uns nach diesen drei Jahren der Thurm wieder zurückgegeben werden.

Wie bereits erwähnt wurde, hatten Hadmar und Erchanger eine Schwester, Agnes, welche an Ortolf von Waldeck vermählt war. Nach deren Tode machten ihre Söhne Ortolf, Hadmar und Mangoz Ansprüche auf das Erbe, welches ihre Mutter in Wesen besessen hatte. In Folge dessen kam es am 1. Mai 1300 zu einer friedlichen Theilung der wesenerischen Güter. Hadmar und Erchanger gaben ihren Neffen ein Drittel an der Burg Wesen, ein Drittel an dem Thurm, welcher vor der Burg lag, ein Drittel der zur Burg gehörigen Besitzungen und dann den Markt Raab; wogegen sie nebst den zwei Dritteln noch das Gut Aschenberg (Pfarre St. Roman) und den Markt Neukirchen am Walde behielten. Ferner wurde bestimmt, dass keiner von ihnen seinen Antheil verkaufen solle, ohne ihn früher den anderen angeboten zu haben, und erst, wenn diese nicht mochten, könne er darüber frei verfügen. Auch sollen alle freundlich miteinander leben, und keiner den anderen angreifen oder etwas thun, wodurch dieser zu Schaden käme.

Bei Abschluss dieses Ausgleiches waren gegenwärtig der Abt von Engelszell, die Herren von Marsbach und von Falkenstein und 25 Ritter und Edelleute, darunter sämmtliche wesenerische Vasallen und Ministerialen.

Zwei Jahre später (1303) erfolgte eine neue Theilung. Die Brüder Hadmar und Erchanger bekamen die ganze Burg zu Wesen mit dem Maierhof, dem Burglehen und noch zwei Lehen daselbst und alle nach Wesen gehörigen Forste und Edelleute zur Hälfte, ausserdem noch ein Lehen zu Urleinsberg, und ein solches zu Hengsperg und zu Chager; die Waldecker erhielten die andere Hälfte der Forste und Edelleute, dann den ganzen vorderen Thurm, den Hof bei der Kirche Waldkirchen am Wesen und ein Lehen zu Wesen, nebstdem noch mehrere Vogteien und Güter in Waldpach, Oberndorf, Paumgarten, Heckenberg und beim Klostergut zu Hengsperg (alle in der Pfarre Neukirchen), in Puch, Hueb und Sicking (sämmtlich in der Pfarre Waldkirchen).

Die Burg Wesen gehörte also fortan nur den Wesenern, der exponierte Thurm einzig den Waldeckern und nach wenigen Jahren reducierte sich der Besitz beider Objecte auf bloß je einen Herrn, Erchanger von Wesen und Hadmar von Waldeck. Es verkauften nämlich am 12. März 1306 die Brüder Mangoz, Domherr zu Passau, und Ortolf, bischöflicher Burggraf zu Vichtenstein, ihre zwei Drittheile an dem vorderen Thurm zu Wesen und alle ihre Besitzungen und Einkünfte innerhalb des Leitenbachs und der Aschach bis an die Donau im schaunbergischen Gerichte um 212 Pfund Pfennig ihrem Bruder Hadmar. Und im darauffolgenden Jahre 1307 überließ Hadmar von Wesen seinen Antheil an Wesen seinem Bruder Erchanger wahrscheinlich in naher Erwartung seines Todes, denn er starb um 1308.

Erchanger machte schon am 13. Juli 1310 ein Testament, in welchem er im Falle, dass er kinderlos sterben sollte, seine Burg Wesen, den Maierhof vor derselben, das Burglehnergut, zwei Güter zu Vored, das Gut Spatenbrunn, eines in Chager, das Gut Sicking, eines in Wesenurfahr und die Ueberfuhr daselbst, die Edelleute, Bauern, alle Forste und Wiesen zur Hälfte seinem Neffen Hadmar von Waldeck verschrieb. Dieser sollte dagegen der Witwe Erchangers, Agnes, einer Tochter des Chun von Waldeck, innerhalb Jahresfrist 400 Pfd. passauische Pfennige auszahlen. Würde er das nicht thun, so hätte sie das Recht, die Burg sammt den vorerwähnten Gütern um die obgenannte Summe zu versetzen. Das Testament wurde in der Burg Wesen verfasst und von sieben Zeugen aus dem benachbarten Herrenstande, darunter die von Marsbach, von Falkenstein und von Tannenberg, besiegelt.

Erchanger lebte übrigens noch zwölf Jahre und war gegen seinen Neffen Hadmar immer gütig und freigebig. 1310 willigte er ein, dass Hadmar alle ihre gemeinschaftlichen zur Burg Wesen gehörigen Besitzungen und Einkünfte seiner Gattin

Elzpet, Tochter Konrads von Preysing, verschrieb. 1316 übergab Erchanger an Hadmar die vom Otto dem Haderer bisher lehenweise besessene Hofmark Münzkirchen mit noch fünf anderen Gütern in der Grueb, in Woltspach, zu Tazling und zu Chriging. Am 6. September 1321 vermachte er seinem Neffen Hadmar alle seine Leute und Lehen an der Donau, am Inn und gegen Salzburg zu, die er von seinen Vorfahren ererbt und alle Lehen, die er vom Wesenberger und vom Jochensteiner gekauft hatte; dann auch die Burg Wesenberg sammt allem, was dazu gehört. Dieses Testament wurde ebenfalls in Wesen verfasst und von den Herren von Polheim, Marsbach, Falkenstein und Tannenberg bezeugt. Schon früher, 20. Mai 1311, wurde der Zehent in Obernberg von Erchanger und seiner Gattin Agnes an Hadmar und dessen Gattin Elzpet um 150 Pfd. alter Wiener Pfennige versetzt.

Erchanger starb am 1. Februar 1322 und wurde, wie er es in seinem Testamente bestimmt hatte, von seinem Neffen im Kloster Engelszell feierlich beigesetzt.

Für diese, 1293 vom Passauer Bischofe Bernhard gestiftete Cistercienser-Abtei, bezeugten die Wesener eine besondere Vorliebe und wählten sie nun statt Reichersberg zu ihrer Grabstätte. Kaum war Engelszell gegründet, als 1294 die Brüder Hadmar und Erchanger von Wesen, welche, wie bereits auch ihre Vorfahren, das Gericht in der Niedern Kessla (im Bezirke der alten Pfarre Engelhartszell) besaßen, das Kloster und dessen Unterthanen von ihrer Gerichtsbarkeit befreiten, mit Ausnahme des Todschlages, Diebstahls und der Nothzucht. 1308 verlieh Erchanger zu seinem und seiner Vorfahren Seelenheil dem Stifte das Recht, auf ihren, in seinem Gebiete gelegenen Gütern die Gerichtsbarkeit auszuüben, in allen Sachen der Bezichtigung und des Unfugs und Frevels, mit Ausnahme der Verbrechen, welche die Todesstrafe nach sich ziehen. Da sollte zwar der todeswürdige Mann an Erchanger und dessen Richter, nicht aber auch sein Hab und Gut, ausgeliefert werden.

Früher schon, circa 1300, verzichtete Erchanger mit Otto, einem Bruder Chunos von Waldeck, zu Gunsten des Klosters auf 14 Zehenthäuser, welche sie in verschiedenen Ortschaften besaßen. 1304 bestätigte Erchanger mit seinem Siegel den Verkauf mehrerer Zehente des Heinrich von Oed an Engelszell, welche derselbe von den Wesenern zu Lehen gehabt hatte.

Mit Erchanger, dem Letzten seines Stammes, ging ein Geschlecht zu Grabe, welches sich immer ehrenhaft benommen hatte. Nirgends kommt eine Klage vor, dass die Wesener, wie es in ihrer Zeit so oft geschah, die Reisenden und Kaufleute bedrückt oder beraubt hätten. Wenn sie das Schwert zogen, geschah es nur im Kriege oder in einer regelrechten Fehde. Ihr Sitz Wesen wird nur bei friedlichen Verhandlungen genannt.

Hadmar von Waldeck, der nun die gesammten wesen'schen Güter allein besaß, bewahrte den guten Ruf seiner mütterlichen Ahnen. Auch von ihm weiß man nicht, dass er den Landfrieden frevelhalft gestört hätte, im Gegentheil, er trug Sorge, dass auch seine Ministerialen sich ruhig verhielten. Im Jahre 1309 ließ er sich von seinem Ministerialen Alber dem Stainer geloben, gegen das Stift Wilhering wegen eines Bauergutes zu Rudlaiching keine Gewaltthat zu verüben.

Auch Hadmar war gegen Engelszell willfährig. 1304 verkaufte er mit seinem Bruder Ortolf mehrere Zehente an Engelszell, 1321 stiftete er in diesem Kloster einen Jahrtag zu seinem, seiner Frau und seiner Ahnen Seelenheil durch Schenkung des Gutes Stegpach und 1323 einen zweiten Jahrtag durch Uebergabe von 4 Gütern in der Engelhartszeller und Natternbacher Pfarre.

Falkenstein.

Ein massiver Thurm und einiges Gemäuer (Abbildung S. 61).

Ganz in der Nähe von Ranarigl im oberen Mühlviertel, eine halbe Stunde von der Einmündung der Ranna in die Donau entfernt, liegen die Ruinen von Burg Falkenstein, von der sich eine mächtige passauische Ministerialenfamilie nannte, deren Angehörige immer großen Einfluss auf die Schicksale des Mühllandes ausübten. Ihre Herrlichkeit reichte fast ununterbrochen, von der Donau bis an die böhmische Grenze. Es war ein fehdelustiges ungeberdiges Geschlecht.[1]) Ahnherr war Chalhoch; seiner geschieht bis 1190 Erwähnung. Die Familie stand anfänglich in besonderer Gunst bei den Bischöfen von Passau. Bischof Otto von Lonstorf vermählte am 23. Jänner 1259 seine Nichte Adelheid von Radeck mit Heinrich von Falkenstein. Im Jahre 1272 war der böhmische Baron Zawisch Castellan des Königs Otakar von Böhmen auf Schloss Falkenstein und führte fortan den Namen dieser Burg und auch das Wappen dieser Familie. Wie aber Otakar und Zawisch in den Besitz von Falkenstein gelangt waren, ist unbekannt; ebenso aus welcher Ursache Zawisch mit dem Bischof von Passau in eine Fehde gerathen war. Als Zawisch sich später mit dem König Otakar zerwarf, musste er landesflüchtig werden und als Otakar Thron und Leben verloren hatte, finden wir die Falkensteiner, welche sich in den Jahren 1283 und 1289 verpflichteten, dem Hochstift Passau in eigener Person und mit ihren Burgen zu dienen, wieder im Besitz ihrer Stammburg.

---

[1]) Quellen: Strnadt, Versuch einer Geschichte der passauischen Herrschaft im oberen Mühlviertel. Jahresbericht des Linzer Museums 1860, Seite 109. — Strnadt, Peuerbach. Ein rechtshistorischer Versuch. — Buchinger, Gesch. des Fürstenthums Passau, Bd. I. — Pillwein, Geschichte, Geographie und Statistik d. Erzh. Oesterreich ob d. Ens, Mühlkreis. — Hoheneck, Stände d. Erzh. Oest. ob d. Ens. — Kurz, Oesterreich unter Friedrich IV.

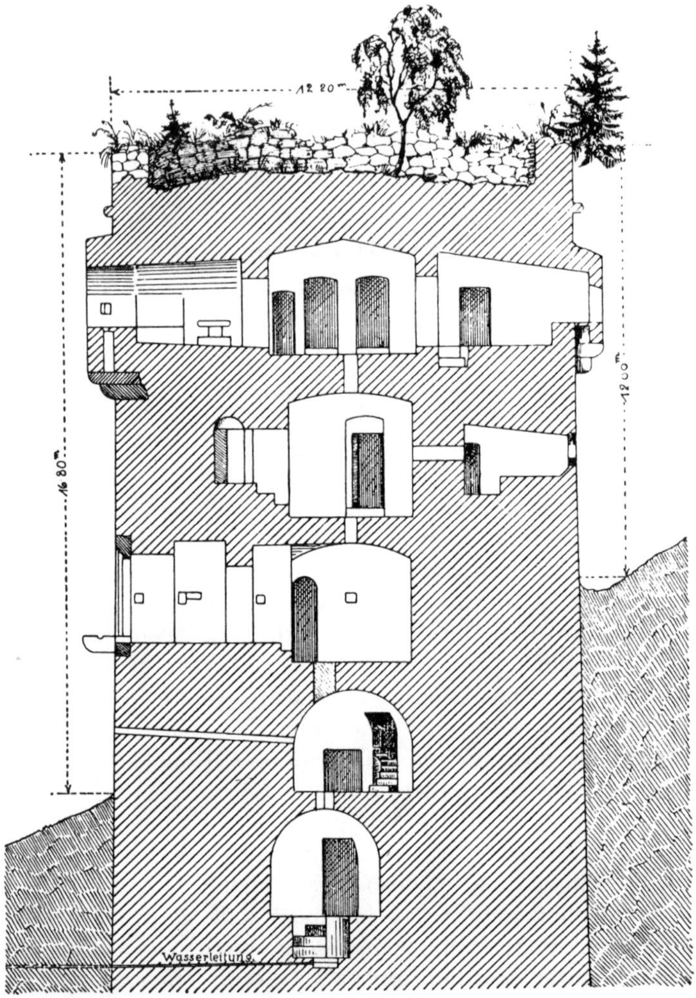

Falkenstein.

In dem Kriege zwischen Herzog Heinrich von Niederbaiern und Herzog Albrecht I. von Oesterreich 1288 bemächtigte sich ersterer der Burg Falkenstein und legte, um die Verbindung des Hochstiftes mit der Veste zu erschweren, eine Besatzung hinein. Da dieselbe nicht nur das umliegende Land beunruhigte, sondern auch die auf der Donau fahrenden Kaufleute beraubte und die herzoglichen Unterthanen gefangen fortschleppte, ließ Herzog Albrecht die Burg belagern. Sie galt damals als *castrum fortissimum et quasi inexpugnabile* und wurde erst nach langer Zeit durch Hunger und Durst zur Uebergabe gezwungen.

Die Besatzung erhielt freien Abzug, worauf herzogliche Mannen das Schloss besetzten. Da die Falkensteiner auch später wieder als Besitzer der Veste vorkommen, so scheint es, dass ihnen Herzog Albrecht dieselbe einräumte, jedoch mit dem Vorbehalt des seinerzeitigen Rückfalles.

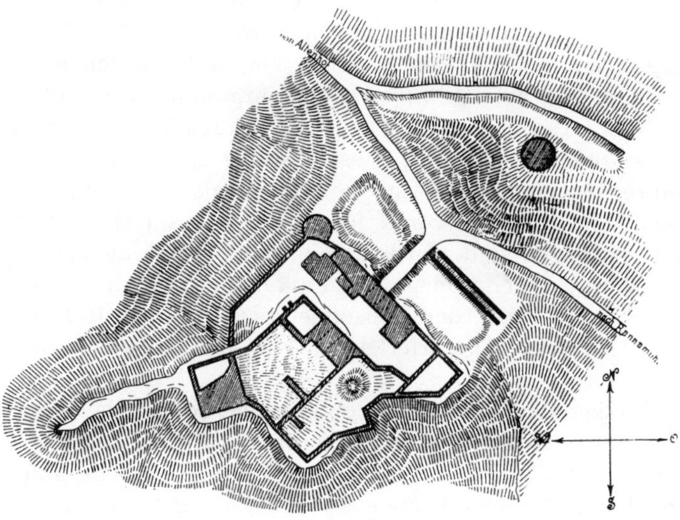

Heinrich II. von Falkenstein vermachte kurz vor seinem Tode am 2. Juni 1346 seine lehenbare Burg dem Bischof Gottfried von Passau unter der Bedingung, dass einer jeden von seinen Töchtern und seiner Ehefrau eine gewisse Summe ausgezahlt werde und seinen Brüdern die Wiedereinlösung offen bleibe. Der letzte Falkensteiner Heinrich III. besaß zuletzt die Burg Biberstein, musste dieselbe jedoch bald wieder versetzen und starb nach dem Jahre 1412 in Armuth.

Herzog Albrecht III. von Oesterreich machte die von seinem Ahnen erworbenen Rechte gegen Bischof Gottfried geltend und letzterer musste, wenn er nicht die Freundschaft des mächtigen Nachbars aufs Spiel setzen wollte, sich dazu verstehen, die kaum in Besitz genommene Burg wieder herauszugeben. Albrecht überließ Falkenstein an Eberhart von Walsee-Linz um dessen Antheil an dem Kaufschilling für die walsee'schen Stammgüter in Schwaben, welche die Herzöge Albrecht und Otto im Jahre 1331 gekauft hatten.

Eberhart von Walsee gerieth mit Jost von Rosenberg in Fehde, welche am 10. September 1355 vor Wilhelm von Landstein und Ulrich von Kapellen beglichen wurde.

In der Fehde der Bürger von Passau mit ihrem Bischof hatte Eberhart von Walsee dem Letzteren Hilfe geleistet. Dafür bemächtigte sich der Ritter Leutwin Ursel der Burg Falkenstein durch Ueberrumpelung *(clandestine scandendo)* und übergab sie dem Grafen Leopold von Hals, welcher sie dem Herzog gegen 3000 Pfund wieder einräumte. Ob Falkenstein dem Eberhart von Walsee wieder zurückgegeben wurde, ist ungewiss; sicher ist es nur, dass die Burg später im Jahre 1384 Reinprecht von Walsee-Ens und zwar als Pfand besaß. Die Falkensteiner Lehen waren fortan der passauischen Oberherrschaft entzogen und wurden unmittelbar österreichisch.

Als walsee'sche Pfleger zu Falkenstein kommen vor: 1384 und 1385 Christian der Teusenberger; 1396, 1401, 1403, 1411 und 1419 Hartlieb der Herleinsperger, 1437 Lienhart der Herleinsperger.

Um das Jahr 1440 wurde Falkenstein von den Walseern eingelöst und an die Oberhaimer verpfändet. Cholmann der Oberhaimer zu Falkenstein kommt im Jahre 1443 vor und starb 1468. Simon der Oberhaimer war 1470 Pfleger zu Falkenstein. In den letzten Jahren der Regierung Friedrichs III. kommt (zuerst 1485) Hans der Oberhaimer zu Parz als Pfleger daselbst vor.

Am 7. März 1487 befahl Friedrich III. von Nürnberg aus dem Gotthart von Starhemberg die Unterthanen der Burg Falkenstein gegen passauische und bairische Uebergriffe wohl zu schützen. Am 7. Juni erließ der Kaiser ein Befehlschreiben an denselben Starhemberg, darüber zu wachen, dass Hans Oberhaimer zu Falkenstein bei Strafe der Absetzung das fremde Salz nicht hereinlasse. Unterm 2. September 1488 verordnete Friedrich, dass zu Falkenstein ein Aufschlag von jedem Stück Vieh eingehoben werde. Pfleger war Hans der Oberhaimer, Mautner Christoph Raufdar.

Hans und Warmund der Oberhaimer verlegten sich übrigens in den damaligen verworrenen Zeiten, wo der Kaiser im Reiche herumirrte und die Bischöfe in Passau sich befehdeten, auf die Buschklepperei. So nahmen ihre Leute auf Geheiß Hansens und der Hausfrau Warmunds im Jahre 1484 einem Bürger von Steyr, Valentin Rottenberger, auf der Donau 700 fl. weg, um welche Summe sich Herr Hans einige Bauern zu Pernau erkaufte.

Kaiser Max I. verpfändete Falkenstein 1498 an Ritter Heinrich Salichinger, der aus dem Innviertel stammte. Um das Jahr 1500 hatte sich Falkenstein bereits als eigenes Landgericht ausgeschieden; vorher gehörte es zu Velden, welches passauisch war. Um 1540 wurde die Burg an Bartholomäus von Salburg pfandweise überlassen und vom Kaiser Rudolph II. am 14. Juli 1605 an Heinrich von Salburg verkauft, bei dessen Familie sie bis in die neueste Zeit verblieb.

Ranarigl

(so in älterer Zeit, jetzt Rannariedl). Altes noch bewohntes Bergschloss am linken Donauufer an der Mündung des Rannabaches.

Ranarigl wurde von den Falkensteinern erbaut und von mehreren dieses Geschlechtes im Besitz gehalten. So versetzte Chalhoch III. von Falkenstein am 3. Mai 1268 dem Bischof Peter von Passau seinen Thurm zu Ranarigl auf drei Jahre.[1]) Chalhochs Neffe Pilgrim nannte sich schon 1281 von Ranarigl. Im Jahre 1301 versetzten die Gebrüder Friedrich und Konrad von Falkenstein (wahrscheinlich Söhne Pilgrims) an Bischof Wernhard ihren Antheil an der Burg Ranarigl, welcher jedoch bald wieder eingelöst wurde.

Um das Jahr 1340 hausten auf Ranarigl die Brüder Chalhoch V., Ulrich II. und Haug. Am 9. August 1348 sicherten sie dem Bischof Gottfried das Einstandsrecht auf diese Burg zu. Bald darauf geriethen sie mit einander in Streit, welchen der Bischof mehrmals ohne dauernden Erfolg zu begleichen suchte. Endlich sah sich Chalhoch in die Nothwendigkeit versetzt, sich gänzlich unter den Schutz des Bischofs zu begeben und ihm vermöge geheimen Reverses d. d. Passau 12. April 1357 zu versprechen, seinen Antheil an Ranarigl ihm zu verkaufen, worauf bereits am 25. April ein Austrag zustande kam. Die Brüder gelobten in Bezug auf Ranarigl in Eintracht zu leben, widrigenfalls der Antheil desjenigen von ihnen, der bei entstehendem Unfrieden dem Schiedsspruche des Bischofs keine Folge geben will, dem Hochstifte verfallen sein sollte. Auch wurde bestimmt, dass jeder seinen Burgantheil mit Wehr- und Wohnbauten nach Belieben bessern könne, jedoch innerhalb

---

[1]) Quellen: Strnadt, Versuch einer Geschichte der passauischen Herrschaft im oberen Mühlviertel, Jahresbericht XX des Linzer Museums (1860) S. 157. — Buchinger, Geschichte des Fürstenthums Passau, München 1816/1824. — Pillwein, Geschichte, Geographie und Statistik des Erzh. Oest. ob d. Ens, Mühlkreis, Linz 1843.

der Ringmauer und nicht ausserhalb derselben. Schon am 13. October desselben Jahres verkaufte Chalhoch, seiner Zusage gemäß, zu Wien seinen Theil an der Burg Ranarigl („das untere Haus, wo der Thurm innen liegt bis an die Scheidemauer und dazu den Vorhof mit Vogtei und Königsteuer, Gericht und Freiung“) dem Bischof Gottfried um 2700 Pfd. Den beiden anderen Brüdern, welche das obere Schloss besaßen, blieb nun auch nichts anderes übrig, als ihre Antheile ebenfalls zu veräussern; Haug im Jahre 1358 um 1000 Pfd. und Ulrich im Jahre 1359 um 1300 Pfd. Letzterer versprach noch 1359 dem Bischof, das was Haug von seinem Antheile dem Ekhart von Steinbach verpfändet hatte, einzulösen.

Ranarigl.

Um das Jahr 1374 kam Ranarigl in den Pfandbesitz des Grafen von Schaunberg. In der Fehde des Grafen Heinrich mit Herzog Albrecht von Oesterreich und dem Hochstift Passau schädigte der Pfleger Jans der Jagenreuter von Ranarigl aus das Hochstift und dessen Helfer. Nach dem Friedensschluss 1383 musste Heinrich Ranarigl ausliefern, das der Bischof mit der Beschränkung zurückerhielt, dass er dem Herzog das Einstandsrecht darin einräume und die Burg nur an österreichische Vasallen versetze. Es wurde hierauf Gundaker von Tanberg als Pfleger des genannten Bollwerkes bestellt; als solcher kommt er auch im Jahre 1386 vor.

Schon am 9. April 1390 sah sich Bischof Georg genöthigt, für eine Forderung von 3100 Pfd. die Burg dem Ritter Hans von Geyselberg als Leibgeding zu verleihen.

Im Anfang des 15. Jahrhunderts war Ranarigl wieder an des Hochstift zurückgefallen. 1421 war Gillig der Petersheimer, 1429 Peter Schönstetter Pfleger. 1431 wurde das Schloss bei der drohenden Gefahr eines Hussiteneinfalles von dem Landeshauptmann ob der Ens, Rainprecht von Polheim, besetzt. Eben demselben wurde es später auch vom Bischof Leonhard als Leibgeding eingeräumt. Er gab jedoch Ranarigl am 1. September 1454 gegen eine lebenslängliche Rente von 100 Pfd. heraus.

In dem Kriege wegen der Passauer Bischofswahl im Jahre 1479 hielt der Pfleger von Ranarigl, Georg Nussdorfer, anfänglich zu Bischof Georg, trat aber 1482 auf die Seite des Bischofs Friedrich über. Nach dessen Tode 1485 versuchte Herzog Georg von Baiern Ranarigl in seine Gewalt zu bekommen, doch der Pfleger Nussdorfer vertheidigte sich, von Ulrich Geltinger belagert, mit glücklichem Erfolge. Hans Oberheimer von Falkenstein hatte ihm 10 Knechte und 12 Hackenbüchsen sammt seinen Büchsenmeistern zu Hilfe geschickt. Als am 2. December 1484 unter des Herzogs Einfluss Friedrich von Oettingen zum Bischof gewählt worden war, verpfändete dieser dem Herzog Georg die Burg Ranarigl mit Zubehör, wogegen sich derselbe am 15. November 1487 verpflichtete, dieselbe um keine größere Geldsumme als 9480 rhein. Gulden, die ihm der Bischof schuldig war, zu veräussern. Seit dieser Zeit war Ranarigl für das Hochstift verloren.

Georg überließ die Veste 1490 um 8700 Gulden an die Preuschenken Sigmund und Heinrich. Letzterer verkaufte sie im Jahre 1496 an Kaiser Maximilian I. um 24.000 fl. Die zu spät gemachten Versuche des Herzogs Georg im Jahre 1497 dieselbe um 32.000 fl. einzulösen, waren vergebens. 1498 war Heinrich der Salichinger Bestandinhaber und Moriz von Tanberg Pfleger. Im Jahre 1506 wurde im Friedensschluss mit Baiern Ranarigl ins volle Eigenthum an Max I. übergeben, 1512 an Max Oeder verpfändet. 1521 war Heinrich von Rain Pfleger. Kaiser Rudolph II. verkaufte 1581 die Herrschaft an die Khevenhüller, diese 1624 an die Salburger; 1725 kam sie an die Grafen von Clam, von welchen das Hochstift Passau 1765 die Herrschaft zurückkaufte. Durch die Säcularisation des Hochstifts im Friedensschluss von Lüneville 1801 kam Ranarigl wie alle passauischen Kameral-Herrschaften an das österreichische Kaiserhaus, von welchem es 1823 durch Kauf an die Frau des Georg von Prunner überging. Es ist gegenwärtig noch im Privatbesitz.

* * *

Beschreibung des Schlosses, wie es Spanitz bei der im Auftrage Cori's anno 1874 vorgenommenen Aufnahme fand: Eingang auf der Nordseite. Zwei Thore. Modernes Gebäude. Rechts hallenartig der Durchgang; schmaler Hof, links viereckiger Thurm, rechts Mauer nach der Donau zu. Westlich Thurm und anliegendes Wohngebäude, im Süden der Hof von einem thurmartigen Gebäude geschlossen, mit Rundbogenthor, durch welches man in den zweiten viereckigen Hof gelangt. Er ist eng und lang, enthält den Aufgang zum Schloss und der Kirche. In gleicher Richtung wie Hof I. Im Nordosten Durchgang im Rundbogen und Wohngebäude. Zwinger. Aeussere Mauer $3\frac{1}{2}$ Fuß Dicke, (Rundthurm) mit 3 bis 4 Fuß breiten Scharten im Osten. Gegen Nordosten befindet sich ein altes Wohngebäude und runder Thurm, gegen Westen Mauer in der Form ⌣—⌣ . Die Langseite des Schlosses ist nach der Donau zu. Vor derselben die Ringmauer mit einem thurmartigen Vorgebäude und an der Ecke mit einem sechseckigen vorspringenden Thurm, an welchem profilierte Schusslöcher für Wallbüchsen angebracht sind; beim Eingang die Mauerdicke 5 Fuß 8 Zoll.

Marsbach.

Jetzt ein modernes bewohntes Schloss auf bewaldetem Berge, der steil an das linke Ufer der Donau, eine Stunde unterhalb Ranarigl, herantritt. Unter dem Schlosse fliesst der Marsbach.

Marsbach war der Sitz der Dynasten von Marsbach, passauischer Ministeriale, welche seit dem Anfange des 13. Jahrhunderts im Innviertel begütert vorkommen.[1]) Als erster Besitzer von Marsbach im Mühlviertel dürfte der im Jahre 1189 auftretende Wernhard von Mordespach anzusehen sein, sowie auch der 1209 erwähnte Heinrich von Morspach, Otto 1217, und Sigifrid 1218 genannt, hieher gehören.

In den Fehden des Bischofs Rüdiger von Passau 1240-1248 gehörten die gewaltigen Marsbacher zu dessen Gegnern. Heinrich von Morspach wurde 1248 gezwungen zu versprechen, dass er seinen ältesten Sohn Otto nur nach dem Willen des Bischofs verheiraten, die Hälfte seines Eigenthums und sein Schloss Maaßbach im Innviertel dem Bischof geben und von dessen Leuten besetzen lassen werde, wogegen er wieder in Gnaden aufgenommen wurde.

Ortolf von Morspach (1231-1269), ein echter Vertreter seines rauhen und unruhigen Stammes, war einst (vor 1253) in die Gefangenschaft des Herzogs Otto von Baiern gefallen. Er wurde nur unter der Bedingung losgegeben, dass er seinem ältesten Sohne Otto, dessen spätere Vermählung mit der Tochter eines bairischen Ministerialen wohl schon damals beabsichtigt wurde, 400 Pfd. als Heiratsgut seiner Hausfrau gebe. Ortolf jedoch dachte nicht daran, dieses Versprechen zu erfüllen. Sein Sohn Otto, welcher inzwischen zu mannhaften Jahren herangewachsen, sich verehelicht und ein Lehensmann des Herzogs von Niederbaiern geworden war, überrumpelte

---

[1]) Quellen: Strnadt, Versuch einer Gesch. der pass. Herrschaft im oberen Mühlviertel. — Buchinger, Fürstenthum Passau. — Pillwein, Mühlkreis.

mit Hilfe Ulrichs von Tannberg und anderer Edelleute das Schloss Marsbach und eroberte es. Sein Vater wurde flüchtig und da er vom Hochstifte Passau in Schutz genommen wurde, so kehrte Otto seine Waffen auch gegen das letztere. Endlich schritt sein Lehensherr, Herzog Heinrich, ein und brachte am 9. October 1268 zwischen den kämpfenden Parteien eine Uebereinkunft zustande, wonach Ortolf die Burg unter folgenden Bedingungen zurück erhielt: 1. Otto erhält die 400 Pfd. Heiratsgut in zwei Terminen. 2. Nach dem Tode Ortolfs soll Otto mit seinem Bruder Ortolf und seiner Schwester Margarethe die Burg besitzen. Ottos Vater war jedoch ausser Stand, die ihm auferlegte Zahlung in der bestimmten Zeit zu leisten. Aus diesem Grunde und wohl auch um seinen Sohn um das Erbe zu bringen, verkaufte er am 11. April 1269 die Burg Marsbach sammt dem vorderen Thurm an den Bischof Peter von Passau. Dem Bischof gelang es zwar 1270 Ottos jüngere Geschwister zur Verzichtleistung auf die Burg zu bewegen; der ältere Bruder jedoch blieb bei seinen Ansprüchen, zog auch seinen jüngeren Bruder wieder auf seine Seite und entzündete in den Jahren 1278-1281 eine dreijährige Fehde. Er bemächtigte sich neuerdings der väterlichen Burg, wahrscheinlich von Baiern insgeheim unterstützt, und verübte von da aus viele Räubereien auf der Straße zwischen Passau und Efferding. Seine Bundesgenossen waren Pilgrim von Falkenstein auf Ranarigl und Chunrad von Tannberg.

Gegen sie trat Albrecht von Habsburg und Herzog Heinrich XIII. von Baiern auf, worauf im September 1281 ein Frieden zustande kam, in welchen die Brüder von Marsbach mit einbezogen wurden. Um die Ruhe mehr zu sichern, räumte Bischof Weichart am 31. März 1282 seine Burgen Marsbach und Wesen auf kurze Zeit dem Wernhard von Schaunberg ein, wogegen sich dieser zur Beschirmung der Wasser- und Fahrstraße verpflichtete. Der Streit zwischen dem Bischof und den Brüdern Otto und Ortolf von Marsbach wurde am 30. November 1288 durch einen Schiedspruch des Herzogs Heinrich von Baiern dahin entschieden, dass der Bischof Marsbach behielt und dagegen den Dienern des Herzogs Otto und Ortolf von Marsbach die Hofmark Röding und das Dorf Sulzbach jenseits des Inn unweit Schärding zu Lehen gab. Die Marsbacher siedelten nun ganz nach Baiern über. Unter den Bischöfen Albert (1320-1342) und Gottfried (1342-1362) gelangten zwei Sprossen aus diesem edlen Geschlechte zur Würde eines Dompropstes von Passau (Albert I. und II.); unter Bischof Gottfried machte sich überdies ein Lienhart von Marsbach bemerkbar. Um das Jahr 1380 ist das Geschlecht ausgestorben.

Die Noth der Zeiten zwang die Bischöfe von Passau, Marsbach im Jahre 1373 an Hartwig den Tegenhart von dem Tegenberg um 1000 Pfd. Wiener Pfennig zu verpfänden, der sich am 13. October verpflichtete, die Burg binnen drei Wochen dem Bischof Albrecht, sofern er es verlangt, wieder einzuantworten gegen Erlag obiger Summe, in der Zwischenzeit aber von Marsbach aus weder die Walseer als Besitzer von Falkenstein, noch jemand andern zu befehden. Die Veste fiel auch im angegebenen Jahre wieder an das Hochstift zurück. Um das Jahr 1396 scheint Marsbach an Rudolf von Scherfenberg auf Sprinzenstein verpfändet gewesen zu sein, da dieser wegen einiger Geldbezüge und Bauausgaben zu Marsbach mit dem Bischof Georg in Streit gerathen war.

Als Pfleger zu Marsbach erscheinen 1378 Niklas der Jud, 1384 Dankwart der Herleinsperger, 1390 Hertneid der Herleinsperger, 1411 Lienhart der Gruber.

Später wurde diese schicksalsreiche Burg an Lorenz Kraft als Leibgeding versetzt. Er stammte aus einem passauischen Rittergeschlechte, welches bereits im 14. Jahrhundert in der Gunst der österreichischen Herzoge stand und von ihnen in Oberösterreich vielfach verwendet wurde. Lorenz trat im Jahre 1432 Marsbach mit Einwilligung des Bischofs Leonhart an seinem Bruder Stephan ab. Dieser starb bereits am 18. Mai 1433. Ein Drittel der Herrschaft behielt die Witwe, die übrigen zwei Drittel fielen den Söhnen Kaspar und Hans Kraft zu. Vom 27. April 1443 datiert ein Vertrag zwischen der Witwe und den Söhnen über das Erbe. Wir ersehen daraus (abgedruckt in den Monumenta Boica XXXI. II. 351), dass damals ein äusseres und ein inneres Schloss bestand. Es werden da verschiedene Thürme, Wehrgänge, Stuben, Kammern, Kammerl, Zimmer und Erker (auch ein Erker auf dem Thore) genannt, Gästekammern gegen die Donau heraus und andere gegen den Berg, eine Kammer zur Wohnung für den Thorwärtel, eine andere für den Pfister (Bäcker), eine Thorstube noch überdies. Es gab einen Kasten für den Haber und einen besonderen für das Korn. Die beiden Brüder theilten sich in die Räumlichkeiten, die im Vertrage ausdrücklich bezeichnet werden. Jeder hatte ausserdem seine gesonderte Mehlkammer, Brotkammer und Mühle mit der Wage. Gemeinsam war ihnen im äusseren Schloss der Rossstall; im inneren die Kapelle, der innerste Keller und die Kammer darauf, die große Stube, der mittlere Keller, item die Pfister-Kuchel und das Kammerl daran. Den Thurm im inneren Schloss (d. i. den Bergfried) sollten beide mit der Hut inne haben und bewahren, den Thorwärtel gemeinsam erhalten und jeder eine bestimmte Frist lang zwei Wächter Sommer und Winter hindurch besolden. Es soll jeder zu täglicher Hut drei gerüstete Knechte halten (geraisige Gesellen). Die Witwe-Mutter wird bei der Auftheilung der Schlossräumlichkeiten nicht genannt, musste aber zur Erhaltung und Vertheidigung der Burg den dritten Theil beitragen.[1])

Kaspar der Kraft kommt im Jahre 1448 als Pfleger zu Marsbach vor; 1455 besaß Stephan der Kraft die Burg. Sein Sohn Bernhard Kraft verpfändete 1493 Marsbach an seinen Schwager Ottmar der Oberheimer. Ein Versuch des Hochstiftes, dem letzteren die Herrschaft um 10.000 fl. abzulösen, blieb fruchtlos. Die Gebrüder Ottmar und Matthäus Oberheimer waren echte Stegreifritter, betheiligten sich an dem Räuberbunde des Ritters Zeller von Schwertberg, welcher die ganze Gegend von der passauischen bis an die mährische Grenze mit Schrecken erfüllte und den Raub zu Schwertberg, Weiteneck und Marsbach austheilte, bis endlich der Administrator von Passau, Herzog Ernst von Baiern, und 150 passauische Bürger im Jahre 1520 vor Marsbach zogen, den Ottmar Oberheimer in ihre Gewalt bekamen und ihn gefesselt dem Gerichte übergaben. Er soll für seine Unthaten enthauptet worden sein Marsbach verblieb seither dem Hochstift. Das Landgericht von Velden wurde 1528 dahin verlegt und der Pfleger von Marsbach wurde zugleich Oberpfleger über alle in Oesterreich liegenden Herrschaften des Hochstiftes. Seit 1590 nannte sich Bischof Urban von Trenbach als zweiter Erbauer von Marsbach. Er ließ das alte Schloss, auf dessen Stelle sich nun ein Garten befindet, bis auf einen alten viereckigen Thurm mit einem Hungerverließe, niederreissen. Nach der Säcularisation des Hochstiftes wurde Marsbach seit 3. Februar 1803 von Oesterreich sequestriert, nach dem Friedensschluss zu Press-

[1]) Der Absatz: Es werden da etc. bis: dritten Theil beitragen, ist Zusatz des Herausgebers des Anhanges.

burg aber am 27. December 1805 als kaiserliches Kammergut erklärt und ging bei dem öffentlichen Verkaufe am 9. August 1824 in Privathände über.

* * *

Der alte Thurm (Bergfried), der Rest, den die lange Zeit überließ, wird von dem öfter erwähnten Spanitz in den siebziger Jahren also beschrieben:

Mauerdicke beim Eingang 7 Fuß. Im 1. Stockwerk Dicke 7 Fuß, Schlitze mit breiten Fensternischen, erhöhte Sohle, Balkenlage, durchaus Verbindung durch Holztreppen; kleinere Nische in der Einmündung 2 Fuß breit, $2^1/_2$ Fuß hoch. Große Nische Ausmündung 4 Fuß, Höhe 6 Fuß; Schlitz 7 Zoll breit, 3 Fuß 1 Zoll hoch, Sohle 3 Fuß. Der Thurm hat 5 Stockwerke: Im 1., 2., 3. ist je ein Mauerschlitz; im 4. 2 Schlitze, im 5. 2 Fenster. Ganz oben je 4 Tragsteine. So die Lage gegen Süden. Auf der Ostseite ganz oben nur 1 Fenster. Auf der Westseite im 1., 2., 3. Stockwerk je 1 Schlitz; im 5. Stockwerk 2 Fenster.

Wildberg.

Schloss Wildberg liegt etwa zwei Wegstunden nördlich von Linz auf einer isolierten felsigen Anhöhe des engen Thales, welches der Haselbach durchschlängelt, im Volksmunde der Haselgraben genannt. Hier zog eine im Mittelalter stark besuchte Straße nach Böhmen vorbei. Schloss und Herrschaft war passauisches Lehen und im 12. Jahrhundert im Besitze der Edlen von Hunsperg (auch Haunsberg). Auf Betreiben des letzten Sprösslings dieses Geschlechtes wurde Gundaker von Steyr (der sich auch von Starhemberg nannte) von Passau im Jahre 1198 damit belehnt und seither verblieb es im Besitze der Familie Starhemberg. Es war eine große gewaltige Burg, die einen Bergfried von sechs Stockwerken hatte. Hier saß König Wenzel der Faule, welchen die unzufriedenen Böhmen den Starhembergern zur Verwahrung übergeben hatten, vom 5. Juli bis 1. August 1394 gefangen. Nachdem sie 1665 durch Feuer verwüstet worden, ließ sie Graf Heinrich Wilhelm von Starhemberg in neuerem Stil aufbauen, wobei jene Theile, denen das Feuer nichts anhaben konnte in ihrer ursprünglichen Gestalt erhalten blieben. Das Schloss ist darum zum Theil bewohnt, zum Theil in Ruinen.[1])

Die aus dem Jahre 1874 herrührende genaue Anfnahme und Beschreibung lässt sich darüber folgendermaßen vernehmen:

Wildberg liegt auf einem im Thale isolierten Hügel, der nach Nordwest abfällt. Auf dieser Seite ist der Eingang über einen sehr tiefen Graben mit Futtermauern und 3 Brückenpfeilern. Brücke 48 Schritte lang, Eingangs-Barbakane nicht mehr vorhanden. Die Zingel, äusserste Umfassung, hatte später 22 Zoll aufgesetzt. Die alte Mauerdicke daran ist 3½ Fuß. Nach

---

[1]) Das Voranstehende ist Zusatz des Herausgebers. Die folgende Beschreibung der Details ist wie bei den anderen Burgen von J. Spanitz aus den 70er Jahren.

dem Barbakan findet man ein gothisches Thor mit Quadernverkleidung. Thorhalle ansteigend, Hof mit Brunnen, eingeschlossen jetzt von modernen Gebäuden und Arkaden. Eine sehr steile Stiege von 32 Stufen führt zum oberen Thorabsatz, dann Absatz, von welchem man über 4 Stufen zum oberen gothischen Thor gelangt, dessen Mauern 2 Fuß 8 Zoll breit sind. Die Vorgewandung hat 2 Fuß.

In den Burghof gelangt, sieht man links nach Osten einen Brunnen und Ringmauer, rechts den Bergfried und Palas aneinander gebaut,[1]) mit 2 Stock hohem Tract.

Wildberg.

Der Bergfried rund, zwei Drittel aus der Mauer hervorragend. Im unteren neu gebrochenen Eingang Mauerstärke 11 Fuß. Mauerwerk von rohem Granit, Bruchstein mit vielem unreinen und sandigen Mörtelanwurf. Der innere Durchmesser des hier befindlichen Verließes ist 11 Fuß und 8 Zoll.

Die 2. Etage hat eine Höhe von 14 Fuß 2 Zoll, der Durchmesser des Thurmes ist 12 Fuß 8 Zoll. Die Höhe von der 2. Etage bis in die Tiefe auf den Fußboden des Verließes beträgt $26^1/_2$ Fuß. Je ein Schlitz zur Erhellung; Breite der Nische innen 2 Fuß.

Leitern führen von Stockwerk zu Stockwerk durch Einsteiglöcher mit Fallthüren und Holzverkleidung, 2 Fuß 2 Zoll

[1]) Jetzt nicht mehr zusammenstossend, da das betreffende Mauerstück eingestürzt ist.

breit und 3 Fuß 10 Zoll lang. Estrich findet sich nur in der 4. und 5. Etage; in den übrigen Etagen sind Bretterböden auf Balken in der Mauer eingesetzt. Hier liegt die Aufzugswinde.

3. Etage. In der dritten Etage sind noch Spuren vorhanden, dass der ehemals vorhandene Estrichfußboden unter dem jetzt vermauerten Bergfrieds-Eingange einstens $2^1/_2$ Fuß höher als jetzt gelegen war. Dieser Eingang lag nordwestwärts in der Höhe des zweiten Stockwerkes und Daches des Palas und musste vermauert werden, da ihn das Dach schräg durchschnitt. (Daher ein zweiter Eingang nach Süden.) Die Spitzbogen sind von Haustein ohne Profilierung, eingewölbt mit Fliesbogen. Breite des Eingangs 3 Fuß, Höhe 6 Fuß. Thoreinschnitt im Lichten $2^1/_2$ Fuß, gegenwärtig vermauert, $2^1/_2$ Fuß dick.

Der zweite Eingang aus dem oberen Geschosse des Palas mit horizontalem Balkenabschluss, Hausteinverkleidung in vier Stücken, mit einer Klobe und zwei Löchern für Schlussriegeln, also modern. Der Gang überlegt mit ganz rohen Steinen nach der inneren und Balken nach der äusseren Seite.

Die Nische, in sehr gedrücktem Rundbogen gewölbt, wird erhellt durch zwei kurze Schlitze, die sich nach innen nicht so länglich verbreitern, wie in den unteren Stockwerken. Höhe der ganzen Etage 15 Fuß, Durchmesser des Thurmes im Lichten 15 Fuß 8 Zoll.

4. Etage. Mauerdicke $7^1/_2$ Fuß. Vier Fenster, von welchen das nach Nordost vermauert ist. Horizontaler Abschluss mit Balken; Löcher für die Schubriegel; drei Einsatzlöcher für horizontale und eines für verticale Gitterstäbe. Fensterhöhe im Lichten $3^1/_2$ Fuß, Breite von 2 Fuß. Die Verkleidung besteht aus Haustein, nach aussen abgeschrägt, aussen zwei Klammern von Eisen zum Anbringen von Laden. Fenstermauern und Bänke. Die Fensterstöcke von Holz, später eingesetzt für Glasfenster. Kamin. Durch die Mauerdicke gelangt man in einen Abort. Eingang und Ueberwölbung gothischer Spitzbogen. Lage Südwest. Estrichfußboden. Ringe in der Mauer. Höhe der 4. Etage 10 Fuß. Thurmdurchmesser im Lichten $18^1/_2$ Fuß. Hier war König Wenzels Gemach. Im Holz bemerkte man einen Ring, an den Wänden Zeichnungen von Ziegelmehl.

5. Etage. 5 Fenster mit doppelten Bänken, ausgerundet. Breite nach innen $5^1/_2$ Fuß. Fensterhöhe im Lichten 3 Fuß 2 Zoll, Breite 1 Fuß, 9 Zoll. Löcher für Schubriegel, horizon-

taler Abschluss mit Balken. Verkleidung wie unten. Durchmesser des Thurmes im Lichten 19 Fuß; Höhe der ganzen Etage 11 Fuß 8 Zoll. Mauerdicke 7 Fuß.

6. Etage. Plattform, 11 Zinnenscharten. Breite der Scharte 3 Fuß und 6 Zoll. Höhe der Scharte $5^1/_2$ Fuß, bis zu einem Fuß hoher Auftritt, also 6 Fuß. Lichte von der Brustwehr an 3 Fuß 6 Zoll hoch, die Brüstung oder Brustlehne nach aussen mit Querbalken versehen. Mauerdicke der Wintberge 2 Fuß 8 Zoll, Breite 4 Fuß 10 Zoll. Breite des Zinnenganges 5 Fuß 8 Zoll, somit im ganzen $8^1/_2$ Fuß Mauerdicke. Durchmesser im Lichten des Thurmes 19 Fuß. Unter den Wintbergen Gusslöcher. Löcher des früheren Balkendaches sichtbar. Uebersteigende Eckquadern, einige mit Löchern zu Einsatzstangen.

An der Südseite war der Eingang in den Palas. Darin der Rittersaal und eine Doppelkapelle, die untere Spitzbogenthür, die Apsis gothisch überwölbt, das Schiff flach gedeckt, Spitzbogenfenster. — Auch ein bastionierter Thurm war noch übrig. — Zu Anfang der Vierziger Jahre dieses Jahrhunderts zeigte man noch die Stelle des Tummelplatzes, eine verschüttete Cisterne und die Rudera eines Saales mit drei Wappen, der Jahrzahl 1522 und den Worten: Deo dante.[1])

Wer in unseren Tagen das alte Schloss besucht, wird seit 1870 manches verändert, manches vernichtet finden. Mit eisernem Schuh zerstampft die eilende Zeit, was einst der Wanderer für die Ewigkeit erbaut wähnte, und die Stätten, wo noch vor 30 Jahren frohe Sommergäste tanzten, sieht das Auge in Schutt und Trümmer aufgelöst!

---

[1]) Pillwein, Mühlkreis 314.